媒介生态视角下的中国民营综合视频网站发展研究

2004—2021

俞湘华 著

复旦大学出版社

献给剧星传媒的第一个 12 年

序 一

湘华是我2018年招的博士生。当年招生时，引起我关注的是他之前漂亮的工作履历，他具有丰富的传媒营销实践经验。而高校里的学术研究容易脱离实践，造出"空中楼阁"。但是，已过不惑之年的他，重归校园"回炉"学习是否能够适应，还是多少让我有些顾虑。好在他很好地完成了博士阶段的所有课程。

这本专著是湘华的博士毕业论文，先后易稿12次。他的认真与投入程度有点超出我的意料，博士毕业论文的通过难度也有点超过他的意料，几次近乎穷途末路，而后又是柳暗花明。经过逾两年半的波澜起伏，他最终还是迎来了一个美好结局。在通过所有的答辩流程后，我提议他将博士毕业论文出版，既是一种纪念，也便于让更多的新闻学、传播学专业的研究者、学生从媒介生态的视角来科学地理解这段独特而灿烂的传媒发展史分支。

中国传媒的产业化进程最早可以追溯到20世纪70年代末，至20世纪90年代中后期，一批国内传媒企业的上市引发社会的广泛关注。2000年，更有新浪、网易、搜狐先后在美国上市，开中国商业网站的先河。中国的网络视频行业就是在传媒产业化的大背景下发展起来的，是以民营商业视频网站为主体、国有视频网站为补充的新兴网络视听媒介群落。自2004年底开始，经过逾15年的发展，2020年的泛网络视听领域产业规模已经突破6 000亿元。民营综合视频网站这个细分的媒介种群也已经从图文互联网时期的"点缀"，到PC互联网时期的电视"附庸"，发展成一种独立的媒介类型，乃至一个产业链齐全、体系较为完善的媒介生态系统。在这个从无到有、从小到大的过程中，中国民营综合视频网站媒介种群作为一个"有机的生命体"，在技术驱动、资本助力、政策规制交织影响构建的外生态系统中汲取营养。同时，中国民营综合视频网站在与其他媒介种群的生态位竞争中脱颖而出，将以内容的产制变革为核心、以用户和营收为表征的内生态系统发展壮大。2019年后，中国民营综合视频网站又受到短视频平台等新媒介种群的强力冲击，陷入"滞胀"僵局。

媒介生态视角的运用是媒介产业发展史研究的一种创新。依据我国民营综合视频网站不同发展阶段的生态要素及其彼此互动关系的变化，结合具有典型性和代表性的历史事件，本书将民营综合视频网站2004—2021年的发展历程划分为四个阶段，并对各个阶段面临的纵横交错的问题进行理性而复杂的分析与梳理，这在国内是首次。同时，作者结合多年的产业实践，以及他对行业发展历程中众多重大历史事件的决策参与者、见证者的深度访谈，本书为中国网络视频发展研究留下了大量的一手资料，这也非常难能可贵。

湘华曾在安徽电视台供职12年，见证了省级卫视的快速崛起与辉煌；他于2011年创业，进入网络视频领域，经历了民营综合视频网站的探索、整合、快速发展至稳定阶段。迎风而立，学术或许不是他追求的目标，以一种结构化的视角客观地记录这段媒介发展史才是他看重的第一要义。我常常责其简化甚至删除一些有趣的、故事化的、鲜活的史料内容，增加一些学理性的总结、辩证，以及引入一些相对宏大的思考问题的角度，这对他来说虽难甚至有些不情愿，但他还是努力达成。故，湘华未必会是一位鸿儒硕学，若多一个懂传播、有情怀的俞总，则吾心亦甚慰。

是为序。

上海大学新闻传播学院院长、博士生导师　严三九

2022年12月2日

序 二

应邀为湘华的新书写序,一时间竟不知该从何写起。与他共事二十余年,我们一起从电视的黄金年代走到互联网数字营销时代,其间有成长,也有太多的感慨和不易。在这条广告路上,我们彼此鼓励,共同摸索着为学之道、为商之道、为人之道。

他是一个纯粹的人。从体制内的同事到携手创业十余年的打拼,他是我朝夕相处胜似家人一般的存在。他勤读书,喜书法,爱跑步,虽说走南闯北,阅人无数,但他始终保持初心,一直有着同龄人身上少有的少年气、书生气。

年过四十,他从中欧国际商学院到华东师范大学读博"镀金",现在竟能写出几十万字的专业书籍。他向上攀登的每一步都让我感到惊喜,也让我从心底为他高兴。

湘华的学习习惯在一定程度上对将剧星打造成学习型组织有着极大的推动作用,他也多次在内部公开信上强调创造价值和终身学习的重要性。我们希望那些曾经与我们一起奋斗过的或正与我们同行的剧星人都能有所收获。

他也是一个好伙伴。2011年,我们都看到了视频网站发展的无限可能,于是一拍即合,共同从体制内出走,创办了剧星传媒。至今我还记得我们一起背包来上海的场景,从熟悉的合肥来到陌生的上海,从熟悉的电视媒体迈入皆是未知的网络视频领域……如今回头看来,这都是我们于不惑之年作出的美好而正确的选择。

他擅长策划,也爱好策划。每每有重要的客户和重要的项目,他都会反复地与品牌老板们深度沟通，在朋友圈悉心调研，与团队共同头脑风暴，助力品牌制定差异化的传播策略。

从台网联动到 VSS 模型、VISA 模型，再到如今的"品效销全链路营销"，这不仅是剧星传媒发展策略的变化，也饱含十余年来广告市场和品牌营销策略的变化，更是我和湘华对这个行业的些许拙见。

他还是广告行业的见证者。本书是一本记录中国民营综合视频网站近二十年历程的发展史，也是互联网广告行业的转型创新史。行业每一次的转型和升级背后，都有大量的技术创新、模式创新、管理创新和思维演变的积累作为支撑。

经历过视频行业风风雨雨的变化后，阅读这本书的我内心仍然澎湃。尤为庆幸的是，我们没有错过这个风口，没有错过这个时代。我想湘华撰写此书应当不仅是为了出书立著，而更多是分享、梳理过往的发展经验，凝练营销模式，以期给广告业、传媒业的健康发展带来更大的启发。

品牌是跨越平台与经济周期的核心要素，在不同时代、不同环境，我们要以新方式做品牌。尽管当下国内市场对于营销策略与预算投入的态度趋于谨慎，但长视频已经进入良性发展阶段。所以，我们依然有理由对视频网站的发展充满好奇与期待。

上海剧星传媒股份有限公司董事长兼总裁　查道存

2022 年 12 月 5 日

目 录

第一章 绪论 ··· **001**
    第一节 研究背景 ··· 002
    第二节 研究对象的界定 ······································ 004
    第三节 研究现状 ··· 010
    第四节 研究的重心与视角 ···································· 032
    第五节 研究方法 ··· 036
    第六节 研究的创新点 ·· 038
    第七节 研究框架与主要内容 ·································· 040

第二章 技术驱动与规模扩张:中国民营综合视频网站探索期的媒介生态(2004—2007年) ··············· **048**
    第一节 内容呈现方式创新与用户规模扩张 ····················· 050
    第二节 运营模式的初期探索 ·································· 056
    第三节 技术驱动作用的凸显与政策规制的启动 ················ 069
    第四节 探索期的媒介生态格局 ································ 079
    本章小结 ··· 085

第三章 用户变迁与资本博弈:中国民营综合视频网站整合期的媒介生态(2008—2013年) ··············· **086**
    第一节 内容主流化与用户结构变化 ···························· 087

第二节　资本驱动下的产业整合 ·············· 101
第三节　资本与政策的动态博弈 ·············· 110
第四节　媒介种群间的竞合关系向深入发展 ······· 125
本章小结 ····························· 128

第四章　内容自制与巨头化格局：中国民营综合视频网站快速成长期的媒介生态（2014—2018 年） ············· **130**
第一节　内容自制与营收多元化 ··············· 131
第二节　巨头化市场格局的形成 ··············· 141
第三节　视频移动化、资本乱象与政策规制 ········ 146
第四节　基于连接的平台化发展逻辑兴起 ·········· 160
本章小结 ····························· 164

第五章　平台管控与生态化发展：中国民营综合视频网站发展稳定期的媒介生态（2019—2021 年） ············ **166**
第一节　日渐成熟的运营模式 ················ 168
第二节　民营综合视频网站面临的种群竞争 ········ 181
第三节　智能化趋势、资本转向与"饭圈文化"管控 ··· 191
第四节　由平台化向生态化发展逻辑的转变 ········ 195
本章小结 ····························· 198

第六章　中国民营综合视频网站的媒介生态变迁 ········ **200**
第一节　民营综合视频网站外部生态的演变 ········ 200
第二节　民营综合视频网站的生态位及生态关系 ····· 208
第三节　民营综合视频网站的内部生态变革 ········ 214
第四节　民营综合视频网站的价值迭变与生态化发展 ··· 225
本章小结 ····························· 228

第七章 中国民营综合视频网站的媒介生态危机与优化策略 …… 230
  第一节 民营综合视频网站的生态结构 …………………… 231
  第二节 民营综合视频网站面临的媒介生态危机 …………… 232
  第三节 民营综合视频网站媒介生态的优化策略 …………… 238
  本章小结 …………………………………………………………… 251

结语 ………………………………………………………………………… 252

附录 2004—2021 年我国网络视频行业主要的监管政策 ………… 254

参考文献 …………………………………………………………………… 257

后记 ………………………………………………………………………… 270

第一章

绪　　论

网络视频是在互联网大发展的背景下出现并成长起来的一种新的媒介类型,自诞生以来便受到广大用户的喜爱,成为新兴媒体市场格局中的重要组成部分,也是媒体融合发展进程中的一种主要内容与形态。网络视频并非将视频内容与互联网分发技术嫁接这样简单,而是在数字技术驱动、资本助力、政策引导与规制等诸多因素的共同作用下逐步发展起来的。从这个角度来看,网络视频可以说是近年来中国新媒体兴起、成长的标本,它的演化历程记录并反映着中国传媒生态与格局演变的复杂性。而且,在网络视频创新发展的当下,仍然存在诸多层面的困境与问题,行业要想破解这些困境与问题,离不开对中国传媒生态的科学、整体把握,离不开对新兴媒体发展趋势的清醒认识,更离不开主管部门对网络视频这一独特媒体形态的管理体制与政策的调整。因此,网络视频作为新兴媒体的代表形态,对它发展经验、模式的梳理、凝练与探讨,能够给中国传媒业的健康高效发展提供有益的借鉴。

在我国视频网站快速兴起并逐步发展成熟的历程中,民营综合视频网站发挥了重要作用。以优酷网、土豆网为代表的一批民营企业通过开创性的传媒运营实践,使视频网站这一新兴媒体形态得到规模化、平台化的发展,推动了视听媒体产业格局的变化,改变了民营综合视频网站与传统电视媒体的竞争态势。当然,民营综合视频网站对我国传媒生态的影响不仅仅体现在产业层面,这类新兴主体的出现还刺激了国有媒体在视频网站的布局,还在国内引发了对如何引导、规制视频网站行业的发展方向与趋势的探讨。但是,与传统媒体时代的行业管控与引导不同,国有媒体在视频网站领域的布局和主管部门对民营综合视频网站的规制都体现出一定的滞后性,而且民营综合视频网站、国有视频网站和其他各种传媒产业运营主体之间的竞争关系也发生了明显变化。在这一过程中,不同的产业发展要素(如资本、技术、内容、用户等)在不同类型的运营主体发展过程中如何发挥作用,作用机制有何差异,应如何应对网络视频产业格局变化过程中出现的各种问题等,都需要研究者予以关注与回应。

第一节　研究背景

1994年4月20日,中国科学院计算机网络中心通过一条64K的国际专线率先接入Internet,标志着我国最早的国际互联网络的诞生。经过多年的积累,截至2021年12月,我国网民规模10.32亿,互联网普及率达到73%,注册在中国境内的网站418万个,国内可以监测到的App (application,即移动互联网应用)252万款[①]。我国已成为当之无愧的网络大国。

随着我国互联网基础建设的普及与成熟,互联网生态开始进入一个新的发展阶段。互联网不仅重构了传媒生态,也在社会发展的各种场景中得到广泛应用。互联网的发展给新闻传播学术研究提供了新的对象和思考空间,并在很大程度上推动着相关理论研究的深入。例如,5G的发展不仅推动中国互联网发展进入一个新的阶段,也为"新大众传播"研究提供了机遇。"新大众传播是伴随着中国主导的5G通信技术、北斗导航技术等全方位发力突进并整合了新原始传播、电信传播、智能传播等中国特色的传播理论与实践的新时代传播理论,反映了中国新闻传播理论与实践求索者的智慧主张,体现着技术创新与理论创新的互通、互融、互鉴。"[②]为了推进互联网发展及其在不同领域的创新应用,国家也制定了相应的促进和引导政策,推动我国互联网产业和生态不断得到丰富、完善。

[①] 第49次《中国互联网络发展状况统计报告》[EB/OL]. 中国网信网[2022-02-25]. http://www.cnnic.cn/n4/2022/0401/c88-1131.html.
[②] 曾静平,赵婉兵.5G时代中国特色新大众传播的实践求证与理论问道[J].现代传播(中国传媒大学学报),2021(10):152.

网络视频是互联网发展历程中出现的主流代表性形态,用户规模、使用时长等多个指标数据都显示出网络视频的优异表现,在推动互联网发展与应用的过程中发挥了重要作用。"中国网络视频发展至今已经走过了二十年风雨历程,它作为一种独立的媒介形式实现了由小众参与向大众参与的本质转化。"①CNNIC 的数据显示,截至 2021 年 12 月,我国网络视频(含短视频)用户为 9.75 亿人,网民使用率为 94.5%,仅次于即时通信用户数 10.07 亿人(使用率 97.5%);在总使用时长上,短视频占 29.8%,排名第一,在线视频占 7.3%,排名第二②。高速增长的数据背后体现了网络视频能够满足受众获取信息、休闲娱乐等多方面的需求。相较于单向传播的电视,网络视频通过互联互通的双向沟通网络,使得传者与受众、受众与受众的交流更加高效,互动更加紧密。网络视频作为一种便捷、生动的传播形态,已经逐步取代电视,成为大众了解社会、获取信息、休闲娱乐、文化消费的主要渠道。

近年来,人们的"线上生活"得到了快速发展,"随着移动互联网作为第一大上网终端地位的巩固,城市居民的生活网络化程度进一步加深,线下空间与线上空间的分化更加明显"③。特别是 2020 年初新冠肺炎疫情蔓延之后,人们外出旅游、娱乐、聚会等的频率降低,居家时间整体增加,在互联网络环境持续改善、智能手机等上网终端不断普及的基础上,娱乐"线上化"成为普遍趋势,为网络视频的发展提供了成长空间。传统院线面临经营困境,大量媒体巨头开始谋求转型,并作出战略调整。例如,2020 年底,美国最大的院线 American Multi-Cinema(AMC)计划出售 5 000 万股股票,筹集 1.25 亿美元,以避免破产;华纳传媒、NBC 环球(NBC Universal)等好莱坞巨头也不得不大规模地关停线下院线。与之形成强烈对比的是在线流媒体市场的火热,除了 Netflix、Hulu、Amazon Prime 等老牌流媒体巨头,先有 Disney+、Apple TV+,再有华纳的 HBO Max、环球的

---

① 石颖,李博.中国网络视频二十年:参与式文化驱动下的"起承转合"[J].新闻爱好者,2021(12):68.
② 第 49 次《中国互联网络发展状况统计报告》[EB/OL].中国网信网[2022-02-25]. http://www.cnnic.cn/n4/2022/0401/c88-1131.html.
③ 李慧娟,李彦.从线下到线上:移动互联网的时空分区效应研究[J].国际新闻界,2015(10):18.

Peacock、派拉蒙 Paramount+等纷纷入局,促进了全球整个流媒体市场的繁荣。公开的财报数据显示,谷歌(Google)旗下的视频分享网站 YouTube 2020年的广告收入为68.9亿美元,相比2019年(47.2亿美元)增长46%,成为2020年谷歌广告的重要增长引擎①。

从媒体形态上看,网络视频是电视的"近亲"。"从视听语言的角度上,它们之间还有明显的亲缘性,同属于视听媒介,存在内在关联的演化关系。"②虽然两者呈现的节目形态高度一致,但在内容分发技术与方式上存在明显差异。网络视频特别是长视频网站的早期发展主要得益于电视节目的"上网",这消解了电视的"必看性",弥补、满足了那些可能错过电视直播收视时间或不具备电视收视条件的用户对于电视节目的收视需求,"电视节目+互联网"由此造就了早期的网络视频。电视媒体对网络渠道的主动融合由来已久。2009年12月28日,中国网络电视台(China Network Television,简称CNTV)开播,此后各个省级电视媒体,如湖南广电、浙江广电、上海文广、江苏广电、安徽电视台、云南电视台等也纷纷推出自己的网络电视台,但后来的发展态势远未达到预期。在中国网络视频行业突飞猛进、高速发展的大背景下,绝大部分电视媒体的运营者却缺乏对市场、用户和互联网底层逻辑的洞察和理解,导致跟风上马的大量网络电视台成为各个省级广电系统"食之无味,弃之可惜"的鸡肋,只有极少数(如湖南广电的芒果TV)跑出"业余选手"圈层,晋级中国网络视频行业"专业玩家"的行列。

第二节 研究对象的界定

网络视频(online video)是一种视频形态的互联网媒介类型,也可以指一种在互联网上传播的视频内容,"是以网络为载体,借助浏览器、客户端播放软件等工具,通过以各种形式的流媒体类型为主的视频内容来进行的

---

① 谷歌广告业务第四季度强势复苏 YouTube观众人数大幅上升[EB/OL].新浪科技[2021-02-03]. https://baijiahao.baidu.com/s?id=1690636275394209247&wfr=spider&for=pc.
② 蔡盈洲.从电视到短视频:一种演化的视角[J].中国电视,2020(9):74.

有关个人、公共或商业行为的一种信息交流方式"①。在业界的运营过程中,网络视频有不同的形态特征,各种竞争主体基于不同的形态特征需要探索差异化的运营策略与方式,导致不同网络视频内容运营平台在资源整合、发展路径等方面存在差异。为了使研究问题更为聚焦、研究思路更为清晰,笔者将对网络视频中的不同类型与运营主体作简要梳理,并界定本书的研究对象。

一、综合视频网站

网络视频的呈现形态是多元化的,在视频时长、拍摄模式、互动方式等方面均有所体现,进而也成为区别不同网络视频内容、不同类型运营主体的参考和依据。单条视频时长是目前业界划分不同网络视频内容和形态的重要依据,依据单条视频时长的不同,网络视频可以分为长视频、中视频和短视频三种。至于时长的具体分界点,业界、学界仍缺乏统一的标准。本书结合优酷、爱奇艺等业界代表性视频网站平台在运营中的标准作出界定:长视频时长应该在30分钟以上;短视频时长在2分钟以内;2—30分钟的视频是中视频。

视频网站(video website)是网络视频领域具有代表性的市场运营主体,"随着互联网的快速发展,媒介融合的趋势逐渐增强,作为新媒体的视频网站在这一背景下逐渐兴起"②,是依托互联网技术,提供视频内容在线点播、网络直播和视频分享服务的集合平台。本书采用的视频网站概念不仅局限于PC端的网站,也包括移动终端(手机、PAD等)和互联网电视端(over the top,简称OTT)的App。从现有文献及业界的表述层面来看,网络视频更多是指行业,区别于传统的广电、报刊或新兴的游戏、动漫等传媒行业的其他领域。它也可以指代媒介类型,以区别于网络电台、电子书等其他的媒体内容形态。视频网站指的则是参与市场竞争的企业或组织主体,代表性的企业有优酷、土豆、爱奇艺等。

---

① 梁晓涛,汪文斌.网络视频[M].武汉:武汉大学出版社,2013:5.
② 王丹.我国视频网站的传播特征研究[J].中国出版,2017(1):50.

除了长视频、中视频和短视频,随着技术的进步和业态的发展,网络视频也衍生出新的形态,如网络视频直播(以下简称网络直播)。网络直播是网络主播借助专业的音视频采集设备,通过互联网与用户进行即时沟通与互动的"一对多"的信息传播形式。网络直播消解了信息传者与受者在空间上的距离。相较于通过传统摄录编流程制作的视频文本,网络直播赋予视频内容鲜明的即时互动特征。"网络直播的人性化逻辑是通过满足人实时同步的基础交流诉求,传播日常生活内容的物理诉求及情境化互动、分享的心理诉求,媒介向着消弭、延展、情境化的方向发展,即以去中介化的发展路径将网络直播空间延展至日常生活,构建更有温度的媒介情境,实现人的'感觉总体'回归。"[1]网络直播的技术门槛并不高,各种互联网媒介、运营主体都可以基于现有的平台开展网络直播。同时,一些专门从事网络直播的市场主体携资本开始逐步建立"直播+某些特定细分领域"的行业生态(如主播生态、内容生态、打赏机制等),游戏直播平台、秀场直播平台、电商直播平台这三种类型最受市场欢迎。

整体来看,网络视频行业的发展与演化具有以下四个方面的特点。第一,网络视频行业的发展是在政策、技术、资本等多种类型要素的博弈与协调、竞争与协作之下逐步发展与演化的。第二,网络视频发展过程呈现出明显的阶段化特点,不同要素在不同阶段中的权重、作用有很大的差异。第三,以视频网站为代表的市场主体是网络视频发展历程的先行者、探索者、实践者,网络视频发展相关的诸多要素及其作用均在视频网站兴起、发展的过程中得到了体现,诸多视频网站的发展史汇聚成网络视频的发展史。第四,视频类企业类型丰富,呈现出多元化特征,传统网页版视频网站及其移动视频客户端、短视频社交 App、网络直播平台等各种类型的企业均得到了长足发展。其中,视频网站作为代表力量,它的呈现形态存在一定的差异化特点。例如,有坚持长视频生产与传播的视频网站,也有在短视频领域发力的视频网站。根据业务形态的差异,可以将视频网站细分为不同类型,如主要提供长视频服务的视频网站和短视频平台,它们在视频内容、传播策略、运营模式方面有很大差别。按照历史发展的脉络来看,运

---

① 喻国明,刘彧晗,杨波.理解网络直播:媒介人性化逻辑的延伸[J].编辑之友,2021(7):38.

营长视频的视频网站经历了网络视频发展的多个历史时期;大部分短视频平台是近年来兴起的,其发展历程尚不能比较全面地体现网络视频的发展历程。

邵培仁教授在对媒介生态学的研究中提出了"种群"的概念,将它定义为相同传播要素个体的汇集,如传者种群、信息种群、媒介种群、受众种群等[①]。基于这一视角,网络视频媒介群落可被划分为综合视频网站(简称视频网站)种群、短视频平台种群、中视频社区种群、网络视频直播平台种群等。基于目前业界大多数第三方数据公司的称谓,笔者在本书中将主要提供长视频服务的平台称为综合视频网站,将主要提供短视频服务的平台称为短视频平台,将主要提供中视频服务的平台称为中视频社区(因为它主要强调社区属性)。在本书中,笔者基于梳理代表性网络视频形态发展历程的研究需要,在辨别不同网络视频类型的基础上,将研究对象聚焦在提供长视频服务的综合视频网站(业界也将它称为在线视频平台),暂不讨论新近兴起的短视频平台、网络直播平台等形态。

二、民营综合视频网站

根据视频网站所有权的不同,中国网络视频行业的市场主体可以分为两大类,即国有媒体背景的视频网站和民营的视频网站。国有媒体背景的视频网站为国有资本独资或控股,以中国网络电视台、芒果TV、看看新闻、齐鲁网等为代表,是中央级主流媒体、省级媒体(以各大卫视为代表)为了扩展传播渠道、提升传播效果而布局、发展起来的,部分视频网站的兴起还带有行政驱动的成分。民营的视频网站以优酷土豆、爱奇艺、腾讯视频等为代表,是商业化市场主体在网络视频巨大市场发展前景的驱动下,为了抢占网络视频竞争先机、获取长期市场回报而创建、孵化、发展起来的。上述这两类视频网站在发展缘起、战略目标、运营理念等多个方面都有明显的差异。

本书力求通过梳理网络视频的发展历程来把握中国新兴媒体发展进

---

① 邵培仁,等.媒介生态学:媒介作为绿色生态的研究[M].中国传媒大学出版社,2008:83.

程中诸多要素之间的相互关系与作用,探讨媒体形态演化与发展的深层机制。事实上,民营综合视频网站不仅在用户数量和营收规模上占据了绝大部分的市场份额,而且能够生动、鲜明地体现各种相关因素在业态发展中的作用,所以本书将研究重点置于民营综合视频网站。笔者在研究中主要针对民营综合视频网站的代表性案例、发展历程和业态运营中存在的问题等展开分析,为了深化研究的问题意识,扩展探讨维度,在不同部分会结合国有视频网站的相关案例作为对比。

民营综合视频网站是继新浪、搜狐、网易等新闻门户网站后的又一类非国有性质的商业网站,在发展初期是中国传媒版图中受行政力量影响相对较小的细分板块,市场无形之手的作用在其中得到发挥,推动着行业高速成长。直到 2017 年 6 月,国家新闻出版广电总局印发《关于进一步加强网络视听节目创作播出管理的通知》,提出网络视听节目和广播电视节目的审查要实现"同一标准、同一尺度"。也是在同年,爱奇艺获得了 81.6 亿元的广告收入和 173.8 亿元的总收入,比肩省级电视阵营中的翘楚——湖南卫视的广告收入(80 亿元)和整个湖南广电集团当年的总收入(183.1 亿元)①。一个中国民营综合视频网站的个体用 7 年时间完成了对有近 60 年历史的中国电视界佼佼者的追赶和超越。除了广告营收规模这一个指标,民营综合视频网站在内容生产模式、受众互动方式等多方面也体现出在网络视频领域的创造性和影响力。

需要强调的是,本书的研究主要聚焦于民营综合视频网站,暂时不涉及国有视频网站,主要是因为民营综合视频网站与国有视频网站是依据不同的运营逻辑和竞争路径发展起来的。首先,民营综合视频网站的兴起借助了技术和资本的力量,大批创业者基于技术优势搭建视频网站,并在资本的助力下实现了用户的积累与市场扩张;国有视频网站则是在民营综合视频网站构建起传播渠道优势的背景下,传统电视媒体等主体面临竞争压

---

① 数据来自两家媒体公开发布的财报:爱奇艺 2017 年总营收约 173 亿元 会员收入为 65 亿元[EB/OL]. 新浪财经[2018 - 02 - 28]. https://tech.sina.com.cn/i/2018-02-28/doc-ifyrwsqk1108593.shtml;2017,湖南广电年创收 183.1 亿|2018,强化原创出爆款[EB/OL]. 传媒头条[2018 - 02 - 10]. https://baijiahao.baidu.com/s?id=1592029724988648897&wfr=spider&for=pc.

力,为了实现创新发展而作出的"后发式"布局。其次,国有视频网站在发展过程中与各类市场主体的关系不同于民营综合视频网站。民营综合视频网站诞生后,作为独立的传媒市场竞争个体始终面临着较大的生存压力,很多视频网站多年内依靠资本支撑,为了实现有效盈利而不断进行着多方面的尝试,在这一过程中与多种类型的传媒企业开展着激烈的竞争;国有视频网站在整体上面临的生存发展压力较小,它们往往承载着"母体"传媒单位或企业的资源在扩展传播渠道、创新运营方式等方面展开实践,参与传媒市场竞争的迫切程度和在竞争中体现出的创新程度等均与民营综合视频网站有所差异。最后,国有视频网站在发展过程中较为规范,民营综合视频网站在巨大的生存发展压力和背后资本的驱动之下,有时在运营方面存在忽视媒体社会责任的问题,甚至在政策管控、传媒伦理的边缘"试探",给传媒规制理念与路径的升级、管理政策的制定与优化带来了挑战。

本书也未将同期海外的视频网站(如 YouTube、Hulu、Netflix 等)纳入重点研究范畴,因为这些视频网站是在不同的社会经济、文化背景和监管政策下诞生、成长起来的,鲜有竞争、合作或借鉴的价值。

通过对民营综合视频网站发展历程的梳理,有利于发现媒介生态演化过程中存在的各种现实问题,有助于探寻这些问题出现、发展的作用机制,能够为形成有效的规制、预防策略提供借鉴。

三、民营综合视频网站发展时期的聚焦与界定

民营综合视频网站发展具有一定的复杂性,在下文文献综述梳理、研究问题凝练的基础上,笔者将研究对象进一步聚焦到民营综合视频网站的发展历程,包括基于纵向的时间脉络对中国视频网站的发展史进行梳理,所以,此处对中国民营综合视频网站的发展时期作出进一步聚焦与界定。

本书对中国民营综合视频网站发展历程的研究时间限定于2004—2021 年。从 2004 年我国首家民营综合视频网站诞生至 2021 年,中国的网络视频从无到有,规模从小到大,起步与西方发达国家同步,经历 17 年的发展,已处于世界先进水平。在整体环境方面,截至 2021 年 12 月,我国的

网络视频(含短视频)用户有9.75亿人(网民使用率为94.5%),用户规模差不多是美国网民数(3.13亿人)[①]的3倍以上。在主要的市场个体方面,以由迪士尼、FOX、NBC等联合持股的长视频网站Hulu为例,据全球知名市场调研机构eMarketer的数据显示,它2020年的广告收入为17.8亿美元,付费会员数为3 660万人。对标中国的综合视频网站爱奇艺,其2020年的广告收入为68亿元(约合10.7亿美元),约为Hulu广告收入的六成;爱奇艺的付费会员数量已经达到1.017亿人,差不多是Hulu会员数量的3倍。

梳理民营综合视频网站在中国的发展历程并总结各方面的经验,不仅可以为国家相关监管部门、市场竞争主体提供参考,也可以为世界视频网站行业乃至其他细分类型的互联网媒体的发展提供借鉴。笔者通过对2004—2021年中国民营综合视频网站发展历程中有代表性的历史事件的梳理,以及对各发展阶段中的参与者、见证者的深入访谈和研究,试图实现以下四个研究目标:第一,厘清中国视频网站行业,特别是民营综合视频网站种群的发展历程,探寻推动其发展的潜在动力和主要影响因子;第二,通过对已有监管政策的落实和执行效果分析,为网络视频,特别是针对民营综合视频网站的规制提出建议;第三,对照当今世界范围内的流媒体市场的竞争格局和发展趋势,找出我国视频网站发展进程中存在的问题和差距,提出改进的措施;第四,响应国家媒体融合发展的号召,为中国广电的"互联网+"发展战略和中国传媒的产业化发展路径的探索提供指导意见和建议。

第三节 研究现状

本书聚焦中国民营综合视频网站的发展,在对已有研究的梳理过程中,笔者首先深入了解了我国网络视频行业发展的研究情况,并在此基础

---

① Joseph Johnson. Internet Usage in the United States-Statistics & Facts [EB/OL]. stat is ta [2021-08-04]. https://www.statista.com/topics/2237/internet-usage-in-the-united-states/#dossierKeyfigures.

上关注与具体视频网站有关的研究,进而分析我国视频网站研究的现状及主要内容,为凝练本书的研究问题打下基础。

一、中国网络视频行业发展研究

笔者在关于中国网络视频行业发展的研究中发现,研究者在网络视频形态发展之初便将其置于新兴媒体产业发展的层面予以审视。这一方面体现了网络视频作为一种新兴的传媒产业内容迅速崛起,并在传媒产业格局中获得较快的成长;另一方面,研究者对网络视频行业发展中大量问题的分析与探讨都被置于产业发展的背景下加以审视,或者说从传媒产业发展的层面思考网络视频领域中存在的问题,并尝试探寻解决路径。所以,在这个层面审视网络视频的研究是把握业态发展历程与趋势的有效视角。此外,笔者在梳理中发现,大量研究者关注网络视频领域的新兴发展形势、动态,这体现了他们对行业发展趋势和增长点的思考与把握。基于此,本节从中国网络视频产业化、网络视频新兴业态发展两个主要方面总结关于中国网络行业发展的研究。

(一) 对中国网络视频产业化的研究

"市场因素的浸润和扩张是中国传媒业发展过程中值得瞩目的现象,研究传媒运作过程中市场机制的作用机理也就成为把握中国传媒业发展脉络和未来趋势的必需。"[1]可见中国传媒产业发展具有一定的特殊性,传媒事业的意识形态属性与传媒产业的市场属性共同发挥作用,使有关传媒产业这一特殊领域的研究具备了一定的复杂性。这既体现在宏观层面对传媒产业、网络视频产业的整体把控,也需要研究者展开对产业政策、产业链、资本运营等具体内容的分析。例如,王薇提出推动中国传媒产业40年持续发展的动因为政策、技术和资本[2];黄升民则指出中国媒介产业的推动是在技术、政治与资本的三重作用下发生的,技术充当了一个起爆器的

---

[1] 喻国明,丁汉青,支庭荣,等. 传媒经济学教程[M]. 北京:中国人民大学出版社,2009:1.
[2] 王薇. 中国传媒产业40年发展历程及动因[J]. 未来传播,2019(1):71—77.

作用,开始带动行业在新的层面跃进,而政治和资本二者的博弈还要在相当长的一段时间内继续影响我国媒介产业化的方向和力度①。此处政治因素的内涵与王薇对政策的探讨具有一定的相关性,这两份研究成果都点明了资本在市场机制运作背后发挥着重要的推动作用。

  对中国传媒产业、网络视频产业的研究体现出比较明显的阶段性特征,可以从两个方面予以把握:其一,在不同的历史发展阶段中,产业发展具有阶段性特征;其二,相应的学术研究、经验总结同样体现出阶段性的特点,可以按照历史发展的脉络予以把握。20世纪70年代到90年代,中国由计划经济向市场经济转轨,为传媒的产业化发展创造了机会。与此同时,传播学界开始热烈讨论媒介的市场化改革。例如,学者陈力丹1986年在《新闻界》上提出"新闻是一种特殊商品"。周鸿铎教授在1989年第5期《中国广播电视学刊》的文章中探讨了广播电视事业的经济属性,并于次年出版《广播电视经济学》。这是中国传媒经济学领域的第一本著作,以政治经济学的框架,从产业视角研究了广播电视的经济属性和经营、管理上的诸多问题,提出了广播电视经济学的概念和体系②。黄升民、丁俊杰在《媒介经营与产业化研究》(1997)、《国际化背景下的中国媒介产业化透视》(1999)等一系列研究中提出,媒介的产业化发展与国民经济产业的转型有密切关系,我们须在媒介融合的国际背景下考虑中国媒介产业化的方向③。此外,唐绪军的《报业经济与报业经营》(1999)、陆地的《中国电视产业发展战略研究》(1999)、胡正荣的《媒介管理研究——广播电视管理创新体系》(2000)、喻国明的《媒介的市场定位:一个传播学者的实证研究》(2000)、曹鹏和王小伟主编的《媒介资本市场透视》(2001)、刘宏的《中国传媒的市场对策》(2001)、金碚的《报业经济学》(2002)等专著也陆续出版。据不完全统计,有40多部中文版专著问世于20世纪90年代中期至21世纪初期,内容涉及媒介经济学的引入、对电视媒体的企业化属性探讨和市场化的经营与竞争。从机制、体制创新到资本化运营,这些都说明了中国传媒产业化研究已经从起步阶段逐步迈向充实完善的阶段。2001年,中

---

① 黄升民."媒介产业化"十年考[J].现代传播(中国传媒大学学报),2007(1):101—107.
② 李放.中国传媒产业发展研究[D].北京:北京交通大学,博士学位论文,2009:23.
③ 黄升民,丁俊杰.国际化背景下的中国媒介产业化透视[M].北京:企业管理出版社,1999:6.

国加入WTO,中国传媒市场陆续有限开放,传媒的产业化、集团化和资本运营逐渐成为学界的研究热点。例如,李良荣对中国新闻媒体改革提出双轨制设想[①];单波探讨了新闻的商品属性问题[②];彭永斌等学者认为传媒的产业化经营可以实现增长模式由粗放型向集约型的转变,并提供了专业型模式、跨业型模式、规模型模式和外向型模式四种可供选择的发展模式[③];学者周葰认为中国传媒产业应该采取混合所有制[④];李然忠对比了中、美网络视频产业的现状,并对中国网络视频内容生产提供借鉴[⑤];还有学者将中国的网络视频产业置于全球化、新自由主义的语境,探讨政府管制、市场驱动力、创意生产之间的张力[⑥]。无论是偏理论的推导,还是偏实践的总结、归纳,这些研究都是中国传媒市场在产业化进程中的有益探索。

同时,传媒产业与网络视频产业除了具有清晰的纵向历史脉络,也有横向的审视角度。在发展进程中,基于政策、资本、技术等不同的核心要素,研究者从不同的横向视角丰富着对传媒产业、网络视频产业和具体的视频网站的研究。这些方面的研究成果也比较丰硕,如将网络视频产业链的发展视作把握行业发展动态、洞悉存在问题与探讨对策的视角。有研究提出了网络视频的盈利模式,即付费机制打造链式路径、IP改编基础上的树状路径、大数据下的网状路径和以O2O为代表的多面体路径[⑦];也有研究使用波特五力模型分析了视频网站向上游产业和下游产业延伸的可能性,从政府监督、行业引导、企业自我提升三方面提供了参考路径[⑧]。这两篇学术论文从不同的角度分析了中国网络视频产业化发展的现状,具有一

---

① 李良荣.论中国新闻媒体的双轨制——再论中国新闻媒体的双重性[J].现代传播(中国传媒大学学报),2003(4):4.
② 单波.关于新闻的商品性问题的思考[J].现代传播(中国传媒大学学报),1995(1):5.
③ 彭永斌,姜太碧,刘涌泉.中国传媒产业经营基本模式及政策取向[J].西南民族学院学报(哲学社会科学版),2003(4):187—191.
④ 周葰.混合所有制:中国传媒产业的一种选择[J].现代传播(中国传媒大学学报),2005(1):129—131.
⑤ E. J. Zhao, The Micro-Movie Wave in a Globalizing China: Adaptation, Formalization and Commercialization [J]. International Journal of Cultural Studies 2014,17(5):453—467.
⑥ 李然忠.中美内容产业最新发展状况的观察及思考[J].福建论坛(人文社会科学版),2018(10):76—82.
⑦ 陈思.中国网络视频产业链研究[D].北京:北京大学,博士学位论文,2017:36.
⑧ 刘超.我国网络视频产业链研究[D].长沙:中南大学,硕士学位论文,2013:9.

定的建设性和实践意义。

有关资本运作的研究体现出一定的交叉性,除了新闻传播领域的研究,也有金融学和会计学领域的学者关注网络视频行业和具体视频网站的发展。这与本领域代表性的民营综合视频网站企业频繁使用资本工具,诸多成功企业已经上市融资,以及公开的财务数据充足有较大关系,如优酷土豆、爱奇艺、乐视等均是传播、金融等多学科交叉关注的对象。有研究认为,优酷网和土豆网合并所采用的100%换股的财务手段是双赢的选择,但通过EVA分析法则发现合并后的优酷土豆并没有实现资产的明显增值[①];还有研究发现乐视网通过高杠杆、高负债的运作换来了财务上的利润和"中国第一家实现盈利的视频网站"的称号,是一家资本风险很高的企业[②]。

(二) 对网络视频新兴业态的跟踪与关注

研究者关注网络视频领域的新兴业态,并尝试从中总结经验,探讨视频网站的发展趋势与创新点。当前,网络视频正处于不断的发展过程之中,视频网站也在竞争中不断调整自身的运营模式,新技术、新模式、新企业不断涌现,不断刺激研究者产生新的思考。例如,"作为一种基于Web2.0架构和参与式文化建立的视频网站形式,弹幕视频网站的发展受到日本文化周边传播的巨大影响,并逐渐形成了一种独具东亚地域特色的网络文化体系"[③]。对此,有研究者从不同的角度对这种具有较强实时交互功能的视频网站进行了深入研究,以B站发布的《后浪》为例,分析了"视频热潮背后体现出B站成功的品牌传播策略,彰显出B站拥抱世界的品牌理念"[④],并思考如何提升我国视频网站在新媒体环境下的品牌塑造策略。

网络直播、短视频是网络视频衍生的新兴媒介种群,与其相关的研究也日渐丰富。贾毅总结了网络直播的核心特征是即时性视频传输和高度

---

① 闫石.优酷并购土豆协同效应研究——基于EVA的视角[D].北京:北京交通大学,硕士学位论文,2016:44.
② 胡琳曼.乐视网全产业链运作模式研究[D].长沙:湖南师范大学,硕士学位论文,2015:40—45.
③ 张新阳,陆地.从"入阵"到"破局":弹幕视频网站15年发展的"死与生"[J].编辑学刊,2021(2):30.
④ 常东东.从《后浪》出圈看视频网站的品牌传播策略[J].传媒,2021(13):76.

临场性即时互动,并指出打破电视台视频直播特权的网络直播出现了新的角色关系、权利冲突和行为失范[①]。事实上,网络直播实践中的繁荣一直与混乱相伴而生[②],而资本加剧了行业的"混战",直播内容也出现了媚俗化、功利化、娱乐化倾向,相关部门的管制规范了直播行业的发展[③]。朱旭光、贾静则从供给侧改革的角度为网络直播业发展献策[④]。关于短视频,常昕、杜琳认为它打破了传统网络长视频的完整叙事,是"移动传播、流媒体技术和智能终端复合传播情境"[⑤]的产物;王晓红、任垚媞指出短视频内容有应用垂直化、生产系列化和规模化趋势[⑥];卢俊认为,短视频是用户社会交往、调节情绪、获取社会资讯和自我表达的重要方式[⑦];刘航认为纯娱乐化不是受众的唯一需求,追求有用性和价值导向是短视频平台努力发展的方向[⑧];陈小叶则从媒介生态学的视角探讨了移动短视频的生态位和短视频平台受追捧的用户心理机制[⑨]。

此外,技术也是视频网站发展过程中的关键要素,对新技术发展与应用的跟踪、分析是新兴业态关注和研究中的重要内容。近年来,大数据、5G、人工智能、高清等多种技术应用成为网络视频行业创新发展的重要推动力量,引发诸多研究者的关注。例如,5G 在网络视频特别是移动视频的发展过程中具有里程碑式的价值。有学者提出,"5G 的发展正在重塑网络视频产业的生态,其意义除通过系统分析对新媒介环境及其生态理论进行丰富和拓展外,更多地体现在回应现实需求的应用层面,即将我国视频网站的发展实现需求侧动力的用户和供给侧动力的技术两个关键要素的有

[①] 贾毅.网络视频直播的公民赋权与冲突[J].现代传播(中国传媒大学学报),2017(10):20—24.
[②] 曹书乐.云端影像:中国网络视频的产制结构与文化嬗变[M].上海:华东师范大学出版社,2020:12.
[③] 李光.问题、表征与规范:网络视频直播泛化的思考[J].现代传播(中国传媒大学学报),2017(6):158—160.
[④] 朱旭光,贾静.论网络视频直播业的供给侧改革[J].当代电影,2017(10):180—183.
[⑤] 常昕,杜琳.微语态下短视频传播模式分析及趋势思考[J].电视研究,2017(8):70—73.
[⑥] 王晓红,任垚媞.我国短视频生产的新特征与新问题[J].新闻战线,2016(17):72—75.
[⑦] 卢俊.大学生微博短视频使用状况研究——以内蒙古大学在校本科生为例[D].长沙:中南大学,硕士学位论文,2017:63.
[⑧] 刘航.微视频用户视觉认知偏好实证研究[D].广州:华南理工大学,硕士学位论文,2017:48.
[⑨] 陈小叶.媒介生态学视角下移动短视频生态位研究——以"抖音短视频"为例[D].成都:西南交通大学,硕士学位论文,2018:85—86.

机结合"①,并判断面向平台化发展的"融视频"将是未来的发展重点。再如,大数据技术现在已经在诸多领域得到创新应用,谢新洲等学者通过对爱奇艺的调研与深度采访,以及对爱奇艺运营模式、内容生产等环节的探索与分析,以大数据发展为背景,提出视频网站需要抓住技术发展机遇,从企业战略、内容自制等多个领域发力,在竞争激烈的网络视频环境中占据领先地位②。

(三) 对中国网络视频发展历程的研究

在关于中国网络视频发展历程的研究中,研究者或基于媒介史视角,或面向经验总结的现实需要,对网络视频发展的阶段、不同阶段的主要特点与存在的问题等进行了初步的把握。在有关媒介史的研究著作方面,报刊史、图书史、广播史、电视史、互联网史等领域已经有比较多的著作面世,与网络视频史研究相关的著作目前仅有陆地、靳戈的《中国网络视频史》。该书将中国网络视频行业的发展阶段划分为雏形期(2006年之前)、萌芽期(2006—2008年)、竞争期(2009—2013年)、进化期(2014—2015年)四个阶段,并对这四个阶段的发展动因和特征进行了探讨,对网络视频的未来发展进行了展望③。书中的案例既有国外的YouTube、Netflix、Hulu,也有国内的民营综合视频网站,如优酷、土豆、爱奇艺、腾讯视频、搜狐视频、PPTV、PPS等,还有中国广播电视系统的网络电视台,如CNTV和各省级的网络电视台等。作者对中国网络视频产业发展的方方面面进行了系统、全面的梳理,阐述了技术、政策、资本和行业自身的市场机制等合力驱动下的中国网络视频的发展轨迹。只是,由于学界对中国网络视频发展史的研究寥寥,两位作者的阐述更多是建立在对有限的二手资料的梳理之上,对于中国网络视频产业化发展的动因分析也稍有欠缺。

在关于中国网络视频发展历程的研究中,也涉及对很多视频网站发展阶段、历程的分析,这些研究存在两个方面的不足。一方面,它们并非主要

---

① 黄艳.5G融入我国视频网站发展的新探索[J].新闻爱好者,2019(1):40.
② 谢新洲,黄雨婷.大数据在网络视频中的应用更需理性——访爱奇艺数据研究院院长葛承志[J].新闻与写作,2018(9):82.
③ 陆地,靳戈.中国网络视频史[M].北京:中国广播影视出版社,2017:11.

针对视频网站,不是仅将视频网站作为研究对象梳理其发展历程,而且将它作为代表性发展形态,以支撑对网络视频相关问题的研究。同时,注重在网络视频层面把握视频网站与其他多种网络视频形态的共性特征,对视频网站这一具体形态发展历程的个性化特征挖掘不深。另一方面,对视频网站发展历程相关内容的研究主要是基于各类市场统计数据、二手资料展开的,大多是对视频网站发展过程的记录与梳理,对视频网站发展过程中存在的诸多深层问题少有学理化的审视与思考。

二、中国综合视频网站发展及主要问题研究

具体到与中国综合视频网站发展过程有关的研究,笔者发现应用型的策略研究占比很大,多针对视频网站在发展、运营过程中存在的现实问题展开分析,探讨相应的解决方案。同时,内容是视频网站运营中的核心问题,所以内容生产模式的变化、内容呈现形态的发展等均具有较高的研究热度。此外,随着视频网站影响力的不断提升,以及它在发展过程中不断凸显出新的问题,研究者应当关注管理、规制方式等方面的核心问题。在此,笔者结合具体文献,对中国综合视频网站发展相关的主要问题进行简要梳理。

(一)中国视频网站发展策略的应用研究

网络视频作为新兴的互联网发展业态具有较大的不确定性,但这也给创新者、运营者、管理者提供了巨大空间,吸引了大量研究者关注并探讨视频网站的问题与解决对策,而且对于视频网站运营的多个层面均有涉及。首先,视频网站市场动态及其商业、盈利模式的探讨是应用研究中的主要内容。例如,王闪闪等学者在把握网络视频行业格局的基础上,分析了视频网站在营收、影响力、数据技术等方面的不足,提出"可以利用差异化优势和主流媒体资源打造独特品牌"[①]的策略。其次,视频网站是在多种要

---

① 王闪闪,张燕.电视视频网站发展的瓶颈与对策——基于对芒果 TV 和 Hulu 商业模式的分析[J].电视研究,2019(4):33.

素的作用下发展的,它当前面对的媒介环境也处于融合进程,所以其营收情况具有一定的复杂性,有研究者着重对视频网站营收的不同模块和营收系统进行了深入探讨。饶佳艺等学者从两个层面构建了视频网站营收的反馈系统,包括"由价值主张、业务系统和盈利模式构成的营收显性知识,以及由关键资源能力与外部环境构成的营收隐性知识"[1]。同时,他们利用这一模型分析了视频网站的发展现状,并给出了相应的策略建议。再次,盈利问题是视频网站营收研究中的核心问题。秦宗财、刘力分析了欧美视频网站的运营模式和盈利情况[2];也有研究者以"三次售卖理论"为框架,分析"每种新的营收方式出现时的背景与条件,进而探讨了视频网站的盈利问题,并概括性地阐述了对网络视频行业未来发展趋势的思考"[3];张娜娜则提出差异化的品牌构建在视频网站的经营中至关重要[4]。最后,在视频网站的对策研究中,案例分析占据较大的比重。张慧子深入分析了优酷土豆、爱奇艺、腾讯视频、乐视等案例,从战略、营收、共生体等方面探讨了网络视频行业的竞争空间,认为视频网站在品牌化建设的过程中需要在不同的空间进行差异化定位,并提高产品的创新力,对传统战略空间的市场环境、竞争状况、合理配置资源等方面提供"升维"空间思考和明晰定位[5]。

(二) 视频网站内容生产及用户接受行为研究

视频网站是以视频内容为核心吸引受众、扩大规模、逐步成长的,内容生产在视频网站运营中具有重要的战略价值。对视频网站内容生产模式的研究体现在以下三个方面。第一,关注视频网站自制内容的背景、现状与问题,有学者认为"视频网站被版权禁锢的困局愈发明显,使得自制模式逐渐成为视频网站的发力点乃至核心战略"[6]。第二,对用户

---

[1] 饶佳艺,徐大为,乔晗,汪寿阳. 基于营收反馈系统的视频网站商业模式分析——Netflix 与爱奇艺案例研究[J]. 管理评论,2017(2):245.
[2] 秦宗财,刘力. 欧美视频网站运营模式及赢利分析[J]. 深圳大学学报(人文社会科学版),2016(1):48—53.
[3] 俞湘华. 中国视频网站的"三次售卖"探析[J]. 传媒,2020(20):55.
[4] 张娜娜. 视频网站的品牌建构研究[D]. 哈尔滨:黑龙江大学,硕士学位论文,2015:39.
[5] 张慧子. 基于三度空间的视频网站品牌化建设思考[J]. 现代传播(中国传媒大学学报),2016(8):136.
[6] 赵雅兰. 视频网站自制模式的现状与发展[J]. 青年记者,2016(23):99.

生成内容模式的重视体现了视频网站运营理念的转变,张飞相等学者剖析了社会化内容生产平台存在的盈利空白、外核各要素联系松散和内外核系统含有缺陷等问题,并提出可以从加强各层级间的联动和提升内容价值两方面对平台作出调整[1],探讨了视频网站 UGC(user generated content,用户生产内容)模式的特点和对策。视频网站运营理念的转变则体现在更多的视频网站纷纷通过购买和自制优质内容进行独播,形成差异化[2]。第三,思考如何协调 UGC 与自制内容的关系,以打造更加健康的视频网站内容生产机制与生态。唐忠会认为,"随着媒介融合的进一步发展,视频网站的内容生产有了新变局,包括内容矩阵传播、垂直服务生态和资源商业变现等领域,从以 UGC 为主升级到以 PGC(professional generated content,专业生产内容)为主,并按照新媒体传播特性和市场规律生态演进"[3];洪萍认为,视频网站自制内容"创意中插"的兴起意味着网络视频广告从贴片广告的 1.0 时代和植入广告的 2.0 时代进入了内生广告的 3.0 时代[4]。

此外,用户行为与视频网站内容生产有着密切的关系,是研究视频网站内容传播效果的重要对象。刘溪涵归纳了网络自制综艺具有互动和分众的特点[5];刘燕南等人对中美视频网站的会员服务在用户、内容和模式上进行了比较[6];张小强等人"试图厘清网络平台经营者是如何与用户在内容生产方面互动并将这种互动融入自身的商业目标的,还以优酷视频创收平台为案例,分析了它整套 UGC 激励机制"[7]。随着视频网站形态与内容的更新,用户行为研究中也出现了新的成果,冯钰茹等人以 B 站为例,分析了影响其用户评论行为的因素,发现自我效能感和信任对用户的弹幕评

---

[1] 张飞相,陈敬良,宗利永,等.社会化内容生产平台的盈利模式研究——以自出版平台和 UGC 视频网站为例[J].出版广角,2016(5):29.
[2] 李瑞雯.视频网站运营模式分析[D].哈尔滨:黑龙江大学,硕士学位论文,2016:40.
[3] 唐忠会,巢宇.UGC 升级为 PGC:融合态势下视频网站新变局[J].视听界,2017(1):95.
[4] 洪萍.网剧中创意中插的应用策略研究[D].广州:暨南大学,硕士学位论文,2018:11.
[5] 刘溪涵.网络综艺节目的特征及形态研究[D].重庆:重庆师范大学,硕士学位论文,2017:19—21.
[6] 刘燕南,刘双,张雪静.中美付费视频网站之比较:用户、内容与模式[J].中国地质大学学报(社会科学版),2015(6):128—136.
[7] 张小强,杜佳汇.产消融合时代视频网站的 UGC 激励机制研究[J].新闻界,2017(3):75.

论行为有显著正向影响①。

(三) 对民营综合视频网站发展及其监管的研究

在中国网络视频的产业格局中,民营的视频网站占据着重要地位。学者在民营综合视频网站的研究中,既把握了市场机制在网络视频领域的作用与产生的问题,也探讨了政策调整与行业监管的问题。整体来看,国内学者对此的研究主要聚焦在宏观层面的监管政策,中观层面的产业链、盈利模式,以及微观层面的视频网站运营策略、内容生产、资本运作等方面,也对短视频、网络直播等网络视频的衍生形态予以较大的关注。对网络视频监管政策的研究是其中的重点,在梳理和解读的基础上,研究者发现了政策监管环节中存在的不足,探讨了政策的调整目标和依据,并针对不同环节提供了对策和建议等。例如,朱旭光、关萍萍在媒介融合背景下对网络视频产业政策进行了分析②;王静溪从政府规制的视角分析了网络视频的发展现状③;赵京文对中国网络视频的规制历史和特点进行了总结④;贾金玺对比了中、美、英等国对网络视频的管制手段和效果⑤;靳戈总结出我国网络视频监管政策的五大特点,分别是以许可证为核心的动态管理,以电视规制为标准的比照管理,重国营、轻民营的非对称式管理,多规章、少法律的行政管理,多他律、少自律协商的被动管理⑥。

当然,这一领域的研究也体现出多元视角、多元内容的特点,在视角方面,文化研究、政治经济学批判等诸多理论、视角均得到了应用。学者吴畅畅基于生产者—文本—用户的逻辑,从民营节目制作公司的负责人和视频

---

① 冯钰茹,邓小昭.弹幕视频网站用户弹幕评论行为的影响因素研究——以 Bilibili 弹幕视频网站为例[J].图书情报工作,2021(17):110.
② 朱旭光,关萍萍.媒介融合背景下网络视频产业政策分析[J].中国广播电视学刊,2013(3):74—75.
③ 王静溪.广电总局规制下的中国网络视频发展分析[D].天津:天津师范大学,硕士学位论文,2015:26.
④ 赵京文.以"综合治理"引领行业行稳致远——中国网络视听规制的历程与经验分析[J].传媒,2018(24):50—52.
⑤ 贾金玺.网络视频内容管制研究——以美、英、中三国为例[D].北京:中国社会科学院研究生院,硕士学位论文,2010:76.
⑥ 靳戈.中国网络视频规制的现状、特征与方向[J].当代传播,2017(6):64—67.

网站管理者的思想意识、由他们监制和生产的文本和青少年作为用户的言论三个方面指出,2010—2020 年,网络视听行业中的国家权力出现了明显的"内卷化"现象[1]。在多元内容方面,因视频网站的发展涉及行业、受众、产业等方面,不同的学者从自身领域出发探讨了其监管方式,极大地丰富了这方面的研究内容丰富性。以版权方面的监管为例,学术界尤其关注网络视频版权保护方面的监管规制,针对版权这一网络视频发展进程中与视频内容相关的核心问题,学者们纷纷探讨解决对策。例如,王娜总结了当前我国在版权保护方面的监管困境,并提出破解之道[2];王琳娟针对视频分享网站的侵权问题进行了研究[3];严依涵对视频聚合平台的著作权侵权问题进行了探讨[4]。随着我国相关法律法规的完善和行政监管的持续深入,网络视频的盗版现象呈现下降趋势[5]。

(四) 对中国视频网站发展历程的研究

视频网站发展历程的研究与网络视频研究联系紧密,因为与视频网站历程有关的研究离不开网络视频行业的发展背景,而关于网络视频发展历程的研究也需要以各种视频网站的发展作为重要的甚至是核心的内容。学者张逸、贾金玺把我国视频网站的发展划分为四个阶段。第一阶段为 2004—2005 年,是视频缘起期。中国视频网站的发展以 2004 年 11 月乐视网的成立作为序幕,土豆网、56 网、激动网、PPTV、PPS 等成为中国视频网站群体的早期核心成员。第二阶段为 2006—2008 年,是高速发展期。受到 YouTube 被谷歌天价收购的激励,视频分享模式被大肆追捧,视频行业进入爆发式增长期,优酷、酷 6、六间房、爆米花、暴风影音等脱颖而出。第三阶段为 2009—2010 年,是格局初显期。国有网络电视台、新闻门户的视

---

[1] 吴畅畅. 视频网站与国家权力的"内卷化"[J]. 开放时代,2021(6):186.
[2] 王娜. 我国网络视频产业的版权困局与破解[J]. 当代电影,2017(10):193—195.
[3] 王琳娟. 视频分享网站侵犯版权问题研究[D]. 重庆:西南政法大学,硕士学位论文,2012:17—23.
[4] 严依涵. 视频聚合平台著作权侵权法律问题研究[D]. 北京:北京邮电大学,硕士学位论文,2018:16—38.
[5] J. Gu, From Divergence to Convergence: Institutionalization of Copyright and the Decline of Online Video Piracy in China [J]. International Communication Gazette 2018,80(1):60 - 86.

频网站和商业视频网站三分市场。第四阶段为2011年之后,步入成熟发展期。在这一时期,中国的视频网站进行了一轮行业内的深度整合,掀起一波上市潮和并购潮①。邢彦辉、黄洪珍认为,我国网络视频产业经过十余年的发展,其格局由当初的"百家争鸣"演变为"BAT+乐视+搜狐"争霸。我国网络视频产业发展经历了探索期(2004—2006年)、市场启动期(2007—2008年)、高速发展期(2009—2010年)、应用成熟期(2011年至今)四个发展阶段②。田维钢、顾洁、杨蒙从竞争战略的角度,将中国网络视频行业发展的演进历程划分为四个时期:萌芽期(2000—2004年),即极少数竞争者的探索期;启动期(2005—2007年),即众多竞争者各领风骚的时期;成长期(2008—2012年),即资源、资本的竞争洗牌期;成熟期(2013年至今),即寡头竞争格局形成。此外,他们还提出要通过打造多元和差异化的内容与服务体验,逐渐拉开与竞争对手的差距,率先实现盈利③。王睿把网络视频在中国的发展分为诞生期、动荡期、重新布局期、整合期和发展稳定期五个阶段,还特别提到2008年在金融危机和版权制度双重的打压下,我国网络视频行业的发展进入了动荡期,仅有一小部分网络视频平台凭借自己的运营优势突出重围④。上述研究成果对于中国网络视频发展阶段的划分各有千秋,尤其是田维钢等学者从竞争战略的角度切入,视角独特。不过,或许是受限于文章的篇幅,他们划分发展阶段的依据均没有得到充分的论证,在信服力方面稍有欠缺。

除了对视频网站发展阶段的研究,也有研究者基于有关视频网站发展的梳理,对这一过程中的产业发展机制与演化、视频网站与其他行业主体的互动关系进行了思考和分析。例如,在网络视频发展格局中,视频网站与传统的广播电视台和其他类型网站构成直接的竞争关系,这几大主体之间的互动、竞争与合作是中国民营综合视频网站发展过程中的重要内容。有关这方面的研究能够为视频网站的优化提供有益的借鉴。王晓红、谢妍

---

① 张逸,贾金玺.中国视频网站十年进化史[J].编辑之友,2015(4):11—16.
② 邢彦辉,黄洪珍."互联网+"视域下网络视频产业发展的六大模式[J].编辑之友,2017(8):49—52.
③ 田维钢,顾洁,杨蒙.中国网络视频行业竞争现状与战略分析[J].当代传播,2015(1):77—79.
④ 王睿.网络视频平台运营模式分析[D].北京:北京印刷学院,硕士学位论文,2017:8—9.

指出,中国网络视频产业是由国有的广电机构和民营视频网站共同构成的,作为传统媒体的广播电视其实是最早接触互联网的。不过,它们将互联网化简单地等同于建立电视内容的网络播出渠道,故而在之后与商业视频网站的竞争中面临巨大的生存忧患①。

商业视频网站在成立之初主要依赖传统媒体提供内容,在市场机制的作用下,它们也越来越多地参与网络剧和网络栏目的开发与制作,并在2015年迎来网络自制节目的"井喷"。传统的广播电视与民营综合视频网站"合作者+竞争对手"的复杂关系成为常态,甚至"网反哺台"和"网台共制"成为一时的风潮。网络自制节目等独播内容的增加使民营综合视频网站之间的差异化显现,独有用户、付费用户成为各平台展开竞争的着力点。总之,互联网尤其是移动互联网正在对传统广电产业进行颠覆和重构,中国网络视频的发展呈现出融合化、移动化、社交化、多平台传播的特征,成为新媒体领域富有活力和潜力的增长极②。以电视为参照是学者研究网络视频时经常采用的方法,网络视频从诞生的那一天起就一直与电视保持着千丝万缕的联系和互动。网络视频从完全依附于电视,到逐渐与电视分庭抗礼,乃至开始与电视竞争话语权。王晓红认为视频网站并不是电视的补充媒介,也不是电视节目的价值延伸,传播关系的核心已经发生了变化,即传播主体化③。随着媒介融合概念的提出与实践的推进,也有传统的电视媒体在媒介融合中试图打破仅局限于内容上的"+互联网",运用更深入的"互联网+"思维,从定位、用户、产品、平台、技术等多个维度进行转型④。周长宏从品牌构建的角度分析了湖南广播电视台旗下芒果TV的一系列实践,为传统广电的融媒体发展提供指引⑤。

此外,以史为鉴的意图在关于中国民营综合视频网站发展历程的研究

---

① 王晓红,谢妍.中国网络视频产业:历史、现状及挑战[J].现代传播(中国传媒大学学报),2016(6):1—8.
② 同上.
③ 王晓红.网络视频带来了什么[J].当代电视,2015(5):1.
④ 问题,王小龙.从"+互联网"到"互联网+":电视媒体融合路径探讨[J].现代传播(中国传媒大学学报),2017(9):157—159.
⑤ 周长宏.广电系视频网站的品牌建构——以改版后的芒果TV为例[D].杭州:浙江传媒学院,硕士学位论文,2016:28—37.

中有鲜明的体现。一方面,研究者注重通过对其发展历程的梳理总结了经验,探讨了对策。例如,在2016年4月举办的"中国网络视频年度高峰论坛"上,优酷的创始人兼CEO古永锵提出了著名的"一鱼多吃"的变现模式,之后成为整个行业发展的主要方向,即同一IP内容拥有多种变现渠道,如会员服务收入、广告收入和其他衍生收入等。爱奇艺创始人兼CEO龚宇指出,在网络视频发展之初,视频网站作为传统广电的附属品出现,只是把电视上的内容照搬到网上。这导致了一个严重的后果,就是传统广电有限内容的价格战。之后,视频网站开始注重内容的差异化发展,不断推出适合平台调性的自制节目。纵观视频网站未来的发展方向,简言之就三句话:以用户为中心,以内容为核心,以产业链为重心[1]。另一方面,有研究者基于上述理念梳理了视频网站的发展脉络,并判断了行业在未来的发展方向和趋势。例如,陈积银、杨廉将视频网站的未来发展趋势总结为"六化",即运营管理平台化、节目生产自制化、节目传播智能化、传播渠道跨屏化、消费体验沉浸化、节目评估多元化[2]。

三、媒介生态相关研究

1869年,德国学者海克尔(E. H. Haeckel)提出"生态学"(ecology)一词,是研究生物有机体与其周围环境相互关系的科学。生态学理论于19世纪诞生并初具雏形,在20世纪逐步形成完整的理论体系。特别是20世纪50年代后,"生态学吸收数学、物理、化学、工程技术科学等的研究成果,由定性分析转向精确定量方向转移"[3],得到了飞速的发展。1992年,联合国发布《里约环境与发展宣言》,将生态学的基本原则(人与生物圈的协调发展)作为社会可持续发展的理论基础。此后,生态学不仅与自然科学交叉产生了许多边缘学科,而且生态学的理念与视角也被广泛地运用于经济

---

[1] 马铨,董小染. 中国网络视频行业的现状和未来——中国网络视频年度高峰论坛综述[J]. 现代传播(中国传媒大学学报),2016(6):153.
[2] 陈积银,杨廉. 中国网络视频产业的发展现状、趋势与思考[J]. 现代传播(中国传媒大学学报),2017(11):8—13.
[3] 张玉荣. 现代生态学回顾与展望[J]. 湖南林业科技,2003(4):45—48.

学、社会学、法学、城市科学等的研究中,衍生出教育生态学、产业生态学、组织生态学、社会生态学等一系列新的研究领域。生态学成为连接自然科学与社会科学的桥梁,与人类生产、生活环境的联系日益紧密。

媒介生态学是一种将生态学的研究方法嫁接于媒介信息传播研究的学科,认为媒介是"一种具有'生命'特征的生机勃勃的开放系统。它通过自身的生命活力及其社会大'生命'系统的信号和物质交流保持自己的生存、发展和相对的动态平衡"[1]。关于媒介生态学(media ecology)的研究起源于北美。1968年,尼尔·波兹曼(Neil M. Postman)将媒介生态学定义为"将媒介作为环境的研究"[2],正式将它作为专有名词引入学术研究的领域。对于北美学者有关媒介生态学的研究,邵培仁、廖卫民总结出十种理论成果[3](见表1.1)。纵观这些媒介生态学的经典著作,它们多数将视角放在媒介技术的变革为社会既有秩序带来的"破坏"性改变上,关注技术与文化的互动,以及技术和媒介对人类文化意识和社会行为的影响。

表1.1 北美媒介生态学领域的重要理论成果(以正式发表的时间为顺序)

理论	提出者	时间	代表作	核心观点
媒介时空论	哈罗德·伊尼斯	1950	《帝国与传播》《传播的偏向》	不同媒介类型对时间和空间有不同的偏向[4]
媒介场所论	欧文·戈夫曼	1959	《日常生活中的自我呈现》	每个人都在不同的"场所"里,小心翼翼地扮演着自己的角色[5]
媒介容器论	刘易斯·芒福德	1961	《城市发展史——起源、演变和前景》《技术与文明》	城市是一个巨大的容器,是孕育、凝结和传承文明的有机体[6]

---

[1] 邵培仁,等.媒介生态学:媒介作为绿色生态的研究[M].中国传媒大学出版社,2008:4—5.
[2] 邱戈.比较语境中的媒介身份研究[J].浙江大学学报(人文社会科学版),2008(5):119—126.
[3] 邵培仁,廖卫民.思想·理论·趋势:对北美媒介生态学研究的一种历史考察[J].浙江大学学报(人文社会科学版),2008(3):180—190.
[4] [加]哈罗德·伊尼斯.传播的偏向[M].何道宽,译.北京:中国人民大学出版社,2003:5.
[5] [美]欧文·戈夫曼.日常生活中的自我呈现[M].冯钢,译.北京:北京大学出版社,2008:13.
[6] [美]刘易斯·芒福德.城市发展史——起源、演变和前景[M].宋俊岭,倪文彦,译.北京:中国建筑工业出版社,2005:152.

续　表

理论	提出者	时间	代表作	核心观点
媒介人体论	马歇尔·麦克卢汉	1964	《理解媒介：论人的延伸》	媒介即信息，媒介是人体的延伸[1]
媒介环境论	尼尔·波兹曼	1970	《童年的消逝》《娱乐至死》	媒介即隐喻，媒介即认识论[2]
媒介依赖论	桑德拉·鲍尔-洛基奇	1976	《大众传播媒介效果的依赖模式》	媒介系统是社会结构的重要部分[3]
媒介进化论	保罗·莱文森	1979	《人类历程回放：媒介进化论》	媒介进化是一种系统内的自调节和自组织，其机制就是"补救媒介"[4]
媒介情境论	约书亚·梅罗维茨	1985	《消失的地域：电子媒介对社会行为的影响》	媒介研究与社会研究有机结合，将受众概念纳入媒介情境分析[5]
媒介失控论	兹比格涅夫·布热津斯基	1993	《大失控与大混乱》	揭示媒介生态恶化的现实，批判电视是全球消费主义泛滥的祸首[6]
媒介控制论	大卫·阿什德	1995	《传播生态学：文化的控制范式》	信息技术和大众媒介控制着我们的所见所闻、所思所想和所作所为[7]

媒介生态学引入中国之后，国内学者在进行本土化的过程中产生了分

---

[1] ［加］马歇尔·麦克卢汉.理解媒介：论人的延伸（增订评注本）[M].何道宽，译.南京：译林出版社，2011：43.
[2] ［美］尼尔·波兹曼.娱乐至死[M].章艳，译.北京：中信出版集团，2015：3.
[3] 张咏华.一种独辟蹊径的大众传播效果理论——媒介系统依赖论评述[J].新闻大学，1997（1）：27—31.
[4] ［美］保罗·莱文森.人类历程回放：媒介进化论[M].邬建中，译.重庆：西南师范大学出版社，2017：12.
[5] ［美］约书亚·梅罗维茨.消失的地域：电子媒介对社会行为的影响[M].肖志军，译.北京：清华大学出版社，2002：113—115.
[6] ［美］兹比格涅夫·布热津斯基.大失控与大混乱[M].潘嘉玢，刘瑞祥，译.北京：中国社会科学出版社，1995：67—98.
[7] ［美］大卫·阿什德.传播生态学：文化的控制范式[M].邵志择，译.北京：华夏出版社，2003：11—121.

歧,形成了以媒介生存、发展为研究要旨的媒介生态学和以媒介对人的影响为研究要旨的媒介环境学。持前者观点的代表学者有裘正义、邵培仁、崔保国等,持后者观点的有何道宽等。裘正义1990年在《论媒介生态——我国报业可持续发展战略的若干制约因素》一文中最早导入了媒介生态的概念,并提出大众媒介系统是社会生态系统中的一个子系统,是"社会有机发展的组成部分",要重视媒介与社会的协调发展和媒介自身的可持续发展①。2001年,邵培仁发表了《传播生态规律与媒介生存策略》②《论媒介生态的五大观念》③两篇论文,被视作国内关于媒介生态学研究的奠基之作。同时,他最早提出媒介生态位、媒介生态系统等概念,指出"完整的媒介生态系统包括媒介生态因子(媒介各组成要素之间、媒介之间的相对平衡的结构状态)和环境因素(政治、经济等外部环境因素与媒介关联互动而达到的一种相对平衡的结构状态)两方面"④。崔保国认为,媒介是一条鱼,在社会、文化、经济、政治等组成的大生态系统中寻找生存与发展的途径,"研究媒介技术和媒介形态的变化,以及媒介生态环境与社会信息系统之间的关系,可以为人类提供一个健康的媒介生态系统,控制信息污染和信息生态危机"⑤。

何道宽则认为,北美学者提出的"media ecology"主要是探索"媒介传播如何影响人类的理解力、情感和价值观的,以及人与媒体之间的互动是如何影响人类的生存的"⑥,是"将媒介作为环境的研究",而不是把媒介的生存、发展作为研究的中心,并指出"media ecology"在中国直译为"媒介生态学"欠妥,应该统一改为"媒介环境学"⑦。整体来看,偏向媒介环境学的研究,其本质是关于媒介传播效果的研究,北美的学者已经获得了诸多的

---

① 宋超,赵凯.深水静流:复旦大学新闻学院教师论文集[M].上海:复旦大学出版社,2009:457.
② 邵培仁.传播生态规律与媒介生存策略[J].新闻界,2001(5):3.
③ 邵培仁.论媒介生态的五大观念[J].新闻大学,2001(1):4.
④ 邵培仁.论媒介生态系统的构成、规划与管理[J].浙江师范大学学报(社会科学版),2008(2):5.
⑤ 崔保国.媒介是条鱼——理解媒介生态学[EB/OL].搜狐网[2012-12-06]. https://www.sohu.com/a/208808510_321391.
⑥ Neil Postman. The Reformed English Curriculum [C]//A. C. Eurich, ed., High School 1980: The Shape of the Future in American Secondary Education, New York: Pitman, 1970:161.
⑦ 梁颐.北美Media Ecology和我国"媒介生态学""媒介环境学"关系辨析——基于一种传播学研究乱象的反思[J].东南传播,2013(12):5.

成果;偏向媒介生态的研究,其本质是以生态的、系统的视角来分析媒介所处的内、外环境对它生存、发展的影响,更具原创性,更有利于学界与业界的沟通与对话,更具现实意义。

关于媒介生态学的方向,我国的很多学者都进行了深入细致的研究。媒介生态学的核心概念是媒介生态系统[1],即媒体在一定社会环境下生存和发展的状态。这种状态包括媒体之间形成的平衡结构和整个媒体群落在社会大系统中的位置[2]。阳海洪将媒介生态系统总结为一个以媒介为生命有机体、以地域环境为依托、以服务受众为旨归、以法律制度为经络、以资源流动为命脉、以媒介竞争为机制的人工生态系统[3]。媒介生态的整体观为研究新闻史提供了新的分析途径。一方面,它考察媒介之间由于竞争而形成的媒介群落;另一方面,它考察媒介生存与宏观的政治、经济、文化之间的关系。这两者构成媒介基于生存的相互关联的、复杂的网状媒介生态系统[4]。邵培仁进一步用生态学中生态位的概念阐述了媒介与媒介、媒介与社会环境之间的互动关系。他认为,任何一种媒体都必须有其特殊的时间和空间上的生态位(niche),即有它特殊的生存和发展的土壤和条件,以及它在这一状态下特有的行为和作用[5]。媒介生态位表明"某一媒介在媒介系统和社会结构中所占据的位置及担负的功能",反映了媒介生态位的空间结构和角色功能两个维度[6]。换言之,每一种媒介都有自己不同的功能定位,并占据相应的信息资源、受众资源和广告资源[7]。媒介生态位是由主动选择和竞合行为决定的,伴随着政治、经济、文化、技术、人群等诸多因素的演变,媒介生态位会经常发生变动,以适应生态环境的变化[8]。卢文浩认为,媒介种群的生态位是由经济环境、政治环境、文化环

---

[1] 邵培仁.论媒介生态系统的构成、规划与管理[J].浙江师范大学学报(社会科学版),2008(2):1.
[2] 许永.优化媒体资源从认识媒介内生态开始[J].新闻知识,2002(11):19.
[3] 阳海洪.论媒介生态史观的基本范畴[J].湖南工业大学学报(社会科学版),2013(1):111—118.
[4] 阳海洪,赵平喜.媒介生态学:中国新闻史研究的新路径[J].新闻界,2009(2):68.
[5] 邵培仁.媒介生态学:媒介作为绿色生态的研究[M].中国传媒大学出版社,2008:72.
[6] 刘伯贤.入世背景下的党报运营——一种媒介生态学视角[M].北京:中国传媒大学出版社,2007:22—23.
[7] 邵培仁.论媒介生态系统的构成、规划与管理[J].浙江师范大学学报(社会科学版),2008(2):1.
[8] 陈雄.媒介生态学视角下我国电视财经频道研究[D].长沙:中南大学,硕士学位论文,2012:64.

境、技术环境的外在"物理条件",以及传媒业生态圈内的受众资源、广告资源、种群数量与特点等"生物因素"共同构成媒体种群的应对方向和发展方向[①]。

除了有关媒介生态学的起源、理论体系、发展规律的研究,也有国内学者将生态学作为一种研究视角,探讨诸多与传播学相关的课题、传播产业层面的课题,以及对新媒介种群面临的生态环境的分析,具体有以下三个方面。第一,利用媒介生态研究的视角与框架研究特定媒介问题。例如,钟国庆、林宸西通过对文化类节目在媒介生态链中的位置分析,提出利用生态位细分、生态位创造、生态位整合的规律,实现文化类节目的突围[②];王海刚、赵艺颖从媒介生态学视角出发,基于传播生态学的规律,总结出自媒体可采取的传播策略[③];陈昌凤、黄家圣总结了政策生态从传播信息到社会治理、行业生态从固态到液态、技术生态从智能化到平台化的转变[④];李勇、晁辛宁提出要加强传播主体与客体的双重自律,把绿色发展放在传媒文化建设的突出位置,净化媒介生态[⑤]。此外,在媒介生态学的视角下,谢海林对电视广告及其发展策略进行了研究[⑥],陈雄将我国的电视财经频道作为研究对象展开了探讨[⑦],叶翰宸以广西卫视和湖南卫视为例对省级卫视综艺节目的市场化展开研究[⑧],吴瑶研究了知乎网的生态模式及发展路径[⑨]等。第二,从市场和产业层面对传媒生态系统进行研究。例如,张鸿飞、李宁将当下传媒产业生态结构的发

---

① 卢文浩.中国传媒业的系统竞争研究:一个媒介生态学的视角[M].中国经济出版社,2009:20.
② 钟国庆,林宸西.媒介生态学视阈下的电视文化类节目现状分析[J].中国广播电视学刊,2015(11):43—45.
③ 王海刚,赵艺颖.媒介生态学视域下自媒体传播策略探析[J].现代传播(中国传媒大学学报),2017(11):48—50,55.
④ 陈昌凤,黄家圣.对传媒业生态重构与深度融合的再思考[J].电视研究,2022(6):12—15.
⑤ 李勇,晁辛宁."五大发展理念"与当代中国传媒文化建设谭略[J].今传媒,2017(11):8—9.
⑥ 谢海林.媒介生态视域下的电视广告及其发展策略研究[D].厦门:厦门大学,硕士学位论文,2009.
⑦ 陈雄.媒介生态学视角下我国电视财经频道研究[D].长沙:中南大学,硕士学位论文,2012.
⑧ 叶翰宸.媒介生态视阈下省级卫视综艺节目市场化研究——以广西、湖南为例[D].南宁:广西民族大学,硕士学位论文,2017.
⑨ 吴瑶.媒介生态学视角下"知乎"网站的生态模式及发展研究[D].杭州:浙江工业大学,硕士学位论文,2017.

展归纳为产业内向融媒化、产业外向泛媒化和产业重组生态化①；丁柏铨认为，传媒生态环境的变化带来了传统主流媒体的边缘化、自媒体占据文化格局、信息传播碎片化、社会话语系统复杂化等诸多问题②；杭敏认为，传媒生态面临消失的边界、迁徙的受众、资源丰富性和社群经济的力量四个方面的变化③。第三，研究新媒介种群所处的媒介生态环境，多围绕生态危机等展开，着眼于当下的生态状况，对各种媒体形态进行深入分析。例如，王传传研究了我国视频分享网站的媒介生态④，蔡凤以济南市"两会"报道为例对地方媒体"两会"报道的媒介生态展开了研究⑤，朱冰对微信传播生态进行了研究⑥，李灿对电视真人秀的创制及生态格局进行了研究⑦等。

四、研究现状评述

通过对我国相关文献的整理和分析可以发现，我国学者主要以媒介发展为研究对象，将之置于社会大环境下，探讨影响其生存与发展的因素和方式。在有关媒介生态的研究中，学者多从政治、经济、文化等宏观层面对媒介生态系统的影响展开讨论，或者以媒介生态学的视角加以分析，对媒介种群和内外生态要素及其互动关系的分析较少。具体而言，在有关行业发展层面的研究中，视频网站的发展具有突出的复杂性，并不仅是网络视频一个细分领域的问题，常常伴随着政策、技术、资本等多层面的内容。从视频网站相关的研究来看，目前针对网络视频产业、新兴业态、发展趋势的研究均已积累了比较丰富的成果。但是，对不同要素和不同领域之间相互作用、相互影响的关注仍相对欠缺，从宏观层面整体把握视频网站发展过

---

① 张鸿飞，李宁."互联网+"时代传媒产业生态结构的变迁[J].编辑之友，2017(5)：73—77.
② 丁柏铨.传媒生态环境的变化与文化建设面临的挑战[J].西南民族大学学报（人文社科版），2018(1)：151—156.
③ 杭敏.传媒生态变革与创新的思考[J].传媒，2019(15)：17—18.
④ 王传传.中国视频分享网站的媒介生态研究[D].重庆：西南大学，硕士学位论文，2010.
⑤ 蔡凤.地方媒体"两会"报道的媒介生态研究——以济南市"两会"报道为例[D].济南：山东师范大学，硕士学位论文，2016.
⑥ 朱冰."互联网+"时代的微信传播生态研究[D].哈尔滨：黑龙江大学，硕士学位论文，2017.
⑦ 李灿.媒体融合环境下电视真人秀的创制及生态格局研究[D].上海：上海大学，博士学位论文，2017.

程及多元要素相互作用机制的研究相对缺失。而这方面研究对于探讨网络视频行业管理方式、思考视频网站发展路径均有重要意义和价值,需要学界与业界予以关注和深入研究。

笔者在综述中还发现,网络视频的相关问题在视频网站发展历程中均有所体现,而且随着视频网站的发展会动态变化。所以,视频网站发展史是审视、梳理、统筹不同要素作用,以及把握各种竞争主体关系的有效样本。笔者通过对视频网站发展史的分析,梳理出两条脉络:一是纵向的时间脉络,即视频网站发展史的沿革,如文献中的诸多关于视频网站发展史分期的研究;另一条是横向的脉络,即政策、技术、资本等不同要素在视频网站的发展中汇聚、相互博弈,传统视频网站、电视台、移动短视频平台、直播平台等主体相互竞争、共同发展。围绕视频网站发展史,笔者尝试将网络视频行业相关的多方面内容从纵向与横向两个层次予以整合。

上述多项关于视频网站发展史的相关成果均发表或出版于2015—2017年,在当时的时间节点,各位专家学者通过对网络视频发展历程和现状的把握对网络视频发展阶段作出了判断。不过,笔者认为这些研究存在三个方面的问题。其一,这些研究是基于二手资料展开的,如案例研究多基于公开资料进行分析,在史料的搜集与分析方面存在一定程度的不足。其二,网络视频行业发展较快,在后续几年中,行业格局已经产生了较大变化,很多有代表性的企业经营状况和它们的市场地位已经发生了改变。例如,当时作为典型案例的公司乐视陷入经营危机。此外,在行业监管方面也呈现出诸多新的变化。其三,学者在研究中或聚焦视频网站在不同阶段的发展特点,或关注单个要素对视频网站发展的影响,或在比较浅显与宽泛的层面讨论多元要素在网络视频格局发展中的机制,尚未从较长的时间维度和整体的行业维度对民营综合视频网站的发展历程作出系统性的梳理和分析。

除了存在上述需要改进的方面之外,笔者认为还需要在全面把握视频网站发展历程中出现的各种问题的基础上对行业发展的科学路径与发展方向加以审视。这就要求相关研究应体现学理思考与应用研究的有效统一。笔者在文献综述中也发现,应用策略性的成果是网络视频网站研究的主要内容,对行业管理和具体视频网站运营方式的分析和探讨是研究者关注的重要问题。但是,在目前的研究中,对于具体的、微观的视频网站运营范式的研究相对较多,而且研究方法比较多元,如通过访谈、案例分析等均能提炼、总结具体视频公司的运营经验,并对存在的问题进行判断和分析。不过,在行业管理、政策制定等层面的研究相对薄弱,而且大量宏观层面的研究成果缺乏与微观运营层面的对话,在可操作性、实践性等方面有所欠缺。这也是笔者在民营综合视频网站监管、引导策略研究方面需要解决的问题。

此外,尚有诸多问题未得到有效解释。例如,大量研究关注技术、资本等要素在视频网站高速发展中的作用,从不同层面总结了视频网站发展的经验与教训。但是,中国视频网站发展的主要动因是什么,政府、市场机制在整个过程中扮演了怎样的角色,这些都是研究者要继续关注与深入探讨的问题。其中,视频网站以技术条件为基础,以资本为推动力,在不断扩大市场规模的过程中与政策管控形成动态的互动关系。在这一过程中,视频网站为了获得生存与发展空间,曾作出在政策与传媒伦理边缘试探甚至突破管制的运营布局;在不同阶段,政府主管部门对视频网站的管理与引导方式也呈现出动态调整的特点。上述内容与问题需要研究者扩宽研究视野,探究不同要素之间的内在关联。需要强调的是,在上述不同要素相互作用的过程中,研究者还要重新审视并深入把握视频网站在我国传媒产业发展格局中的定位,结合未来传媒产业健康发展的目标提炼视频网站发展的价值观念。在视频网站的发展历程中,诸多领域出现了运营主体试图突破管制,出现问题之后政府主管部门再探讨管制策略的现象。笔者认为,这个规制"滞后"的问题是行业在未来发展中需要重点关注与解决的问题。学界对这些问题的思考在已有的研究中仍是比较薄弱的,需要研究者及时关注并提出有价值的建议。

第四节 研究的重心与视角

结合上述对研究背景的把握及对已有研究成果的梳理,针对视频网站发展过程中体现出的迫切问题,笔者尝试弥补当前研究中存在的不足,提出本书的研究重心：基于本书的研究对象与问题的特点，选定相应的研究视角引入媒介生态学相关内容作为支撑，辨析这一理论视角在本书研究中的适用性。

一、研究重心

针对视频网站研究对于网络视频、传媒行业的重要价值，基于视频网站发展历程在网络视频研究中的"标本"意义，本书研究的第一个问题是中国民营综合视频网站作为一个新的媒介种群，是如何从无到有、从小到大地发展起来的。

结合中国网络视频发展在纵向时间脉络上呈现出的阶段性特征，以及前期相关研究在影响中国网络视频发展的要素与横向互动维度等方面缺失的现状，本书将视频网站发展过程中在内容生产、技术应用、资本运营、行业管制等方面存在的问题置于视频网站发展历程的整体框架之中，通过对中国民营综合视频网站发展历程的梳理与分析，探讨第二个问题：中国民营综合视频网站的发展过程在纵向时间脉络上呈现出怎样的阶段性特点，以及各层级影响要素如何在横向进行互动。第三个问题是如何划分中国民营综合视频网站的发展阶段，以及相关的依据是什么。在从纵向时间维度展开情境分析，即置身于具体的社会经济环境展开分析时，还要注意横向维度多种要素的相互关联、相互牵制与相互影响。同时，结合不同阶段的情况与特点，要从横向角度深入解读与内容产制、政策、技术、产业等方面相关的问题，明确不同要素在不同阶段的作用，以及不同要素之间的互动及作用机制。由此，笔者从上述两个方面展开研究，以期探索出有关视频网站发展历程的更为全面、系统的认识。

在考察中国民营综合视频网站的发展过程中，本书引入媒介生态的视角。紧接着，第四个问题是媒介生态学理论是否与中国民营综合视频网站的发展历程具备内在的一致性；第五个问题是从民营综合视频网站发展的外部生态看，技术、资本、政策在各个发展阶段呈现怎样的互动关系，以及哪些要素在不同的发展阶段起主导作用；第六个问题是从民营综合视频网站的内部生态看，内容、用户、营收等要素之间在各个发展阶段呈现怎样的互动关系,以及哪些要素在不同的发展阶段起主导作用;第七个问题是作为一个日趋成熟、壮大的媒介种群,中国民营综合视频网站的生态化发展面临哪些问题,以及如何解决它们。

本书的研究属于应用研究,所以应体现出一定的应用价值与目标指向。笔者在文献综述中发现,虽然与视频网站相关的问题体现在多个层面,但在目标指向上有一致性,即视频网站的运营、网络视频行业的发展需要管制与引导。这不仅是管制内容的生产、传输与播出,更重要的是规制、引导行业生态的发展。视频网站处于媒体内容生产(涉及意识形态)与市场运营深度交叉的领域,是应当单纯地强化政策管控,还是更大限度地放大市场机制"无形之手"的作用?对这一问题的研究与回应对于未来传媒产业引导规制政策的制定和行业发展均有重要的指导意义。因此,需要我们对网络视频相关的诸多要素进行宏观性的统筹与把握,在更为全面、科学地把握这些要素及其相互关系的基础上作出回答。

总结而言,从"明线"来看,本书的主线是视频网站的发展历史;从"暗线"来看,网络视频发展受到多层次相关因素及各因素之间的相互作用影响。这也正是民营综合视频网站发展所处的媒介生态环境。由此,本书关于视频网站发展历程的研究不仅是分期的划定,对不同发展阶段的内容与特点的概括等,还涉及按照历史脉络梳理网络视频行业及视频网站多元层面的问题的内容,是一种多维度、系统性的媒介生态层面的研究。笔者通过对不同主体之间发展理念、机制的探究,审视民营综合视频网站与国有视频网站之间在发展路径、理念、受众认可程度等方面的差异,分析民营综合视频网站发展过程中运营主体试图突破管制的内在逻辑,探究政府主管部门关于民营综合视频网站规制滞后的历史合理性及其背后的问题,重点关注资本驱动下市场化发展与监管政策优化之间的博弈过程。笔者力求在研究中跳出单纯的网络视频产业发展视野的限制,从更为宏观的社会需求、行业管控等层面审视视频网站发展应当体现出的内在价值理念,重新思考视频网站在我国传媒生态格局中的发展、定位与作用。在此基础上,笔者还思考如何加深对视频网站行业格局深层次问题的理解与把握,以及面对新时期媒体深度融合发展、全媒体传播体系建设的要求,如何更为科学地把握市场主体生存发展的现实需求与媒体内容社会价值之间的辩证关系,优化对民营综合视频网站的管理理念与策略。这样的思考,既可以充分地激发民营综合视频网站的市场发展活力,又可以在某种程度上规避其在发展历程中可能出现的主要问题。

二、研究视角

本书的支撑理论不仅要跳出视频网站的行业范畴,还要能支撑本书从更为宏观的层面把握不同要素与视频网站发展之间的关系,进而探究它们在视频网站不同发展阶段的作用等。为了实现这个目标,本书采用媒介生态学的理论作为研究视角,立足相关理论搭建分析框架,并从这一视角出发,审视中国民营综合视频网站的发展历程。

通过对照媒介生态学与本书研究的相关内容,笔者发现两者在多个方面存在一致性,即媒介生态学视角在本书关于中国民营综合视频网站发展史的研究中具有很强的适用性。这一视角能够为本书研究框架的搭建与研究的开展提供有效支撑,具体体现在以下三个方面。第一,媒介生态学的理念与本书研究的核心问题具有内在的一致性。媒介生态学关注媒介技术变革、媒体发展等对社会发展、结构、秩序等方面的影响,特别是注重审视上述变化对社会秩序的"破坏性"改变,主张通过技术、文化等方面的互动探究媒介技术发展、媒体形态发展对社会的影响。这一主张能够支撑本书通过梳理中国民营综合视频网站发展史来把握视频网站甚至网络视频行业在整个传媒生态、社会文化发展中的影响,进而思考更加科学的管控方式。第二,媒介生态学的理论框架与本书的研究目标存在一致性。媒介生态学注重对传媒系统中不同层面的生态的审视,如为了深入研究政治、文化、技术等不同要素的关系和作用,形成了媒介外生态、生态位与内生态等多个层次。它不仅能适应本书不同研究部分的需要,还能观照不同要素之间的关系,打通视频网站整体生态中不同部分之间的关联。由此,利用这个理论,笔者既能对具体的内容与环节展开深入分析,也能从整体层面把握视频行业的机制与发展趋势。第三,媒介生态学的解释性、适用性与本书的研究特点存在一致性。媒介生态学在发展过程中一直伴随着来自不同领域的学者之间的争论,但这并不影响这一理论在新闻传播学的大量研究中的适用性。本书的研究注重将中国民营综合视频网站置于更为宏观的传媒生态之中,重视媒体与生态中不同主体之间的互动关系与相互影响,媒介生态学在这类研究中具有较强的适用性。

整体来看,媒介生态学的内涵中有一个关于竞争的理念,即不同的媒介主体在同一个生态环境中处于优胜劣汰的格局。但是,这对于视频网站来说存在一定的特殊性。例如,民营综合视频网站为了生存和发展不断积极地探讨创新型的运营理念与模式。相比之下,大部分国有视频网站虽然在市场上也稳步发展,但在发展机制、不同要素的作用方式等方面均呈现出较大的差异化特征。这些差异化特征的形成,不仅是因为民营综合视频网站与国有视频网站在形态方面存在差别,更是因为各媒介生态要素在两类视频网站运营过程中的聚合和作用方式不同。通过媒介生态学视角下的审视,我们不仅能够避免仅从市场竞争、行业运营层面展开对各种要素的应用性探讨,而且能够上升到媒介生态优化发展的层面,基于媒体深度融合发展的战略高度把握能使民营综合视频网站健康发展的机制。鉴于上述媒介生态学理论与中国视频网站发展历程之间的一致性,笔者在本书的研究中将它作为支撑视角,审视中国视频网站发展过程中不同层次的内容,搭建框架梳理中国视频网站的发展历程。

第五节　研究方法

在视频网站的发展过程中,各种公开渠道都留下了大量文献、资料、数据,记录着视频网站在发展中出现的各种问题,体现着行业或企业的探索轨迹。在研究中,笔者主要通过三个方面对这些基础材料进行了搜集与整理。第一,与视频网站相关的财务报表、档案资料等。视频网站作为具有高度成长性的新兴媒体形态,自诞生起便受到资本的关注与追逐。按照市场规则,它们要公开披露公司的运营情况和财务数据,而这些资料和数据均能反映公司在战略、动态等方面的情况,能够为学术研究提供有效的支撑。第二,与视频网站发展有关的个人日记(微博/博客)、传记、公开采访报道等。在视频网站发展过程中涌现出一批代表性人物,如各大视频网站的创始人、企业高管等,作为企业公共关系的重要内容,企业家要面向公众发表各种观点,传递信息。同时,互联网上有博客、微博等多种信息渠道,网络空间中有大量代表人物关于视频网站发展的言论,同样为视频网站发展历程的研究提供了必要支撑。第三,公开出版的书籍、学位论文和刊物上发表的专业论文等。视频网站受到学界与业界的共同关注,是多个学科、领域的研究对象,多年来积累了大量研究成果,笔者在文献综述部分也有所概括。这些文献既有材料梳理,也有笔者理性的再思考,拓展了本书对视频网站研究的维度。

笔者是资深的电视媒体、互联网视频行业从业者,有多年的省级卫视工作经验,目前为国内某网络视频领域上市公司的执行总裁。此外,国内许多主流视频网站的管理者是笔者多年来的合作伙伴。笔者不仅见证了中国民营视频网站的兴起、成长,而且多年来一直从事网络视频相关工作,与国内各大视频网站均保持着深入、良好的业务合作关系,与有代表性的企业家也有长期的沟通与交流。这为笔者在本书的研究中展开案例调研和分析提供了极大的便利。本书综合使用多种研究方法,重点解决了已有研究中缺乏一手资料的问题。例如,笔者通过大范围的深度访谈,获取了有代表性的民营综合视频网站主体在不同发展阶段中的独家资料;笔者发挥自身的行业背景优势,深入视频网站企业内部开展观察法研究,利用多种方式的研究最大限度地还原了各个视频网站在发展中经历的主要事件的历史场景,为本书的研究内容提供了有效支撑。

一、深度访谈法

根据研究需要,笔者整理了访谈思路与提纲,对国内视频网站在发展历程中的代表性人物,如爱奇艺的首席营销官、优酷的高级副总裁、腾讯的副总裁、PPS的营销副总裁、乐视首席营销官等展开了深度访谈。此外,以行业发展中的重大事件为核心,笔者对中国首批民营综合视频网站的创业群体进行了采访,采访对象包括从决策层到基层的工作人员,力求多维度、多视角地相互印证,还原历史真实。与本书研究内容有关的深度访谈持续了两年多的时间,采访人数超过 50 人。借此,笔者积累了大量独家的一手资料,而且很多资料是当事人首次披露,为还原网络视频的发展历程、把握各种问题提供了强有力的支撑。

二、个案研究法

由于视频网站运营有较高的技术与资本层面的门槛,在视频网站的发展历程中,背靠大资本的爱奇艺、腾讯视频、优酷等新兴媒体平台具备较强的个案研究价值,具有典型性、代表性。因此,抓住这些代表性案例进行深入研究,基本上能把握中国民营综合视频网站乃至网络视频行业发展的整体脉络。所以,本书以中国民营综合视频网站中的爱奇艺、腾讯视频、优酷为主要研究对象,通过笔者近十年的长期跟踪调查,如参与它们的各种市场推广活动(包括节目录制)等,定期通过第三方数据考察它们的发展过程。

三、观察法

在本书的写作过程中,笔者对全国各大视频网站进行了有目的的走访、调研,既完成了深度访谈资料的积累,也通过所在公司与各大视频网站的业务合作,深度介入视频网站的运营一线,参与它们在不同领域的业务。同时,在这个过程中,笔者通过近距离观察获取了一手资料。

第六节 研究的创新点

本书的创新点体现以下四个方面。

第一,本书的研究内容是国内对中国民营综合视频网站发展历程的第一次系统、全面的梳理。针对文献综述中存在的视频网站发展史研究相对较少、对近几年发展历程研究跟进不够等问题,本书将研究对象聚焦于中国民营综合视频网站的发展历程,按照纵向的时间脉络,借鉴媒介史研究的相关理念与方法,对我国视频网站发展的阶段分期、不同阶段的主要特征与问题等进行了把握,丰富了有关国内传媒发展历程的研究。

第二,沿着中国民营综合视频网站的发展脉络,笔者考察了网络视频行业发展在不同阶段的多层次要素的相互作用机制,总结了民营综合视频网站的发展规律,并对其发展过程中的重要问题进行了梳理与思辨。例如,资本驱动下的市场扩展与政策管控之间的博弈在视频网站发展历程中的作用,加强对视频网站发展规律与机制层面的研究。

第三,笔者采用媒介生态学的理论视角动态分析了中国民营综合视频网站这个媒介种群的发展过程与动因,这在关于传媒发展史的研究中具有一定的创新性。笔者注重从媒介生态的优胜劣汰之中审视媒介种群和单个市场主体在不同发展阶段的状态,由此能够深化网络视频对中国媒介形态发展更迭的影响,以及在媒体融合发展过程中发挥的重要作用,还能够把握民营综合视频网站在互联网视听领域的重要地位和发展示范作用。基于此,本书在媒介生态层面把握不同生态主体与要素之间相互作用的结论体现出研究维度的丰富性。

第四,在研究方法方面,笔者发挥自身优势,深入民营综合视频网站的运营者、事件经历者和见证者群体,围绕论文理论架构中的各种问题,通过多层次、多角度的访谈获得了独家资料,就中国民营综合视频网站发展乃至整个网络视听产业的发展而言,留下了可贵的一手资料。

整体来看,笔者以中国网络视频面临的外部生态、内部生态、生态位和种间关系等的变化特征和具有代表意义的典型事件等为依据,科学地划分其发展阶段,厘清史实及各个层级影响因子的互动关系,并指出中国民营综合视频网站发展面临的困境和5G带来的战略机遇。同时,笔者以具体的中国民营综合视频网站为例,探讨了传媒产业化发展过程中外部生态的政府规制、技术环境、资本因素,以及同业竞争与媒介种群互利共生问题,内部生态层面的民营综合视频网站内容、用户、营收生态问题,从而为系统地梳理中国民营综合视频网站的发展规律,深刻剖析视频网站当前遇到的生态危机并提出优化策略提供了支持。

第七节　研究框架与主要内容

本书以媒介生态学的框架剖析中国民营综合视频网站面临的媒介生态系统，选择其中的重要影响要素，并以此为视角分析中国民营综合视频网站2004—2021年发展历程中的主要问题。

一、研究框架

崔保国提出的媒介生态结构包括媒介与媒介之间的互动构成的行业生态环境，媒介与人群之间的互动构成的受众生态系统，媒介与社会系统中的经济、政治、文化、科技等因素之间的互动关系分别构成的经济生态系统、政治生态系统、文化生态系统、技术生态系统等[1]。由此，笔者通过把握媒介生态系统中社会、媒介、人等核心要素之间的相互作用和关系，将媒介生态划分为不同层次。行业生态关注各种媒介主体之间的关系，受众生态关注媒介与人群之间的关系，这两部分构成媒介系统的主要部分，主要关注微观与中观的具体运营方式、受众沟通策略等。在更为宏观的层面，媒介通过与各个社会子系统的对话，能够从经济、政治、文化、技术等方面把握行业生态的发展。2004年，支庭荣创造性地将传播生态分成中间层（传播原生态）、内层（传播内生态）和外层（传播外生态）三个层次[2]，构建了相对完整的传播生态体系，颇具参考价值。2008年，邵培仁等学者在《媒介生态学：媒介作为绿色生态的研究》一书中提出了媒介生态学的观念和规律，以及生态种群、生态系统等概念，并分析了网络媒体等的生态现状和发展策略，开中国本土媒介生态研究之先河[3]。虽然这些学者对不同层

---

[1] 崔保国.媒介是条鱼——理解媒介生态学[EB/OL].搜狐网[2012-12-06].https://www.sohu.com/a/208808510_321391.
[2] 支庭荣.大众传播生态学[M].杭州：浙江大学出版社，2004：297.
[3] 邵培仁，等.媒介生态学：媒介作为绿色生态的研究[M].北京：中国传媒大学出版社，2008：71—325.

面的内容的界定在一定程度上略显粗糙,但仍能为笔者在媒介生态视角下定位不同要素在媒介发展过程中的作用,把握媒介运营发展过程中不同要素的关系及其权重提供有益的借鉴。

本书借鉴上述研究成果搭建整体的研究框架,在整体把握中国视频网站发展生态的基础上,从外生态、生态位、生态关系、内生态等不同层面对中国视频网站发展中的诸多具体内容进行分析,力求在沿着历史脉络进行梳理的基础上发现各种要素之间更为深层的互动关系。

首先是民营综合视频网站内的生态系统,主要包括内容、用户和营收等要素。其中,内容要素又包括不同类型内容的生产/采购、发行、宣传、播出等作业流程和相应的组织架构涉及的不同的种群生态;用户要素包括用户的整体规模和构成、用户使用时长、使用频率,以及各类用户的获客、激活、留存、变现和自推荐等作业流程,还有相应的组织架构涉及的种群生态;营收要素包括用户付费、广告、内容发行收入、衍生品售卖等。在综合视频网站的运营过程中,从商业变现目标出发,主要有两个路径可供视频网站的运营者选择:其一是广告变现模式,即确定广告生态位(考察市场容量、竞争对手等因素)、用户生态位(考察购买力因素),进而选择内容生态位,通过优质内容吸引广告商的投放;其二是内容付费模式,即先确定用户生态位,再确定内容生态位,用优质内容吸引用户直接付费观看。在这一过程中,民营综合视频网站内部生态系统中的内容、用户和营收三者是相互依存的耦合关系,改变其中任何一个方面的生态位定位,均会引起其他两者的连锁反应。例如,苏宁入主视频网站PPTV之后,将App的名称改为PP体育,主打体育领域的内容生态位定位,它的用户构成逐渐变为以中青年男性为主,广告客户也聚焦于男性用品,PP体育定位的改变带来了内容、用户、营收方面的相应变化。

其次是民营综合视频网站产业的生态位和生态关系,主要包括网络视频产业层面不同主体之间的关系,如民营综合视频网站间的竞合关系、民营综合视频网站与短视频平台的竞合关系、民营综合视频网站与中视频社区的竞合关系、民营综合视频网站与网络直播平台的竞合关系、民营综合视频网站与电视的竞合关系、民营综合视频网站与其他网络媒介的竞合关系等。民营综合视频网站在不同发展阶段与其他媒介种群之间的信息交换模式和互动关系也不尽相同,处于一种自调节的动态平衡中。依据媒介生态学的观点,媒介种群之间的关系有正相互关系和负相互关系两种:正相互作用关系包括偏利共生、互利共生等,负相互作用关系包括捕食关系、寄生关系、偏害关系三种①。这可以为笔者审视民营综合视频网站与产业生态中各种群主体的关系提供借鉴。例如,不同民营综合视频网站之间存在竞争关系,呈现出一定的捕食关系,在中国网络视频发展历程中有很多相关案例;视频网站与短视频平台、中视频社区、网络直播平台和其他的网络媒介(如新闻资讯 App、社交 App 等)之间既有一定的替代性,又在信息传播过程中发挥着互通与互助作用,所以也存在互利共生的关系。此外,不同主体之间的关系随着网络视频行业的发展也会产生动态变化。例如,民营综合视频网站与电视在竞争与合作的过程中经历了早期的内容寄生关系、偏害关系,同时又在不同阶段体现出互利共生关系。

最后是视频网站外生态系统,主要包括政治、经济、文化、技术等方面的要素。这些要素在各个阶段均对视频网站的发展产生着直接的影响,但它们的作用方式和程度均处于变化之中,需要笔者在梳理过程中进行动态把握。其中,政治层面主要表现为法律法规、主管部门的行政监管和民间协会的行业自律等。例如,监管政策在中国网络视频发展历程中一直是匡正行业发展方向的主要力量之一。经济层面是指在一定历史时期和地域条件下,经济活动主体与其环境的相互关系②,用于考察网络视频子类中的休闲娱乐类目,最相关的指标是可支配收入。为了研究的便利,同时考虑与其他既定考察要素的区隔,本书选择了经济层面中的资本要素作为代表,不仅敏感度更高,而且能突出市场对中国民营视频网站发展的影响。文化层面通常是在一定历史时期和地域条件下形成的文化空间,以及人们在长期发展中逐渐形成的生产生活方式、风俗习惯、艺术表现形式等,是群体的审美偏好、情感认同和价值感知。由于本书研究内容涉及的时间年限较短,文化层面的底层逻辑变化有限,而文化层面对网络视频的影响内化

---

① 邵培仁,等.媒介生态学:媒介作为绿色生态的研究[M].北京:中国传媒大学出版社,2008:89.
② 赵桂慎,吴文良,卢凤君.论经济生态系统及其演化[J].中国农业大学学报(社会科学版),2004(1):50.

在内容生态的变化之中,故这一层面未被纳入本书对中国民营综合视频网站发展的分析中。技术层面既包括互联网技术(移动互联网技术)、多媒体技术、服务器和宽带网络等基础型技术,也包括流媒体技术、内容分发网络(content delivery network,简称 CDN)、P2P 技术等视频网站的工具型技术,是网络视频得以诞生、成长、成熟的必要条件。

需要说明的是,在实践过程中,视频网站生态中的不同要素不会形式化地存在于固定的"层面"之上,真正的视频网站生态带有极强的复杂性,很多要素在不同的阶段和场景中会与各个层面的其他要素和主体产生动态互动。例如,资本的流动对民营综合视频网站生态多个层面均有深刻影响。如表 1.2 所示,这些影响要素构成本书在中国视频网站史梳理过程中所要关注和分析的主要内容,它们在动态发展过程中又呈现出相互作用的关系。

表 1.2　中国民营综合视频网站发展影响因子表

外生态层面	生态位层面	内生态层面
➢ 政策 ➢ 技术 ➢ 资本	➢ 媒介种群内的竞争与合作 ➢ 媒介种群之间的竞争与合作	➢ 内容 ➢ 用户 ➢ 营收

首先,外生态是媒介种群赖以吸收营养的生存环境,直接决定着内生态、生态位和生态关系。"媒介宏观生态直接决定和影响了媒介的中观生态和微观生态,因此媒介宏观生态是媒介生态变迁的主要依据。"[1]而且,从某一历史阶段来看,在所有的宏观生态因子中,总有一种生态因子最活跃,它占据生态因子中的主导地位,决定着媒介生态的主要特征;"主导因子"的更迭又导致了媒介宏观生态主要特征的变化,进而成为媒介生态变迁的依据[2]。此处的媒介宏观生态相当于媒介外生态的概念,中观生态可对照生态位,微观生态则等同于媒介内生态。其次,内生态的变化也会牵动生态位与生态关系、外生态作出相应的调整,如政策、资本都会根据内容、营收等内生态要素的市场发展状况产生改变,以满足社会公共利益和

---

[1] 黄仁忠,王勇.论我国媒介生态变迁的三个阶段[J].今传媒,2013(1):16.
[2] 黄仁忠,王勇.论我国媒介生态变迁的三个阶段[J].今传媒,2013(1):19.

资本对行业发展效率的需求。再次,外生态中的政策要素具有对全生态系统要素的统摄作用,无论是资本、技术要素,还是生态位和内容、营收等要素,都要服从于政策要求。最后,内生态中的内容要素是全生态系统要素的连接中枢,不仅连接着用户、营收等内生态,是内生态运转的核心,也是内生态与生态位、生态关系以及内生态与技术、资本、政策等外生态的连接点。

在调研过程中,特别是对一手资料的获取与梳理过程中,无论是通过案例解读还是深度访谈,笔者首先接触的材料大多是内生态(微观)层面的内容。随后,在不断分析、探讨、研究的过程中,开始接触更多生态位(中观)、外生态(宏观)层面的材料,并且可以从外生态层面的分析中找到内生态存在的诸多问题的动因与答案。所以,在本书后续章节的分析中,笔者基于对中国民营综合视频网站不同阶段的史料的把握,先从内生态入手探讨中国民营综合视频网站在各个阶段的主要特征和显性问题等方面,并随着对外生态和生态位层面的分析的展开将论述引向深处。

二、主要内容

如图 1.1 所示,本书共分为七章。

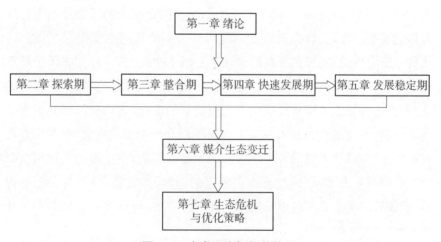

图 1.1 本书研究框架结构图

第一章为绪论,首先介绍了全文的研究背景,对互联网新媒体的发展、网络视频行业及作为代表行业主体的视频网站的发展进行了整体性解读,明确了本书的研究对象。其次对中国视频网站的研究现状进行了综述,对中国视频网站发展策略、中国网络视频产业化、新兴业态、视频网站内容生产及用户接受行为、民营综合视频网站发展及监管等方面的研究现状进行了分析。再次,通过评述提出了研究问题,针对研究需要采用媒介生态视角,并对这一理论的适用性进行分析。最后,本章借鉴媒介生态学的相关观点对全文的整体思路和研究框架进行了说明。

第二章聚焦中国民营综合视频网站的探索期(2004—2007年)。本章阐述了划分依据,并从视频网站内容呈现方式的创新与用户规模扩张、视频网站运营模式的探索、技术驱动与政策规制的调整三个层面展开论述,分别对视频网站在探索期中出现的多种问题进行讨论。媒介生态中的技术要素和政策要素至关重要。前者是基础要素,后者决定着行业的发展方向。这一阶段的政策监管呈现出一定的滞后性,民营综合视频网站的发展在一定程度上呈现"野蛮生长"的状态,甚至部分企业通过"踩红线"的做法获得市场先机。

第三章聚焦中国民营综合视频网站的整合期(2008—2013年),包括政策驱动的整合(2009年中国政府对网络视频市场进行了严厉的整治)和资本驱动的民营综合视频网站媒介种群的整合。在这一时期,资本要素上升为整合的核心动力,主要表现为三个方面:一是2008年受全球金融危机的影响,风投资本对中国民营综合视频网站"选择性"断供;二是资本逐利的本质驱动中国民营综合视频网站借2008年奥运会等重大事件进行直播,将网络视频从边缘提升到主流媒介的位置,并集体完成了由UGC模式到PGC模式的转变;三是BAT入局网络视频,策动优酷与土豆、爱奇艺与PPS等一系列重要市场主体完成重组合并。本章首先分析了视频网站内容的主流化与用户规模的变化,具体对视频网站内容的主流化趋势、用户规模与结构的变化、民营综合视频网站的广告变现等进行了论证;其次,分析了行业格局,表现为巨头"玩家"入局与视频网站产业格局的调整,以及并购、上市等资本运作频发;再次,解读了整合期的特点,即资本作用的凸显和政策规制的优化,具体内容包括金融危机背景下视频网站的资本运营、海外资本进入中国网络视频市场的途径、视频网站的准入管控与内容规制、网络视频领域"扫黄打非"与打击盗版、对互联网电视渠道的监管等。

第四章聚焦中国民营综合视频网站的快速成长期(2014—2018年)。本章首先对视频网站内容自制、营收方式多元化等媒介内生态进行了分析,体现在视频网站内容自制时代的到来、视频网站用户的蜕变与分流、会员付费模式的兴起与营收方式多元化等方面;其次,对快速成长期的视频网站生态位进行了研究;最后,结合本阶段的发展现状,探讨了政策管控升级与资本乱象纠偏等问题。

第五章聚焦中国民营综合视频网站的发展稳定期(2019—2021年)。2019年之后,民营综合视频网站的发展由平台化逻辑向基于更广泛连接的生态化逻辑转变。本章首先对趋于成熟的视频网站内容生产格局进行了分析,具体包括网络自制对视频网站内容格局的引领、中国民营综合视频网站的盈利困局、视频网站网民使用率见顶与营收方式的创新等方面;其次,对本阶段的网络视频市场竞争格局进行了探讨,包括民营综合视频网站之间趋于稳定的竞争格局、民营综合视频网站与传统电视的互利共生、民营综合视频网站与短视频平台、中视频社区与网络视频直播平台的互动等内容;最后,提出民营综合视频网站在深入发展阶段遭遇的结构性困境,如怎样面对"互联网发展下半场"中新的传播格局和媒体运营逻辑的变化,以及如何处理民营综合视频网站与网络直播、短视频平台之间的竞合关系,平台内容与平台治理、资本意志的管控关系,平台对用户数字劳动的"剥削",新技术应用对网络视频生态的影响等。

第六章在对民营综合视频网站发展的四个阶段加以分析的基础上,着重探讨了其所处的外部生态、生态位与生态关系,以及内部生态的演变过程。首先,从民营综合视频网站发展的外部生态看,体现为技术、资本、政策等不同要素作用下的交织发展:从初期基于创新技术驱动视频网站诞生,到之后资本驱动行业高速扩张,伴随着政策的不断纠偏与把控,视频网站媒介生态逐步发展完善起来。本章通过对外部生态中多个要素及其相互关系的纵向把握,不仅可以发现各要素在不同阶段所发挥作用的差异,而且能够提炼出三大要素之间的互动机制。在视频网站进入发展稳定期之后，行业格局趋于稳定，各种要素之间的相互作用机制也越发清晰，这为笔者从政策层面入手，通过优化规制理念与思路实现对视频网站媒介生态的科学引导提供了机会。同时，对中国民营综合视频网站的内部生态流变进行了梳理。内容是视频网站最重要的产品形态，是其运营理念与逻辑的集中体现，内容产品化竞争逻辑的背后是内容生产用户本位的必然要求。此外，由受众到用户的身份转变代表着用户在与内容、平台的关系中确立了主导地位，而多元营收渠道的日益丰富则是作为平台的视频网站通过内容、社交手段等精心运营、维护用户关系的终极目标。视频网站从最初的一种互联网新兴业态的典型应用逐步成为由具有平台化特征的头部公司，再发展为代表泛连接环境下的媒介生态种群。这一发展历程背后存在着诸多需要研究者审视与反思的问题。

  第七章是本研究的最终落脚点，基于对中国民营综合视频网站的发展阶段和内、外部生态环境的论述，指出了视频网站面临的媒介生态危机，并提出了生态优化策略。随着民营综合视频网站生态化发展的深入，诸多生态困境逐渐显现，如外部生态向市场妥协，资本要素在网络视频生态中的话语权和影响力过重，缺乏原创性，经营创新乏力，内部生态面临产能过剩与产值结构不合理，媒介生态位高度重叠，以及同质化竞争加剧等问题。针对上述问题和前文对民营综合视频网站发展历程的梳理，本章从两个主要维度提出了中国民营综合视频网站发展的媒介生态优化策略，即以媒介生态位的差异化和价值链路的完整化为基础的民营综合视频网站内生态建构，以融合生态和价值共创为基础的民营综合视频网站外生态建构，并对中国民营综合视频网站的发展前景进行了具有前瞻性的探讨。

  结语部分对本书的研究结论、不足和对未来研究的建议进行了简要说明。

第二章

技术驱动与规模扩张：中国民营综合视频网站探索期的媒介生态(2004—2007年)

2004—2007年为中国民营综合视频网站的探索期，在网络技术发展和用户规模扩张的双轮驱动下，民营综合视频网站作为一种新的媒介生态种群出现了。这一时期，新兴媒体技术与形态的发展驱动媒介生态发生显著变化，以传统媒体为主体的固有媒介生态格局在诸多层面呈现出新的特点。在网络视频领域，视频网站开始孵化并快速发展，不同形态和模式的民营视频网站以创业公司的形式进入市场，并迅速成为其中具有较高辨识度和影响力的媒介种群之一，逐步获得与传统电视媒体、影视机构对话与竞争的机会。

整体来看，这一阶段的民营综合视频网站在传媒市场上的影响力还较小，尚未影响到广播电视等传统媒介种群的生存与发展空间，但未来网络视频发展的主要形态、多元化运营模式在这一阶段均开始出现。此外，这一新兴媒介种群的诞生体现出诸多新的特点。例如，除了新浪宽频、凤凰宽频等视频网站脱胎于门户网站，还有很多新兴视频网站的创始人都来自业外。这些拥有技术背景的创业者通过产品创新实现了视频网站的设计与上线运营，对传媒领域的政策管控、生态特征等基础环境的认知与媒体从业者存在显著差异，由此导致视频网站具有独特的发展理念与逻辑，在很多层面突破了传统媒介生态的固有规则，成为媒介生态中的新兴"搅局者"。

因此，对这一阶段的研究有助于我们从历史的视角思考应当如何审视传媒生态中带有异质化行业基因的新兴种群，这对在当前媒介融合发展不断深入、不同行业相互交叉更加频繁的环境下探讨媒介生态优化理念有直接的借鉴意义和价值。

作为一种业务类型或服务,视频内容下载与点播业务伴随着互联网的发展已经在早期出现,可被视作网络视频的雏形。随后,为了扩展新的业务形态,探索在互联网时代的创新模式,电信运营商、媒体开始在视频领域进行尝试。例如,2002 年,中国电信创办的互联星空开始在广东省尝试提供视频点播服务;2003 年 9 月,上海文广旗下的东方宽频上线,提供视频内容点播服务。这种探索具有一定的开创性,但并非本文严格意义上的视频网站,原因有二:其一,这类业务的创办主体是传统的电视媒体或电信运营商;其二,囿于带宽和当时流媒体技术水平的限制,这些视频平台提供的在线视频点播服务体验极差,存在卡顿、视频像素低等问题,并未达到视频网站运营的基本要求。总结而言,这一阶段的网络视频更多是作为图文互联网时代的补充甚至是点缀。

关于中国民营综合视频网站或中国网络视频开始的标志是什么,迄今仍存有一定的争议。有学者认为,最早的中国网络视频是 2005 年流传在互联网上的恶搞视频和字幕组翻译的国外电视剧。在这些业余网络视频制作爱好者的推动下,中国网络视频业逐渐走向发展的正轨[1]。2004 年 11 月 10 日,北京乐视星空信息技术有限公司(乐视网的前身)成立,这是中国专注于网络流媒体业务的注册时间最早的公司,而且它在之后的很长一段时间内都在中国网络视频产业领域产生着影响。由此,笔者将 2004 年 11 月乐视网的成立锚定为中国民营综合视频网站的开端。随后,2005 年 4 月,土豆网成立;2005 年 12 月,PPStream 成立;2006 年 6 月,优酷网成立。短短两三年内,国内涌现出多个具有代表性的民营综合视频网站,视频网站开始作为一种新兴的互联网业务形态迅速为广大用户熟悉并接受。据中国互联网络信息中心(CNNIC)的数据显示,截至 2005 年 6 月 30 日,中国通过宽带上网的人数达到 5 300 万人,首次超过拨号上网的用户数量[2],到 2006 年年中则达到了 7 700 万[3]。截至 2007 年 12 月,中国的宽带网民

---

[1] L. N. Li, Rethinking the Chinese Internet: Social History, Cultural Forms, and Industrial Formation [J]. Television & New Media 2017,18(5):393-409.
[2] 第 16 次中国互联网络发展状况统计报告[EB/OL]. 中国网信网[2014-05-26]. http://www.cac.gov.cn/2014-05/26/c_126548165.htm.
[3] 第 18 次中国互联网络发展状况统计报告[EB/OL]. 中国网信网[2014-05-26]. http://www.cac.gov.cn/2014-05/26/c_126548277.htm.

数量达到 1.63 亿人，占当时网民总数的 77.6%[①]。随着中国互联网基础建设的持续深入和带宽环境的不断改善，越来越多的投资者开始入局，视频网站也开始成为资本市场关注的热点赛道，用户基数的快速扩张和资本的涌入加速了行业的变化。至此，中国互联网在经历 10 年的发展酝酿之后，网络视频逐渐由新闻门户网站的一种补充性传播介质成长为一种独立的、新的媒介形态。

基于上述讨论，本书将中国民营综合视频网站的探索期界定在2004—2007 年。2004 年底是乐视的成立时间，标志着网络视频形态的建立；截至 2007 年，中国网络视频市场上所有的视频网站形态悉数登场，在技术发展和用户规模扩张的双重拉动下，中国民营综合视频网站的媒介种群开始初见端倪，奠定了中国网络视频行业发展的基础结构，完成了网络视频生态的孕育过程。

第一节　内容呈现方式创新与用户规模扩张

内容是媒介内生态的核心要素，"内容为王"的共识也体现了无论媒介种群（竞争主体）发生怎样的变化，内容作为媒介生态竞争核心要素的地位与作用很难被取代。同时，在传媒市场运营中，不同媒介种群之间的大量竞争活动也是围绕内容展开的。从这个层面来看，视频网站发展的重要意义在于将新的媒体内容呈现方式引入这一阶段的媒介生态。在视频网站影响力相对弱小且尚未与其他生态种群形成直接、激烈竞争的情形下，这一新的媒体内容呈现方式不仅能为自己赢得必要的生存空间，也能给其他媒介种群的内容呈现提供支撑，发挥扩展传播渠道的作用。这也是视频网站探索期媒介生态中内容领域竞争的突出特点。此外，内容与用户是媒介生态中具有内在紧密联系的两个要素，即内容生产与呈现方式创新的效果在很大程度上要由用户决定，得到更大规模的用户群体的认可是内容层面

---

① 第 21 次中国互联网络发展状况统计报告[EB/OL]. 中国网信网[2014-05-26]. http://www.cac.gov.cn/2014-05/26/c_126548652.htm.

创新发展的重要目标,这一关系在本阶段的视频网站发展过程中也得到了突出的体现。基于此,本节将结合对业界发展历程的分析,探讨内容与用户两个要素在中国民营综合视频网站探索期的特点。

在本阶段,视频网站新兴的视频内容呈现方式吸引了大量用户,多家有代表性的视频网站在上线之后均在较短时间内吸引了一定规模的用户。视频网站作为一种新兴业态广受关注,并且给传统的传媒运营模式带来了冲击。《新电脑》杂志在刊文中写道:"如果您有一条宽带线路,那现在就跟CHIP走进丰富精彩的网络电视频道吧……您将会发现,除了巨大的屏幕,电视将不再吸引您。"[①]虽然这一表述基于新业态的乐观前景,对传统电视媒体的评述并非完全客观、严谨的,但在一定程度上说明了新的内容呈现方式已经开始改变用户的视频观看习惯了。所以,在视频网站媒介内生态层面,视频内容方式的改变、用户规模的迅速扩张成为这一阶段的主要特点。

一、内容呈现方式的创新

视频网站的内容呈现方式打破了传统电视媒体单向化、线性的传播模式,给予受众更大的选择自主性和收视灵活性,这种颠覆性的模式革新使视频网站成为各种互联网新兴业态中的突出代表者。再加上整个互联网行业发展对经济社会发展、传媒内容生态的影响,诸多研究者、媒体对视频网站持欢迎、乐观的态度,认为"网上视频是传统电视节目与网络多媒体的最佳结合点,所以网上视频对电视台来说意义非凡。网上视频将母体电视台的节目传播到世界的每一个角落。虽然现在网上视频的窗口还不大,看得也不怎么清楚,但它把'地球村'的优势引入到视频传播中来,已足以令世界上覆盖面最大的母体电视台相形见绌"[②]。此外,视频网站内容呈现方式的创新不仅受到研究者、受众的认可,也迅速得到官方的认可与应用。例如,为了筹备2008年北京奥运会转播工作,2004年6月8日,在中国奥委会等官方机构支持下的"345传播大平台"被视作互联网对一直以来无

---

① 视频直播网站集锦 抛弃你的电视吧[J].新电脑,2003(5):164.
② 曾来海,龚奎林.网上视频——给电视台网站带来新的活力[J].声屏世界,2002(8):29.

人争锋的强势电视媒体中央电视台发起的一次挑战。3、4、5分别代表了第三媒体电视(以东方卫视为代表的海内外20余家电视媒体)、第四媒体互联网和第五媒体移动互联网①。视频网站由此在兴起之初便被纳入奥运会转播的整体框架,不仅成为传统电视媒体渠道的重要补充与扩展,也充分体现出奥运会转播理念在互联网时代发生的变化。

网络视频的内容呈现方式是一种典型的多媒体内容呈现方式,基于多媒体技术(multimedia technology)实现,"通过对文字、数据、图形、图像、动画、声音等多种媒体信息进行数位化处理,并建立逻辑关系,使用户可以通过多种感官与智能终端进行实时信息交互"②,能为用户提供多元化、交互式、自主性的视频内容观看体验。例如,视频网站首页界面会呈现多种图文形式的节目封面和对应的标题文字供用户选择;用户也可以直接在搜索框内搜索节目并点击观看,不仅可以观看声画一体的视频内容,还可以依据自己的需要进行正常速度播放、倍速播放、暂停等个性化操作;随着视频网站的发展,还逐渐增加了刷弹幕、写评论、点赞(或者踩)等功能供用户实时表达观看感受和情绪,与网友实时互动等。"多媒体不是一项单一的技术,而是一系列涉及图像和声音的技术和协议的集合,比如视频格式标准和数据压缩技术"③,支撑实现视频内容的声画同步,以及与它相关的图片、文字等信息同步的互动式传播,进而推动视频网站这种新兴形态与模式在更多领域得到应用和推广。例如,除了商业化民营综合视频网站短时间内实现崛起之外,随着计算机多媒体技术广泛应用于娱乐和教育领域,有些教育机构基于"人—机"或"人—机—人"模式的发展和更加丰富、高效的信息交换手段,或将视频网站模式嵌入自身的信息化建设,或将自身的教育内容等上传到视频网站平台以扩大传播范围。这类实践说明,视频网站的内容呈现方式不仅对大众有强大的吸引力,还能满足特定细分领域的需求。当然,这部分内容并非本书讨论的重点,此处不再赘述。总结而言,视频网站的内容呈现方式与人们在视频接受、观看过程中的自然交互习惯更加契合,具有更强的互动性,能够提升用户对内容的专注度,增强用户的

---

① 赵明. 网站视频出击奥运　剑指央视？[N]. 中国经济时报,2004-06-10(2).
② 蒋国华. 多媒体技术向我们走来[J]. 技术经济与管理,1997(1):12—13.
③ 陆地,靳戈. 中国网络视频史[M]. 北京:中国广播影视出版社,2017:7.

使用黏性。

在这一阶段,虽然视频网站的内容呈现方式成为它们吸引用户的亮点,但依然存在诸多问题。一方面,视频内容来源依赖于传统媒体,民营综合视频网站掌握的视频资源相对有限,而且在这一阶段基本不具备内容自制的能力,只能发挥传播渠道的优势来吸引视频内容资源的"入驻";另一方面,相关的内容监管领域存在大量空白,版权问题在这一阶段并未得到充分的重视,甚至很多被侵权方(如电视台、影视公司等)也在一定程度上默许了自己的版权内容在新平台的传播,以获得更强的网络影响力。

二、用户规模的初步扩张

视频网站用户规模的扩张在这一阶段有突出的体现,整体来看有两方面原因:其一,互联网在这一阶段处于高速增长的时期,大量用户接入互联网,基础网民规模发展迅速;其二,网络视频这一新兴形态出现后,以独特的优势快速地吸引了大量用户。中国互联网信息中心发布的《中国互联网络发展状况统计报告》显示,截至2007年12月,中国整体网民数量达到2.1亿人,互联网普及率为16%。其中,通过宽带上网的有1.63亿人,占比为77.6%[①]。网民数量和宽带网民数量的增长是在线视频和中国互联网络应用得以成长的基础。同时,随着网络基础设施建设的深入和网络应用的日益丰富与完善,反过来也会吸引更多的受众加入网民的行列。

通过对比CNNIC第15次到第21次的《中国互联网络发展状况统计报告》,可见2005—2007年宽带网民数量的同比增长率分别为48.8%、40.6%、81.1%,同期整体网民数量增长比例分别为18.1%、23.4%、53.3%。通过对照两组数据,笔者发现2007年网民数量和宽带网民数量的增长突然提速。其中,2006年12月的普及率(10.5%)和2007年12月的普及率(16%)恰恰进入罗杰斯(E. M. Rogers)提出的"创新扩散曲线"中扩散加速普及率10%—20%的范围。在这一阶段,宽带网民数量的增长

[①] 第21次中国互联网络发展状况统计报告[EB/OL]. 中国网信网[2014-05-26]. http://www.cac.gov.cn/2014-05/26/c_126548652.htm.

率远高于同期整体网民数量的增长率,我国宽带网络的环境持续改善,网民用户体验不断优化,为需要大带宽的网络视频行业的发展提供了良好的基础条件。

在这样的背景下,互联网的使用开始呈现出大众化趋势。2004年底,中国网民中18—35岁的年轻人占比达到64.4%,大专及以上学历的人占57.7%①。到2007年底,网民中18—35岁的人群占比下降至60.9%,大专及以上学历的人群占比下降至36.2%②。同期,虽然居住在城镇的网民占总体网民的74.9%(1.57亿人),农村网民占25.1%,但农村网民同比上一年的增长率达到127.7%,远高于城镇网民的增长率(38.2%)③。互联网覆盖受众的年龄段日渐丰富,来自城镇的高学历年轻用户是较早接受互联网的初期用户群体。随着互联网的普及率越来越高,互联网受众呈现出明显的大众化趋势,为互联网新媒体的发展与普及奠定了重要基础。

网络视频是高速增长的互联网生态中的重要内容,能满足受众在休闲娱乐等方面的需求。作为一种独立的媒介形式,参与性是网络视频出现以来便伴生的天然特征。随着硬件与软件的同步改革创新,以及社会文化生活的内在要求,参与式文化的发展伴随网络视频的成长发生了多次形态演变,实现了由小众参与向大众参与的本质转化,成为驱使网络视频进一步发展的作用力量④。用户群体的规模、用户参与互动的方式及基于此衍生出的网络社群与文化,均是视频网站成长的条件,也是视频网站发展历程的标记。"2006年12月,美国《时代》周刊把'2006年年度风云人物'颁给了'YOU——互联网上内容的所有使用者和创造者'……(因为)博客和视频将新闻事件呈现在其他人面前,而且呈现的方式常常比传统媒体更直接、更真实。"⑤"YOU"就是各种新兴互联网应用形态的用户,他们以开放

---

① 第15次中国互联网络发展状况统计报告[EB/OL]. 中国网信网[2014-05-26]. http://www.cac.gov.cn/2014-05/26/c_126548154.htm.
② 第21次中国互联网络发展状况统计报告[EB/OL]. 中国网信网[2014-05-26]. http://www.cac.gov.cn/2014-05/26/c_126548652.htm.
③ 同上。
④ 石颖,李博. 中国网络视频二十年:参与式文化驱动下的"起承转合"[J]. 新闻爱好者,2021(12):68.
⑤ 黄智军. 对网络视频信息传播发展的思考[J]. 新闻战线,2008(4):26.

的心态积极地拥抱互联网新媒体,并积极地参与网络视频的观看甚至生产实践之中,成为推动视频网站迅速发展的重要力量。

  CNNIC 的数据表明,2004 年 12 月,网民上网目的为"休闲娱乐"的占比 35.7%,排名第 2 位(位居榜首的是"获取信息",占比 39.1%),但报告并未就"休闲娱乐"的内容展开详细阐述①。2005 年 12 月,在"网民经常使用的网络服务/功能"的多项选择题中,37.1% 的网民选择"在线影视收看及下载(在线电视)",在所有选项中排第 8 位(前 7 位依次是"浏览新闻""搜索引擎""收发邮件""即时通信""论坛/BBS/讨论组等""获取信息""在线音乐收听及下载")②。2006 年 12 月,同样是在"网民经常使用的网络服务/功能"的多项选择题中,36.3% 的网民选择了"在线影视收看及下载(在线电视)"。虽然这一选项的比例与上一年相比略有下降,但在所有选项中的排名提升了两位,升至第 6 位③。2007 年 7 月,CNNIC 发布第 20 次《中国互联网络发展状况统计报告》,文中首次用"网络影视"取代之前的"在线影视收看及下载(在线电视)"选项,明确将娱乐类网络应用分为网络音乐、网络影视、网络游戏。其中,网络影视以 61.1% 的网民使用率排名第 5 位[前 4 位分别为网络新闻(77.3%)、搜索引擎(74.8%)、即时通信(69.8%)、网络音乐(68.5%)]④。2007 年 12 月,网络影视的使用率攀升至 76.9%(1.6 亿人曾通过网络观看影视节目),排名也晋升为第 3 位[前两位分别为网络音乐(86.6%)、即时通信(81.4%)]⑤。网络影视及相关内容在多年调查中的比重持续增长说明用户对这一模式的认可不断提升,视频网站的用户规模在这一过程中也得到了快速扩张。

  综上,视频网站在这一阶段开始以独立的正规化公司形式成立并开展

---

① 第 15 次中国互联网络发展状况统计报告[EB/OL]. 中国网信网[2014-05-26]. http://www.cac.gov.cn/2014-05/26/c_126548154.htm.
② 第 17 次中国互联网络发展状况统计报告[EB/OL]. 中国网信网[2014-05-26]. http://www.cac.gov.cn/2014-05/26/c_126548176.htm.
③ 第 19 次中国互联网络发展状况统计报告[EB/OL]. 中国网信网[2014-05-26]. http://www.cac.gov.cn/2014-05/26/c_126548288.htm.
④ 第 20 次中国互联网络发展状况统计报告[EB/OL]. 中国网信网[2014-05-26]. http://www.cac.gov.cn/2014-05/26/c_126548293.htm.
⑤ 第 21 次中国互联网络发展状况统计报告[EB/OL]. 中国网信网[2014-05-26]. http://www.cac.gov.cn/2014-05/26/c_126548652.htm.

运营,以优酷、土豆、乐视等为代表的公司将视频网站作为自身的主要业务形态,探索网络视频的商业模式。独特的视频内容形式成为视频网站在互联网高速普及和发展时期的业务亮点,也成为这一时期互联网发展模式创新与应用的典型代表,得到受众的喜爱与认可,并在很短的时间内获得了大量用户资源。但是,在营收层面,视频网站在本阶段尚未实现有效的突破。用户层面的高速增长成为视频网站成长过程中必要的基础性积累,是未来实现营收创新和盈利的重要基础。不过,在初期的积累过程中,视频网站虽然借用了传统电视媒体的广告盈利模式,也有部分视频网站基于内容销售实现了一定收益(如乐视网),但整体来看,它们取得的实质性营收的规模非常有限。视频网站的迅速崛起是这个阶段互联网行业的一个热点,促进了广电、电信行业新的革命,但视频行业的盈利模式并没有随着用户市场的增长而日渐明朗[1]。在这一阶段,视频网站的主要运营目标是通过内容资源吸引、扩大受众规模,进而得到投资方、资本市场的认可,以获得进一步的发展资金与支持。同时,通过尽量扩展更大规模的市场范围获得在未来转换成盈利与收益的可能性。所以,从媒介内生态的内容、用户、营收三个方面的关系与状况来看,本阶段视频网站生态呈现出一定的矛盾性:即一方面,在内容与用户层面取得了显著的进步;另一方面,在营收上并未取得实质性成果。这也说明视频网站的市场格局与发展路径具有长期性与复杂性的特征。

第二节 运营模式的初期探索

视频网站作为一个新兴媒介种群开始兴起,并在本阶段的媒介生态中形成一定的影响力,离不开一批代表性企业的不断开拓。这些创业企业充分发挥视频网站在传播渠道、内容呈现方式等方面的优势,不断扩大用户规模,逐步向着平台化的方向成长,视频网站由此成为媒介生态中富有活力的新兴力量。从媒介生态位的层面来看,诸多代表性企业的成长是视频

---

[1] 胡玲.视频网站的赢利空间探析[J].电视研究,2007(10):66.

网站在媒介生态中逐步形成自身定位的重要基础。如果说视频网站用户规模、市场份额的提升是它们在媒介生态中形成竞争力的前提,日渐清晰的对运营模式的探索则是确定它们在媒介生态格局中定位的重要基础。从具体市场竞争的层面来看,形成稳定的商业运营模式也是特定细分行业得以持续、健康发展的必要条件。这也是诸多行业或领域在初始阶段需要完成的目标与任务,否则,它们代表的行业、领域或赛道也难以获得资本市场的持续支持,逐步会被其他领域的创新者替代。反观视频网站在探索期创新实践方面的价值,不仅在于涌现出大量有代表性的初创企业,正是它们初步奠定了后续多年间行业竞争的基本格局。更重要的是,在这一过程中,这些企业迅速完成了自身对运营模式的有效探索,共同支撑起视频网站这一领域的多元运营模式,为行业的持续发展,为提升自身在媒介生态格局中的竞争力打下了坚实的基础。

为了能够获得更大规模的用户群体,在视频网站竞争格局中抢占先机,并尽快实现盈利等目标,各家视频网站均在运营模式的探索中投入了大量资源。当然,基于媒介生态发展的视角,在不同视频网站之间的竞争和产业种群的互动过程中,对视频网站运营模式的探索不仅体现为对内部组织架构、资源配置方式的调整,也体现为不同运营主体、各个企业之间关系的调整。例如,上述为筹备北京奥运会转播而成立的"345 传播大平台"便体现了多元形态、多元属性运营主体关系的整合,发起单位之一的华奥星空有深厚的官方背景。华奥星空由中华全国体育总会、中国奥委会和香港中信泰富集团所有,是一个国际宽带综合性体育服务大平台。该平台建有国内最大、最专业的体育网站,有独家的体育信息资源,还与中国体育报业总社和电视媒体等传统媒体有紧密的战略合作关系[1]。当然,这是各竞争主体面向统一目标,基于合作去探索如何发挥网络视频新形态在奥运转播中的积极作用。此外,竞争是各个视频网站日常运营的主题,多家主体均在积极地探索有效的网络视频运营模式,努力提升用户规模和市场占有率。因此,对各家企业运营模式探索实践的分析成为把握这一阶段视频网站媒介生态发展的有效切入点。2006 年 10 月,谷歌以 16.5 亿美元收购

---

[1] 赵明.网站视频出击奥运 剑指央视?[N].中国经济时报,2004-06-10(2).

YouTube,此类成功案例在中国民营综合视频网站中起到了巨大的激励作用。2006年前后,在线的民营综合视频网站超过300家[①]。截至2007年底,我国各类视频网站数量超过2万家,具有一定影响力的P2P播放软件超过200个[②]。其中,除了主打正版高清影视的乐视网之外,中国民营综合视频网站在探索期还是以新闻门户的视频网站、视频分享网站、P2P网络电视和脱胎于播放器的视频网站等类型为主。基于此,本节结合几家有代表性的企业的创业与探索历程,对视频网站运营模式进行深入分析。

一、正版影视剧模式的勃兴

乐视星空脱胎于贾跃亭控股的北京西伯尔通信科技有限公司的无线移动业务部,注册资本为5 000万元。其中,贾跃亭以非专利技术出资4 500万元,占注册资本的90%;西伯尔通信以货币出资490万元,占注册资本的9.8%;贾跃芳以货币出资10万元,占注册资本的0.2%。贾跃亭用于出资的非专利技术是他个人拥有的"无线流媒体平台及管理系统V1.0"(软著登字第027572号),含编解码技术软件和无线流媒体平台[③]。当时的公司法规定,非专利技术等作价入股有限责任公司不得超过注册资本的70%,但采用高新技术成果的情况除外。

乐视创始人贾跃亭1973年出生于山西省临汾市襄汾县的一个农民家庭,1995年毕业于山西省财政税务专科学校会计专业。他毕业后在垣曲县地方税务局做了1年的网络技术管理员,于1996年7月辞职下海,先后创办垣曲县卓越实业有限责任公司、太原市西伯尔电子工程有限公司(简称太原西伯尔)、山西西伯尔(后变更登记为山西西贝尔)通信科技公司。2003年,他创立北京西伯尔通信科技有限公司,并于2007年11月赴新加坡主板上市。在公司的招股说明书上,贾跃亭自称它是"首个在CDMA手机上推出视频娱乐功能的经销商",融资约2亿元。其间,2004年11月,西

---

① 陈世鸿. 视频网站集体遭遇滑铁卢?[J]. 传媒,2007(8):59—61.
② 董年初,熊艳红. 金融危机背景下的商业视频网站[J]. 传媒,2009(4):60.
③ 乐视网招股说明书[EB/OL]. 原创力文档[2017 - 08 - 10]. https://max.book118.com/html/2015/0703/20312942.shtm.

伯尔通信公司的无线移动业务部独立，成为北京乐视星空信息技术有限公司，并于2005年7月更名为乐视移动传媒科技（北京）有限公司。

与当时中国网络视频的主流模式不同，乐视网上线后便主打高清正版的长视频内容，并在版权分销、会员收费和广告等多个层面进行变现尝试。从之后中国网络视频的发展轨迹回看，乐视此时独辟蹊径，显示出贾跃亭对网络视频行业具有前瞻性的理解和灵敏的商业嗅觉。因为在2004年前后，网络数字版权的概念在国内尚未得到广泛重视，视频内容的网络版权保护机制也不太成熟，购买专门的网络版权价格很低。例如，81集的《武林外传》网络版权的售价仅为10万元，折合成单集仅千余元；2006年的《士兵突击》、2007年的《金婚》的网络版权单集均为3 000元。此外，当时网络版权的购买也深受制作公司（版权方）的欢迎，这为版权方提供了新的营收点和比较稳定的购买渠道。乐视便在这一背景下"囤积"了大量的影视剧版权。贾跃亭在接受媒体公开采访时曾表示，"乐视对版权的投入像是一个存钱的过程"，以朴素的"批发—零售"模式和大量的版权内容为基础，面向普通个人视频用户和其他视频平台销售正版影视剧，并在这一过程中灵活地运用"二次售卖"模式①，由此开始了中国民营综合视频网站的征程。2010年，乐视发布招股说明书，公布了它在2007—2009年的主营业务收入，分别为3 691.63万元、7 360.71万元、14 573.14万元。其中，向个人视频用户收取的"网络高清视频服务收入"分别为3 158.17万元、5 283.54万元、7 354.63万元；向广告主收取的"视频平台广告发布收入"分别为528万元、1 736.24万元、3 693.38万元；向其他视频平台收取的"网络视频版权分销收入"分别为5.04万元、340.93万元、1 268.62万元，"付费用户、广告主用户、版权分享用户"②是乐视营收的三大来源。乐视这种以正版影视剧内容为基础的模式，打通了影视剧生产商（版权方）、视频网站、个人用户、广告主、其他媒体之间的关联，以视频网站为中心逐步形成了比较清晰的产业链条，丰富了网络视频产业形态，具有较强的代表性。

---

① "二次售卖"模式指媒体先利用其内容吸引用户的关注，实现第一次售卖，再将用户的关注度二次售卖给广告主，完成商业变现的过程。这是媒体运营的经典盈利模式。
② 江怡曼.乐视网：收费之路能走多远？[N].第一财经日报，2010 - 08 - 21(A09).

二、资讯视频化模式的探索

　　与乐视由其他领域转入视频网站的运营不同（它几乎是"从零开始"的），新浪宽频、搜狐宽频的发展具有一定的前期基础。2004年底，新浪网和搜狐网作为当时中国领先的新闻门户网站分别成立了新浪宽频和搜狐宽频，为用户提供专门的视频下载和在线点播服务，平台呈现的视频内容主要以新闻资讯（大部分来自电视媒体）为主，辅以一些外购的综艺节目和体育赛事等版权内容。新浪宽频提出"立足精品战略，打造宽频门户"的理念，以"资讯＋服务＋娱乐"为特色，提供独家、优质、便捷、廉价的宽带互动视频服务，立志成为华人世界里最具影响力的资讯和娱乐中心。首先，背靠新浪网新闻门户的优势，新浪宽频在新闻资讯类视频信息的整合上独具一格，拥有中央电视台四十余档新闻类节目的网络传播授权，如《新闻联播》《新闻30分》《经济信息联播》《焦点访谈》《面对面》等。同时，它还会在第一时间推出大量的突发新闻视频。其次，新浪宽频在页面设计方面特别注重用户体验。例如，每当网友进入新浪宽频的各个栏目时，都能在页面右上侧看到一个"排行榜"。这是技术后台根据网友累计点击量进行自动排名生成的，对用户浏览视频内容起到一定的参考和指引作用。另外，除了依赖新浪母体获得丰富的国内娱乐资讯内容以外，新浪宽频还引进了港台地区的一些著名综艺节目，如《我猜我猜我猜猜猜》《综艺大哥大》《夜来女人香》，以及柏林电影节短片大赛、家庭滑稽录像等节目。这些内容对当时的国内用户具有较强的吸引力。新浪宽频引入综艺内容版权的模式与乐视经营正版影视内容的模式相似，但它资讯视频化的模式体现出一定的创新性。一方面，能够传承新浪网作为门户网站在前期新闻资讯、体育资讯传播领域积累的优势；另一方面，能够聚合中央电视台等广电媒体的资讯节目内容，更为有效地将现有的广电资讯和门户网站资讯方面的受众转化为新浪宽频视频资讯节目的用户，在与传统广电机构形成良性合作关系的基础上，实现经营模式的创新与市场规模的扩张。

　　搜狐宽频的运营理念与新浪宽频类似，除了承接搜狐网的视频资讯，也注重与传统广电机构的合作，在不具备足够的视频自制能力的前提下，通过合作获得更加丰富的视频内容。2005年7月5日,搜狐与上海文广东方宽频(SMGBB)结成全面战略合作伙伴关系,由东方宽频提供节目内容、搜狐提供网络视频技术与渠道,共同打造搜狐SMGBB频道。当时代表搜狐出席合作仪式的是时任搜狐副总裁李善友(日后自立门户创办了酷6网)。2006年9月2日,搜狐、NBA、新传体育(NBA官方互联网合作伙伴)在北京举行了三方战略合作新闻发布会,宣布搜狐作为NBA中文官方网站的全新合作伙伴,将直播未来一个赛季的24场比赛,姚明所在的火箭队的比赛是重点直播场次。新浪宽频作为当时主要的竞争对手迅速作出回应,2006年9月12日便宣布获得了从2006—2007赛季开始的连续三个赛季的欧洲冠军联赛全部场次(单赛季120场左右)的比赛视频直播和录播权,以及精彩射门集锦和欧足联官方出品的欧冠视频杂志节目的网络播放权,力求借助欧冠足球赛事和资讯节目吸引受众。当时,新浪与搜狐两个新闻门户在视频网站领域的竞争近乎白热化。

同样脱胎于新闻门户的视频网站还有凤凰视频。隶属于凤凰卫视传媒集团新媒体板块凤凰网旗下的凤凰移动台于2006年7月更名为凤凰视频,它继承了凤凰卫视的内容和调性,以"严肃新闻、多元内容、人文关怀、媒体品相"的姿态入局网络视频,将凤凰卫视集团旗下所有电视频道内容都分门别类地搬到了视频网站。

在这一阶段,多个资讯化视频网站兴起,不同视频网站之间、视频网站与母公司门户网站之间,以及视频网站与传统广电媒体之间均呈现出比较复杂的竞争与合作关系。但是,整体来看,资讯类的视频网站并非网络视频或整个互联网生态中的主要内容。一方面,资讯类视频网站仅仅是作为门户网站的一个板块,即视频资讯是作为图文互联网时代新闻门户的一个新内容、新板块。当时的读者(用户)习惯仍以阅读作为获取新闻资讯的主要手段,门户网站还提供同一内容的图文资讯版本,无形之中分流了资讯类网络视频节目的收视规模。另一方面,我国受众对于影视剧、综艺内容的需求仍相对较大,新闻资讯相较而言则显得小众,加之这一阶段传统报刊、广电媒体在新闻资讯传播中仍占据主要的市场份额,所以,内嵌于门户网站的资讯类视频网站仍面临较大的生存与发展压力。

三、视频分享网站的兴起

视频分享网站是一个免费提供视频上传、下载或在线观看,以及评论、分享、搜索等服务的视频聚合平台,上面的视频内容以 UGC 模式为主。这是中国网络视频发展初期的主流形式,代表性的网站有土豆网、56 网、优酷网、酷 6 网等。

(一)土豆网——全球最早上线的视频分享网站

中国视频分享网站的出现和发展早于西方发达国家,土豆网是世界上最早上线的视频分享网站之一。王微在 2004 年 10 月 19 日注册了 tudou.com 域名。2005 年 4 月 15 日,经过半年开发的土豆网正式上线。而美籍华人陈士骏(Steve Chen)和好友查德·赫利(Chad Hurley)、贾德·卡林姆(Jawed Karim)在 2005 年 2 月 15 日才注册了日后成为全球著名视频分享网站的 YouTube,同年 5 月才发布测试版。2013 年 3 月,王微在接受《华尔街日报》采访时表示,创办土豆网的灵感来自图片共享网站 Flickr。这款由加拿大 Ludicorp 公司开发的 App 是一款具备社交功能的线上相片管理和分享应用程序,于 2004 年 2 月上线,并在 2005 年 3 月被雅虎公司收购。除了为用户提供图片的上传分享、网络存储、标签分类、搜索等服务之外,Flickr 的社交功能也非常出色,用户之间可以用 Flickr Mail 通信,将喜爱的照片加入各自的收藏夹,还可以共享给其他用户。王微把 Flickr 的很多功能都移植到土豆网上,只是内容主体由图片变成了视频。

王微 1973 年出生于福建省福州市的一个医生家庭,高考落榜后在家赋闲两年。1992 年,19 岁的王微赴美留学,先后获得纽约市立大学斯塔滕岛学院(City University of New York: College of Staten Island)经济学学士学位、约翰斯·霍普金斯大学(Johns Hopkins University)计算机专业硕士学位、欧洲工商管理学院(INSEAD)法国枫丹白露校区 MBA 学位。他还曾在美国休斯卫星公司、贝塔斯曼集团等公司任职。2004 年 10 月,王微接触了 Podcast(播客),并对美国开源播客软件 iPodder 产生兴趣,随即产生了开发中文版 iPodder 的想法。但是,他很快发现 iPodder 只是订阅工具,内容来源依然是网站服务器,而大多数用户(博主)不可能自己去建一个网站。于是,王微决定参照 Flickr 的模式打造一个视频流媒体分享网站。2005 年 1 月,王微离开贝塔斯曼后租了一套民房,并开始创业之旅,启动资金是王微和朋友投入的 100 万元。

王微说:"我们做土豆,有两点东西从一开始就很清楚。一个是,我们生活在个人的时代。另一个,这是个视觉的时代。"①2005 年,土豆网上线前夜,王微坐在上海衡山路一家酒吧写下那句著名的土豆网宣传口号:"每个人都是生活的导演。"王微说:"这不是噱头,而是我们的信念,因为每个人的价值,在于他们的创造力。"②这一口号及理念日后成为传媒领域的经典。谈到彼时的竞争对手王微,时任优酷副总裁、总编辑朱向阳说:"他不像是一个资本家,或者商人,他和他的企业(土豆)都有着自由、随性的特性。土豆网一些小众的社群做得特别好,譬如动漫,拥有一批非常忠实的粉丝。但是在大众层面的影响力弱些。"③土豆网刚上线时,每天上传的视频仅为 5 条;半年后,土豆网就拥有 3 万部短片,其中 40% 还是音频,日访问人数(day active users,简称 DAU)仅 4 万人;2006 年 10 月,谷歌收购 YouTube 时,土豆网每天上传的音视频片段达到 4 000 余条,日点播量已达到 300 万人次④。

(二)我乐网——推出"UGC 分享+PGC 生产"的复合运营模式

在土豆网上线的第二天,我乐网(56.com)于 2005 年 4 月 16 日在广州上线,创始人周娟毕业于中国科学技术大学计算机专业,曾在网易工作六年,并成功运营了多个针对个人用户的重要产品,如网易个人主页、网易邮箱等,有深厚的互联网产品背景和丰富的网站运营经验。周娟在个人微博(@周娟_2015)上透露了花费几十万元成本购买"56.com"域名的原因:

---

① 姜继玲.土豆网 CEO 王微:我的创业 我做主[J].新前程,2009(8):25—29.
② 莫丰齐.土豆网 CEO 王微:冒险创业,率性快乐[J].名人传记(下半月),2012(1):28—30.
③ 此部分内容来自 2021 年 10 月 4 日笔者对时任优酷副总裁、总编辑朱向阳的电话采访。
④ 沈丹阳.土豆今天 15 岁了,可它像个"活死人"[EB/OL].界面新闻[2020-04-15].https://www.jiemian.com/article/4256654.html.

"一方面是因为之前在163(网易)的关系,数字域名好传播,一方面56谐音我乐,我希望无论做任何事情,都是能自己快乐,员工快乐,用户快乐。"基于这种理念,我乐网将宣传口号定为"分享视频,分享快乐"。值得强调的是,除了为用户提供上传 UGC 内容的平台以外,我乐网还精心打造自制内容品牌,包括《微播江湖》《音乐下午茶》《明星面对面》《大笑一方》《红人汇》等十余档自制的互联网综艺节目和精品微电影,成为国内较早将 UGC 分享和视频平台的 PGC 模式相结合的视频网站。这种复合型运营模式后来成了几乎所有民营综合视频网站的选择,包括之后成立的优酷网和酷6网。

(三)优酷网——打造互联网"拍客"的聚集地

优酷网的创始人古永锵拥有加利福尼亚大学伯克利分校经济学学士学位和斯坦福大学 MBA 学位,曾在贝恩咨询、富国投资和搜狐网任职。2000年,作为搜狐 CFO 的古永锵帮助公司在纳斯达克上市;2004年底,担任搜狐总裁的古永锵向搜狐董事局主席兼 CEO 的张朝阳提出离职,并明确表达了要创业的想法;2005年3月31日,他正式离开工作了6年的搜狐;2005年11月,古永锵以300万美元的启动资金注册成立了合一网络(优酷网的母公司),剑指网络视频。时任优酷副总裁朱向阳说:"一方面是因为 YouTube 视频分享模式的成功示范;另一方面是因为当时土豆并没有做到很大的、不可撼动的份额,中国的网络视频市场还没有经过充分的市场竞争,大家都还有机会。"[①]2006年6月21日,优酷网发布公测版;12月21日,上线正式版;2007年12月21日,在正式上线一周年之际,优酷网的日视频播放量率先突破1亿人次[②]。

在中国网络视频行业发展初期,优酷网和土豆网是闪耀的"双子星",土豆网诞生虽早,但优酷网有后来者居上之势。首先,优酷凭借几个社会热点事件迅速扩大了知名度和影响力。例如,2006年11月17日,某演员在仍处于公测期的优酷网上上传了两段内容极具争议的视频,在两三天的

---

① 此部分内容来自2021年10月4日笔者对时任优酷副总裁、总编辑朱向阳的电话采访。
② 此部分内容来自2021年10月31日笔者对时任优酷营销副总裁魏明的电话采访。

时间里获得836万人次的播放量和7 000多条评论①;2007年,优酷提出"拍客无处不在"的宣传口号,并经过多次主题视频接力和开展训练营等活动成为互联网拍客的聚集地;同年3月,沈阳遭遇1951年有完整气象记录以来最严重的暴风雪和寒潮天气,交通瘫痪,记者难以进城拍摄,优酷网用户上传的视频片段成为各大媒体报道大雪的主要素材,甚至被中央电视台引用;2008年5月12日,汶川发生地震后的第一时间就有网友将各地震区域的情况上传到优酷网,引发了全网关注。类似的热点事件还有重庆最牛钉子户事件、"老人与狗"事件等,优酷网对社会新闻的高度敏感和娴熟的新闻事件处理手法与众多成员都曾司职新闻门户网站的经历有关。朱向阳说:"我们不跟电视媒体的记者形成竞争,我们更加关注小人物的命运。"优酷拍客多样化、平民化的视角为大众了解事件真相提供了窗口,网络平台的强互动也为用户参与社会热门事件的讨论提供了平台,激发了用户参与视频内容生产与上传的积极性。其次,优酷网非常注重优化用户观看视频的体验。朱向阳说道:"内容全、画质好、流畅是当时用户看视频的主要需求,我们与最多的电视媒体合作获得视频内容,并从多方面吸引用户上传视频;购买足量的带宽、优化CDN(content delivery network,即内容分发网络)布局;在搜索、页面布局、猜你喜欢等方面进行后台优化,确保画质好的、有意思的内容可以优先展示。"②站在用户观看视频的视角而不是从创作者出发,是优酷网有别于土豆网的一个关键点。再次,优酷网(或者说古永锵)强大的融资能力为网站持续、稳定的发展提供了保障。截至2010年12月在纽约证券交易所上市,优酷网获六轮融资,共1.57亿美元和1 000万美元设备贷款,无论是融资的总规模还是速度都超过了土豆网。最后,古永锵推行"一人一口""合作第一"的企业文化,力求激发创业型组织最大限度地发挥潜能。他对内讲究人人平等和员工之间关系的简单化,包括古永锵在内,所有员工的办公面积一样大,而且"全员持股,跟搜狐一开始时一样,前台都有期权"③;对外强调合作共赢,广交朋友,百度、盛大、

---

① 李宗陶.优酷老板古永锵[N].南方人物周刊,2006(12):23.
② 此部分内容来自2021年10月4日笔者对时任优酷副总裁、总编辑朱向阳的电话采访。
③ 梁伟.古永锵 挖到"成熟"的土豆[N].中华儿女,2012(7):60—64.

迅雷和众多电视台都成为优酷网的深度合作对象①。

（四）酷 6 网——打造用户参与广告制作和传播的 UGA 营销模式

与优酷网几乎在同一时期(2006 年 7 月)上线公测的民营综合视频网站还有酷 6 网。在土豆网和优酷网竞争的过程中，酷 6 网一直比较稳定地保持着行业第三的排名。酷 6 网的创始人李善友曾与古永锵在搜狐有 4 年半时间的交集。2000 年 10 月，李善友加盟搜狐，任人力资源部总监，主导了搜狐与 ChinaRen 合并过程中的团队与文化融合工作。2001 年 10 月，他开始掌管搜狐新闻中心，担任总编辑，带领搜狐新闻板块崛起。2002 年 7 月，他升任搜狐副总裁，2005 年升任搜狐高级副总裁。2006 年 4 月，李善友离开搜狐后，只用了 3 个月就推出酷 6 网的测试版。2006 年 9 月，酷 6 网提出 UGA(user generated advertisement)的营销模式，即由平台组织、发起，用户在自己拍摄、上传的原创视频中依据客户要求植入品牌（产品）要素，并可以按视频播放量等指标获得分成收益。

在这段时期出现的比较有代表性的视频分享网站还有 2006 年 5 月上线的六间房、2007 年 6 月成立的 AcFun 等。前者除了短视频之外，还主打才艺直播，上线后不久即宣布签约《一个馒头引发的血案》的作者，即凭借"恶搞"陈凯歌电影《无极》而晋级一线网红的胡戈，引发一时关注；后者则立足于建立原生内容二次创作的生态系统，是中国视频网站"弹幕模式"的发源地。

四、P2P 网络电视的起步

PPLive 的创始人姚欣 1980 年出生于河南省郑州市，1999 年被保送到华中理工大学（现华中科技大学）计算机专业。他酷爱看球，但学校的寝室里没有电视机，2002 年世界杯时，他们"只好 15 个兄弟租一个宾馆房间看球"②。为了能在寝室的电脑上看球，姚欣结合自己的专业开始研发网络

---

① 梁伟. 古永锵 挖到"成熟"的土豆[N]. 中华儿女，2012(7)：60—64.
② 苏玲，朱俊刚. 姚欣：看球梦想，点燃 PPLive[J]. 软件工程师，2007(1)：48—50.

电视软件。2004年底,他在读研期间完成PPLive 1.0后,便休学投入项目创业。2005年2月,PPLive正式上线。基于P2P计算技术的PPLive使用者越多,节目就会越流畅,姚欣攻克了网络视频传输对服务器带宽的强依赖性,在华中理工大学校内网和武汉地区教育网测试成功①。2005年5月,上海聚力传媒注册成立,并陆续给包括上海文广、凤凰卫视等在内的多家电视媒体提供视频上网的技术支持②。同时,聚力传媒还免费拿到了《2005超级女声》的海外直播版权,总决赛时创下了50万人同时在线、3个多小时连续直播的纪录③。2006年初,姚欣拿到了来自软银中国和蓝驰创投的500万美元融资④。同年3月,姚欣在接受太平洋电脑网的专访时透露,PPLive的名字来自他坚信的"P2P change your lives"这句话。同时,P2P理念中的"共赢、平等、互助、激情、坚韧"也渗透进聚力传媒的血液中。通过对P2P技术的改良,以及在安全性和数字版权保护技术方面的改进,PPLive希望可以成为一个用户喜爱、运营商支持、节目的版权方充分信任的平台⑤。

  2005年6月,另一款基于P2P计算技术的网络电视软件PPStream(简称PPS)上线。在中国视频网站发展的探索期,如果说优酷网和土豆网是视频分享网站的"双子星",PPLive、PPStream就是P2P网络电视的"双骄"。PPStream由雷量和张洪禹联合研发推出,2005年9月,来自台湾地区的职业经理人徐伟峰加入后,PPStream正式进入商业运营阶段。三位联合创始人携手,实现了网络电视行业的用户和广告主的开拓,成为客户端类网络视频的领导者。1999年,雷量大学毕业后在很多方向尝试过创业,但都没有成功。2004年,他遇到从哈尔滨师范大学退学的张洪禹后,两人基于P2P技术合作研发了音乐搜索软件MP3猎手,获得当年由中国雅虎和3721举办的软件设计大赛一等奖⑥。2005年,由于身体原因短暂

---

① 苏玲,朱俊刚.姚欣:看球梦想,点燃PPLive[J].软件工程师,2007(1):48—50.
② 黄逸秋.PPLive成长史[J].传媒,2009(5):8—10.
③ 肖恩.PPLive:为P2P流媒体"帝国"奠基[J].上海信息化,2007(7):74—77.
④ 黄逸秋.PPLive成长史[J].传媒,2009(5):8—10.
⑤ 肖恩.PPLive:为P2P流媒体"帝国"奠基[J].上海信息化,2007(7):74—77.
⑥ 陶美坤.网络英雄:拒绝了Yahoo成就了PPStream[EB/OL].新浪网[2007-08-02]. http://tech.sina.com.cn/i/2007-08-02/14461653411.shtml.

离开的张洪禹回归,并重拾 P2P 技术的软件开发。同年 6 月,第一版 PPStream 正式上线测试,上线数小时后就有 97 人在线。雷量说:"很激动,在那个时候对我们是很大的鼓励,当时立刻上去电脑城买电视转接卡,因为那时候正在放欧冠,我们要快些把电视视频转接到网上发布。"①三个月后,PPS 同时在线人数达到 2 万人,不到半年的时间这一数据就突破了 38 万人②。2006 年初,PPS 协助新浪推出视频栏目。2006 年 5 月,PPS 击败竞争者成为上海文广转播世界杯的独家技术合作伙伴③,之后又击败所有对手成为 CCTV 互联网视频直播的技术服务方。同时,NBA 赛事的网络转播也正式落户 PPS④。2007 年,PPS 与《人民日报》正式合作,运营人民宽频。2007 年底,PPS 在全球知名的《红鲱鱼》(Red Herring)年度评选中获得"2007 年度亚洲百强企业"称号。这是当时中国互联网企业获得的为数不多的一个世界级荣誉。时任 PPS 营销副总裁蒋先福说:"P2P 技术很好地解决了在当时的带宽环境下高清视频的在线流畅播放问题,用户体验做得很好,再加上当时没什么网络版权的概念(存在大量盗版内容),日活用户规模很快就过了千万。"⑤

不同于优酷网、土豆网网页端视频媒体的模式,PPS 属于客户端类型的视频网站,更具工具属性,广告点击率更高,所以深受游戏、电商、团购等对流量和转化有强需求的客户欢迎。

五、网络视频播放器的演化

2007 年,两家具有代表性的基于播放器实现平台化运营的视频网站成立,分别是暴风影音(1 月成立)和快播(12 月成立)。暴风影音软件早在 2003 年就由创始人周胜军推出,2007 年 1 月被冯鑫收购后成立了北京暴风网际科技有限公司。2007 年 3 月,暴风科技又收购了另一个知名的视

---

① 陶嘉.雷量 梦想创业者典范[EB/OL].世界经理人[2010-07-12]. http://www.ceconline.com/mycareer/ma/8800056679/01/.
② 刘艳丽. P2P 流媒体的应用与发展[D].北京:北京邮电大学,硕士学位论文,2007:16.
③ 虞南.PPS 的三人行[N].21 世纪经济报道,2008-01-23(22).
④ 同上.
⑤ 此部分内容来自 2021 年 11 月 30 日笔者对时任 PPS 营销副总裁蒋先福的电话采访。

频播放器超级解霸,成为PC互联网播放器市场的霸主。快播是王欣的第二次创业,在2007年12月正式推出。它搭载P2P技术和大量"踩红线"的内容野蛮成长,在2011年成为市场占有率第一的播放器。这两家公司在中国网络视频发展历程中均留下了略显"悲壮"的色彩。前者成为较早在创业板上市的互联网企业,但因盲目扩张、并购引发危机而退市;后者一度成为市场占有率第一的视频播放器,但因涉及盗版和传播色情淫秽视频内容被关停,创始人王欣被检察机关公诉。

作为工具的播放器在解析播放本地的视频文件的基础上增加视频内容源(链接),从而为用户提供完整的在线视频内容点播服务,完成从视频播放工具到视频平台的商业延展。作为工具,受限于视频内容下载的条件,存在用户使用频率低、忠诚度不高的问题,广告空间也有限。对于平台而言,追求的是更强的用户黏性、更大的品牌效应,以及更大的广告空间和商业价值。在网络视频版权保护还不成熟的行业发展初期,内容获取成本较低,甚至是"零成本",平台的视频集成功能能够为用户提供海量的视频资源,使大量用户"免费"收看视频节目。再加上P2P技术与播放器图像解析技术的先进性,平台能够确保用户有良好的收视体验,进而快速地获取用户。所以,暂不论当时的视频内容在版权方面存在的问题,播放器从视频播放工具到网络视频平台的发展确实丰富了视频网站的运营模式。

第三节 技术驱动作用的凸显与政策规制的启动

为了更清晰、科学地认识中国民营综合视频网站这一新生的媒介种群在发展初期的特点与问题,笔者从媒介外生态层面对驱动要素加以审视,并思考它们如何引导这一新兴行业健康、有序地发展。驱动要素主要包括技术、政策、资本,三者在中国视频网站发展的探索期发挥了重要作用。首先,通过前文对视频网站运营模式的论述可知,技术的进步与应用是视频网站运营模式创新与发展的基础,其作用不言而喻。其次,视频网站在发展初期面临诸多监管空白。例如,快播侵权事件便是在这种背景下产生的,为了短期利益而忽视法律底线是它运营失败的根本原因。由于行业探索期相关政策(或政策执行)的暂时缺位,监管方和被监管方对彼此的业务范围和尺度的把握都需要一个相互熟悉和适应的过程。例如,PPLive创始人姚欣曾困惑地说:"对视频网站的监管,一直是很模糊的,……我们宣传也不敢宣传,探索也不敢探索,没有办法施展开手脚,这是个令人头疼的事情。"①姚欣的困惑来自两个层面:一是不知道主管部门"挂靠在哪里",因为网络视频曾经是"广电总局与工信部竞争与合作的一块管理'公地'"②;二是对监管尺度的把握不准,因为广电总局在网络视频的发展初期采取了"相对放手"的策略。虽然"广电总局颁布了不少原则性的限令和禁令,但是对明知故犯的行为却无暇追踪或者无力处理"③,所以政策规制的调整是新兴行业发展中必不可少的内容。最后,资本虽然在视频网站的兴起阶段有重要作用,如优酷网比土豆网抢先上市是它掌握竞争先机、扭转竞争格局的关键,但民营综合视频网站前期的资本大部分来自海外(通过VIE结构,即variable interest entities)。此外,大部分企业在资本运营层面还在天使轮阶段,资本要素的作用形态在这一阶段相对单一,所以此处不赘述资本这一要素及其作用。本节主要从技术和政策两方面对这一阶段视频网站发展的媒介外生态层面的特点予以分析。

一、技术基础驱动作用的凸显

"技术是人类为了满足某种需要而人为规定的物质、能量或信息的稳定的变换方式及其对象化的结果,是实现人的目的的一种手段。"④技术是人类在持续认识世界、改造世界的过程中不可或缺的基本因素,它的更新与迭代推动着社会的发展与进步。自人类在21世纪进入第四次工业革命以来,技术驱动的社会变革越发显著,不同行业和市场之间的边界不断被打破,行业运营规则不断被颠覆。库兹韦尔(Ray Kurzweil)将其称为加速

---

① 黄逸秋.PPLive成长史[J].传媒,2009(5):8—10.
② 郭镇之.新型电视:中国网络视频的传播[J].兰州大学学报(社会科学版),2016(6):29—39.
③ 同上.
④ [美]布莱恩·阿瑟.技术的本质:技术是什么,它是如何进化的[M].曹东溟,王健,译.经典版.杭州:浙江人民出版社,2018:26.

回报定律,即技术变革以指数级形式在发展①。

媒介发展也是如此,从报刊到广播电视,再到互联网,技术推动着媒介形态和运营逻辑发生变革,对既有的媒介生态产生了深远影响。网络视频是一种利用计算机互联网络传播视频内容的媒体类型。计算机互联网络是将多台计算机(智能终端)连接起来,实现资源共享和信息传递的网络系统②。互联网技术的发展是网络视频诞生的前提,其中的多媒体技术、流媒体技术、宽带网络技术、内容分发网络技术等是推动网络视频落地的基础。在此,笔者结合这几种在网络视频形成与发展中具有重要作用的技术类型,总结宏观层面技术要素对视频网站生态演化的影响。

第一,流媒体技术助力视频网站实现了视频内容的边传边播。流媒体技术(streaming media technology)是"把连续的影音信息经压缩处理后放到网络服务器上,让浏览者不需要等到下载完成,就可一边下载一边观赏"③的技术。实现流式传输有顺序流式传输(progressive streaming)和实时流式传输④(realtime streaming)两种方法。前者是顺序下载,用户只能看已下载的部分,适合高质量的短片段视频;后者是实时传送,支持随机访问,可快进或倒退,但须匹配相应的连接带宽,否则会影响视频质量⑤。与传统的下载—回放(download-playback)方式(用户需要花费较长的时间等待多媒体数据全部下载到本地后才能播放)不同,用户在智能终端基于流媒体技术仅需将网络上特定音视频内容起始几秒的数据先下载到本地的缓冲区即可开始播放,后续数据会自动源源不断地输入缓冲区⑥,大大减少了使用时延,降低了媒介存储空间的成本,使用户获得"即点即播"的体验。

第二,宽带网络技术的推广提升了视频网站的播放流畅度。业内通常以56kbps为界,将低于此速率接入的称为窄带,将高于此速率接入的称为

---

① 严三九.融合生态、价值共创与深度赋能——未来媒体发展的核心逻辑[J].新闻与传播研究,2019(6):5—15,126.
② 张爱正.计算机网络信息安全[J].网友世界,2013(1):2.
③ 杨戈,廖建新,朱晓民,等.流媒体分发系统关键技术综述[J].电子学报,2009(1):137—145.
④ 崔喆.流媒体传输方式及比对[J].网管员世界,2006(9):2.
⑤ 宋刚,杨显富.实时流媒体传输及其协议[J].成都大学学报(自然科学版),2005(1):28—31.
⑥ 王明祥.流媒体技术及其系统的组成[J].西部广播电视,2007(4):2—4.

宽带。宽带网络可分为传输网络[以 SDH（synchronous digital Hierarchy,同步数字体系）为基础的大容量光纤网络]、交换网络[采用 ATM(asynchronous transfer mode,异步传输模式)技术的综合业务数字网]和接入网络(光纤接入、无线接入等)三部分；宽带网络技术也由此分为宽带传输技术、宽带交换技术和宽带接入技术三部分[1]。带宽是宽带网络的标尺指标,是单位时间内能够在线路上传送的数据量。视频网站一般都租用大带宽的服务器,分共享和独享两种。前者以机柜为单位接入额定的带宽总量,机柜里的多台服务器共同使用带宽额度；后者以服务器为单位接入额定的带宽容量,不与机柜内的其他服务器分享。宽带互联网技术是网络视频由下载—观看到在线观看的关键,信息传输速度的进步改变了网络视频的形态,宽带互联网的逐步普及成为视频网站使用率不断提高的重要基础。视频内容传播对带宽资源的需求远远大于传统图文传播,所以在视频网站兴起阶段,视频播放过程中经常出现卡顿现象。正是宽带互联网的发展突破了视频网站运营的传输瓶颈,大幅提升了视频网站内容播放的流畅度。

第三,P2P 网络技术降低了视频网站带宽的成本。P2P 是"伙伴对伙伴""对等网络"(peer-to-peer)的意思,"P2P 计算技术为加入 Internet 的各种资源……在广域的范围内实现了对数据信息、存储空间、计算能力、功能组件、通信资源的充分利用"[2]。P2P 网络电视是基于网络流媒体技术和 P2P 计算技术提供视频(主要是电视节目)的在线直播、点播服务,并且必须使用专用播放器软件才能实现的收看[3],包括客户端和网页在线两种方式。P2P 网络电视一般使用超级对等点作为服务器,客户节点以网状模式连接到一个超级对等点上,主要代表有 PPLive（后更名为 PPTV)、PPStream 等。P2P 不同于互联网常见的用户/服务器（Client/Server)通信模式,它没有中心节点,充分利用安装了同类(甚至异构)软件的个人电脑的闲置内存和磁盘空间,将计算分散到多台电脑共同完成,有效地降低

---

[1] 雷建斌,刘加彬,葛乃康.光纤接入网及其网管的设计与实现[J].邮电商情,1999(7):3.
[2] 陈贵海,李振华.对等网络:结构、应用与设计[M].北京:清华大学出版社,2007:21.
[3] 戚战锋,何楠,刘晓莉.基于 P2P 技术的网络电视实现方法——PPLive 原理与分析[C]//2008 年中国高等通信类院系学术研讨会论文集(下册),2009.

了数据传输对带宽的依赖,并提升了传输速度,实现了同时观看的人越多播放越流畅的效果①。P2P网络的分布特征是多节点复制信息,这增加了系统应对故障的能力,也使视频内容的"复制本"能更轻易地被分享(这也是P2P网络平台产生盗版泛滥问题的原因)。

第四,内容分发网络技术的应用可以优化视频点播效率。内容分发网络(content distribution network,简称CDN)是一种可以提高网络信息特别是流媒体内容传输质量且节省骨干网络带宽的技术②。CDN架构主要由安装在中心机房的负责CDN网管中心和域名系统(domain name system,简称DNS)重定向解析中心的中心节点,以及分布在世界各地的由高速缓冲存储器和负载均衡器等边缘节点构成③。当用户访问网站时,域名解析请求到达中心节点,全局负载均衡DNS将当时距离用户最近、服务质量最好的节点地址提供给用户,使用户能够得到快捷的服务④。后来,CDN融合P2P技术的PCDN(P2P CDN的简称)被广泛应用,是一种更节省带宽且流畅的高质量(流媒体)数据传输技术⑤。

二、政策对网络视频发展初期乱象的规制

视频网站作为一种新兴的媒介形态,在发展初期出现了诸多乱象。技术虽然是一种中性的媒介生态要素,但在行业诞生及初步扩张的发展过程中,由于缺乏相应的规制,它便成为视频网站企业扩张市场规模、探索盈利模式、扩大利润空间的工具,成为助推视频网站媒介生态"无序"发展的重要因素。为了引导行业健康有序地发展,我们需要从政策层面作出及时的调整和规制,这在网络视频媒介生态中具有举足轻重的作用,技术与政策的互动和博弈将贯穿视频网站发展的全过程。

视频网站在发展初期面临的政策环境相对宽松,特别是在视频内容传

---

① 韩志杰. 基于P2P的流媒体若干关键技术研究[D]. 苏州:苏州大学,博士学位论文,2009.
② 杨戈,廖建新,朱晓民,等. 流媒体分发系统关键技术综述[J]. 电子学报,2009(1):137—145.
③ 同上.
④ 同上.
⑤ 马轶慧,王洪波,程时端. P2P和CDN技术融合实现流媒体业务[J]. 信息通信技术,2008(6):6—12.

播主体的资格、版权、信息内容等方面均出现过监管的"空白"区域,这也是行业初期多种问题甚至是乱象频出的原因。2006年12月17日,中央电视台一套的《新闻30分》节目报道了视频网站用户上传的自拍视频涉及色情、暴力的内容。六间房创始人刘岩接受记者采访时说:"从网站运营的角度看,色情、暴力的内容对聚集流量确实是非常直接的手段。"①但是,随着政策规制的加强和引导方向的转变,刚刚兴起的网络视频行业也呈现出调整和变动,政策规制成为媒介生态探索期影响民营视频网站行业格局变化的重要变量。在此,笔者结合本阶段与视频网站相关的政策监管主要内容展开深入分析。

第一,优化监管政策,确保可管可控。2004年9月,《中共中央关于加强党的执政能力建设的决定》强调,"要高度重视互联网等新型传媒对社会舆论的影响,加快建立法律法规、行政监管、行业自律、技术保障相结合的管理体制"②。2007年1月23日,胡锦涛在中共中央政治局第38次集体学习时系统、全面地阐述了对互联网管理的基本思路。首先是媒体属性,要"掌握网上舆论主导权";其次,要推动其产业化的发展,"提高网络文化产业的规模化、专业化水平";最后,要"净化网络环境","依法管理、科学管理"③。胡锦涛多次强调加强对互联网的管理。例如,2007年4月23日,他在主持政治局会议时指出,"坚持把社会效益放在首位,坚持一手抓建设、一手抓管理"④;2008年6月20日,他在人民日报社考察工作时指出,"高度重视互联网的建设、运用、管理,努力使互联网成为传播社会主义先进文化的前沿阵地、提供公共文化服务的有效平台、促进人们精神生活健康发展的广阔空间"⑤。胡锦涛关于互联网双重属性(媒体属性和产业属性)的论断奠定了包括民营综合视频网站在内的互联网媒介的行政监管基

---

① 尹强."视频上传"流行网络,引发监管争议[EB/OL].央视网[2006-12-17].http://news.cctv.com/society/20061217/100632.shtml.

② 中共中央关于加强党的执政能力建设的决定[EB/OL].中华人民共和国中央人民政府网站[2008-08-20].http://www.gov.cn/2008-08/20/content_1075279.htm.

③ 胡锦涛:以创新的精神加强网络文化建设和管理[EB/OL].中华人民共和国中央人民政府网站[2007-10-10].http://www.gov.cn/test/2007-10/10/content_773145.htm.

④ 新华社.胡锦涛主持政治局会议 研究加强网络文化建设等[EB/OL].中国经济网[2007-04-23].http://www.ce.cn/xwzx/gnsz/szyw/200704/23/t20070423_11137277.shtml.

⑤ 胡锦涛.在人民日报社考察工作时的讲话[N].人民日报,2008-06-21(1).

调:媒体属性要求净化网络环境、占领舆论阵地;产业属性要求引入市场机制、做好政策引导、做大做强。

第二,多部委协调配合,共同监管。视频网站的运营范围涉及工信部、文化部、广电总局等部门的管理内容。因此,对网络视频的监管一方面需要不同部门制定针对性的策略,另一方面需要加强不同部门之间的协调与合作,共同解决新兴行业发展中出现的新问题。除了现有的管理政策中存在部分适用于视频网站监管的内容,不同部门还制定了多个新的管理政策与办法,对视频网站运营实践予以管理。例如,工信部根据《中华人民共和国电信条例》《电信业务经营许可管理办法》《互联网信息服务管理办法》等条例、办法,规定互联网企业开展经营性网络视听节目服务的(具体包括通过用户收费、电子商务、广告、赞助等方式获取利益)应当依法办理增值电信业务经营许可证;文化部根据《互联网文化管理暂行规定》等文件内容,规定互联网企业开展网络视听节目等经营性网络文化活动的应当依法办理《网络文化经营许可证》;广电总局作为网络视听节目的主要监管部门,对视频网站播出的内容(包括电视剧、综艺节目、电影等)进行全面监管,广电总局在2007年底联合多部委发布的《互联网视听节目服务管理规定》是目前我国网络视听节目行业准入的主要法律依据[1];公安部、国家版权局分别在清理色情、暴力等低俗内容和打击盗版等工作中发挥主导的监督和管理作用。可见,不同部门之间的协调与合作的监管成为网络视频监管工作的常态。当然,在具体的监管过程中难免仍然存在归口不清晰、相互牵制等情况。

第三,对网络视频主体资质的监管。对视频网站申办主体资质的市场准入和业务分类许可制度是整个互联网视听节目监管工作的源头和抓手。2004年6月15日,广电总局通过的《互联网等信息网络传播视听节目管理办法》第一次提出从事信息网络传播视听节目业务应取得《信息网络传播视听节目许可证》(业内俗称视频牌照)。"申请机构应向所在地县级以上广播电视行政部门提出,经逐级审核同意后,报广电总局审批,申请视频牌

---

[1] 因国务院机构改革,国家广播电影电视总局在2013年与新闻出版总署进行职责整合,组建了国家新闻出版广播电影电视总局,2018年又剥离新闻出版和电影管理业务,成立国家广播电视总局。为了行文方便,本书统一简称其为广电总局。特此说明。

照,应当符合国家规定的行业规范和技术标准;拥有符合国家规定的视听节目资源、技术能力和网络资源;以及有健全的节目内容审查制度、播出管理制度等"①。同时,《互联网等信息网络传播视听节目管理办法》明确规定,外资、中外合资(合作)机构不得从事信息网络传播视听节目业务。当时的多家民营综合视频网站有外资背景,但均通过搭建 VIE 结构规避了准入监管。不过,这个政府默许的窗口期并没有持续太久。此外,在中国运营的视频网站还需要获得《中华人民共和国电信与信息服务业务经营许可证》(简称 ICP 许可证)和《网络文化经营许可证》;如果自制视频节目,还要申请《广播电视节目制作许可证》。

　　第四,对网络视频内容的监管。对视频网站播出内容的监管是以广电总局为主的国家多部委的监管重点,早在 2004 年广电总局制定的《互联网等信息网络传播视听节目管理办法》中,第十九条明确禁止通过信息网络传播含有以下内容的视听节目:第一,反对宪法确定的基本原则;第二,危害国家统一、主权和领土完整;第三,泄露国家秘密、危害国家安全或者损害国家荣誉和利益;第四,煽动民族仇恨、民族歧视,破坏民族团结,或者侵害民族风俗、习惯;第五,宣扬邪教、迷信;第六,扰乱社会秩序,破坏社会稳定;第七,宣扬淫秽、赌博、暴力或者教唆犯罪;第八,侮辱或者诽谤他人,侵害他人合法权益;第九,危害社会公德或者民族优秀文化传统;第十,被法律、行政法规和国家规定禁止的其他内容②。这一阶段相关部门对视频网站内容的监管可以概括为以下三个方面。

　　首先是对网络新闻视频源的严格管控,"限于境内广播电台、电视台、广播电视台以及经批准的新闻网站制作、播放的节目"③;"申请设立互联网新闻信息服务组织应报国务院新闻办公室审批"④。尤其是用于网络传播的"时政类新闻信息,包括有关政治、经济、军事、外交等社会公共事务的

---

① 互联网等信息网络传播视听节目管理办法[J]. 中华人民共和国国务院公报,2005(17):33—36.
② 同上.
③ 同上.
④ 互联网新闻信息服务管理规定[EB/OL]. 中华人民共和国中央人民政府网站[2005 - 09 - 29]. http://www.gov.cn/flfg/2005-09/29/content_73270.htm.

报道、评论,以及有关社会突发事件的报道、评论"①,"应当是地(市)级以上广播电台、电视台制作、播出的节目和中央新闻单位网站登载的时政类视听新闻节目"②。此外,针对涉及用户上传内容的视频分享网站,进一步规定"互联网视听节目服务单位不得允许个人上载时政类视听新闻节目"③。新闻报道是党和国家管理社会意识形态的主要宣传抓手,发挥着耳目喉舌的作用,所以新闻视频的网络传播在传播主体资质、传播渠道和范围等方面一直面临着最严格的监管。

其次是打击低俗与盗版内容。根据《新京报》报道,2007 年 3 月,广电总局要求各地文化执法部门针对视频网站中存在未获得经营许可、内容来源和内容审核有弊端的情况进行严厉监管④。"随着视频分享网站的兴起,对传统的版权保护提出了新的挑战。相比于网络电视,视频网站的侵权行为更加复杂,更难界定。"⑤中国早期民营综合视频网站的内容主要有影视剧和用户上传内容等,广电总局对影视剧内容采用前置许可的管理办法。39 号令指出,用于网络传播的影视剧必须取得《电视剧发行许可证》或《电影公映许可证》,还要符合《著作权法》的规定⑥。公映(发行)许可和版权保护这两项确定了影视剧的基础上网条件,这两者也成为之后陆续出台的内容监管政策中出现频率最多的条目。关于用户上传内容,除了前文提及的十条底线不能触碰外,涉及侵犯著作权的平台责任还应依据国际公认的避风港原则认定。避风港原则最早出现在 1998 年美国的《数字千年版权法案》(Digital Millennium Copyright Act,简称 DMCA)中,是指在发生著作权侵权时,网络服务商(Internet server provider,简称 ISP)只提供空间存储服务而不制作网页内容,如果被告知侵权,则有删除的义务,否则就被视为侵权;如果侵权内容既不在网络服务商的服务器上存储,又没有

---

① 互联网新闻信息服务管理规定[EB/OL]. 中华人民共和国中央人民政府网站[2005 - 09 - 29]. http://www.gov.cn/flfg/2005-09/29/content_73270.htm.
② 互联网视听节目服务管理规定[EB/OL]. 中华人民共和国中央人民政府网站[2007 - 12 - 29]. http://www.gov.cn/flfg/2007-12/29/content_847230.htm.
③ 同上.
④ 彭梧. 广电总局整顿网络视频:内容违规无证经营成焦点[N]. 新京报,2007 - 03 - 13(B02).
⑤ 包宇. 视频分享网站合作经营的版权问题研究[J]. 电子知识产权,2009(4):90.
⑥ 互联网等信息网络传播视听节目管理办法[J]. 广播与电视技术,2004(12):35—36.

被告知哪些内容应删除,则网络服务商不承担侵权责任①。2006年5月18日,国务院发布的《信息网络传播权保护条例》详细界定了避风港原则的适用范围,包括数字图书馆、远程教育、网络服务商、搜索引擎、网络存储等;明确"通过信息网络擅自向公众提供他人的作品、表演、录音录像制品的,通过信息网络提供他人作品、表演、录音录像制品,获得经济利益的"属于侵犯信息网络传播权的行为②。

最后是对境外内容的限制。关于引进境外的影视剧(含动画片)和电视节目,国家广电总局在2004年发布的《境外电视节目引进、播出管理规定》指出,引进单位应先将引进合同、版权证明、完整的图像、故事梗概等资料报所在地省级广播电视行政部门受理初审通过,并报广电总局审查批准后才能获得《电视剧发行许可证》。同时,"广电总局对引进境外影视剧的总量、题材和产地等进行调控和规划"③。

综上,在中国民营综合视频网站的探索期,以多媒体技术、流媒体技术、宽带网络技术、CDN技术、P2P技术等为基础,通过内容满足用户便捷地获得网络视听服务的需求。外生态的技术应用与内生态的用户需求都是视频网站的发展动力,它们相互激发、相互成就。同时,政策监管是视频网站的"外力系统",规制着行业发展的原则与方向。在中国民营综合视频网站的探索期,资本进行着行业发展模式的理性判断与选择,创业者群体不断发挥自身的优势去探索独特的运营模式。技术要素和政策要素至关重要,因为前者是基础要素,后者决定着行业的发展方向。这一阶段相关的政策和政策的执行还有待优化,民营综合视频网站在一定程度上呈现"野蛮生长"的状态,甚至有部分企业通过"踩红线"的行为去获得市场先机。

此外,视频网站初步形成平台化规模,不仅在视频网站行业内部形成一定的生态效应,政策、技术、资本等各种要素也进入一种复杂、动态博弈

---

① 刘甜甜. 网络著作权的保护[J]. 中文科技期刊数据库(全文版)社会科学,2017(8):182.
② 信息网络传播权保护条例[EB/OL]. 中华人民共和国中央人民政府网站[2006-05-29]. http://www.gov.cn/flfg/2006-05/29/content_294075.htm.
③ 境外电视节目引进、播出管理规定[EB/OL]. 国家广播电视总局[2015-05-21]. http://www.nrta.gov.cn/art/2015/5/21/art_1588_43710.html.

的状态,而且视频网站作为一个新的主体也开始在整体的传媒生态中发挥新的作用。例如,互联网新媒体的崛起为广告营销领域提供了新的渠道与平台,视频网站也因其高速发展的态势、庞大的用户群体而迅速受到多方关注。继门户网站、搜索网站之后,互联网视频网站的迅速崛起又给企业勾画了一个新的营销平台。活跃的用户群和潜在的巨大传播能量让人们有必要关注这类平台在经过了两年"大跃进式"的发展之后,伴随政策环境的变化与盈利模式的探索将会产生怎样的演变[①]。由此可见,中国民营综合视频网站的整体生态效益已经溢出网络视频行业的范畴,开始对其他行业与领域产生直接影响,成为介入更为宏观的媒体生态格局的新兴主体。

第四节 探索期的媒介生态格局

前面三节内容分别从内外部生态的角度对民营综合视频网站的初期发展问题展开了分析和解读。基于媒介生态视角对视频网站探索期的研究,既要考虑内容、用户、营收等内部生态的建构,也要考量技术、资本、政策等外部生态要素的影响,还要注意民营综合视频网站与其他媒介生态主体之间的生态位和种间关系。因此,本节将重点审视探索阶段视频网站媒介生态发展的主要特征。

一、民营综合视频网站媒介种群的诞生

视频网站生态初现端倪,探索出了新兴的视频内容呈现方式,积累了初步的用户群体。通过对多家代表性企业初创时期探索历程的梳理和对不同运营模式的概括提炼,笔者发现,中国视频网站在这一时期已经形成一定的生态效应,并在多个层面呈现出新的特征,具体体现在以下三个方面。

第一,视频网站作为一种新兴的互联网应用已经形成一定的市场规

---

① 莫可道.中国视频网站的涅槃与重生[J].销售与市场,2008(13):34.

模,虽然部分视频网站在营收规模等方面还存在一些问题,但在众多企业的推动之下,中国视频网站作为一个新兴的行业已经起步,并且很快成为中国传媒产业的重要组成部分,多种模式逐步成熟,呈现出多元化特征,即产业链条不断延伸,竞争主体日渐多元。在运营层面,围绕视频网站,各种主体的定位、功能及其相互之间的关系逐步形成,视频网站的生态效应也日渐形成。多元化的运营模式不断涌现,丰富了网络视频行业的形态,而且初期出现的多种运营模式在很大程度上构建了此后中国视频网站的发展格局(并持续多年)。

第二,内外部生态中诸多制约因素日益凸显。在这一阶段,视频网站的生态出现了一些问题。例如,网络视频企业大多是基于技术创新实现模式创新,通过工具化、平台化的方式为用户提供网络视频内容服务而实现成长,除了少量具有媒体基因的视频网站(如搜狐视频、凤凰视频)之外,大部分视频网站不具有专业的视频内容自制、生产能力。此外,内容运营方式的变化引起了竞争主体关系的变化,也引出多元竞争与业态发展中的新问题。当然,在这一阶段,网络视频尚未危及传统广播电视媒体的核心利益,甚至还要通过与传统广电媒体合作以获取视频资源。同时,视频网站能够基于避风港原则吸引用户上传大量影视内容。但是,内容自制层面的劣势已经成为制约视频网站健康发展的一个因素,只是它的影响在这一阶段还不明显。这也恰恰体现了视频网站生态中内容与运营之间的内在制约关系。

第三,运营主体竞争格局日渐复杂。一方面,围绕视频内容这一核心,各种形态的媒体企业、机构之间的互动频繁,传统的媒体关系与格局被视频网站企业打破,推动着视频产业生态的发展。在这一过程中,诸多企业之间已经展开了激烈的竞争,特别是运营模式类似的企业,如优酷网与土豆网之间、新浪宽频与搜狐宽频之间的竞争。另一方面,视频网站与传统广电之间的竞争是视听媒体发展历程中的重要内容。但是,传统广电在这一阶段普遍缺乏网络运营的实践与经验,在互联网兴起的背景下又存在通过网络平台扩展节目内容传播渠道的需求,所以在大量观众还保持着传统收视习惯、视频网站用户规模尚且有限的情况下,双方之间的互补、合作空间大于竞争。

整体来看,民营综合视频网站这一主体的诞生和兴起改变了视频网站与其他生态主体之间的竞合关系,如视频网站与电视媒体和广告商之间的关系。同时,视频网站的运营也驱动了其他生态主体之间竞争关系的变化,面对视频网站这一形态体现出的高速成长性,其他主体开始思考创新运营模式,以避免在竞争中落于下风,如新浪、搜狐等门户网站直接"入场",积极地尝试视频网站形态的布局。可以说,不同主体之间竞争与合作关系的日益复杂在很大程度上激发了媒介生态发展的活力。

二、媒介生态要素及其互动

自 2004 年起,中国民营综合视频网站经过三年多的发展,它的媒介生态初现端倪:内部生态(包括内容、用户、营收)是民营综合视频网站发展的表征,反映着这个细分行业发展的规模、内部运行机制等总体特征,它的生态位和生态关系决定着民营综合视频网站在媒介群落中复杂的竞争与合作关系;外部生态(包括技术、政策、资本)则会促进或制约民营综合视频网站的发展。媒介生态要素的互动不仅包括同系统内部生态要素之间的互动,如内容要素决定了用户的规模和构成,进而决定了营收的规模和构成;还包括外部生态要素带来的促进与制约等互动关系,如技术要素、政策要素、资本要素和媒介种群之间的竞争格局共同决定、制约着生态的发展。

第一,内部生态要素之间的互动。内容是民营综合视频网站内部生态的核心要素,视频内容的类型、质量等决定了它能吸引怎样的用户、收视如何,进而决定着它在广告等营收模式和价值空间方面的大小。在中国民营综合视频网站的探索期,以乐视为例,它的正版影视剧模式决定了它在本阶段就已经超前地开始了对会员收费模式的探索;视频分享网站的模式,(视频质量参差不齐的 UGC 为主体内容)以及资讯视频化模式等决定了它的用户规模和营收规模有局限性;P2P 网络电视模式(通过网络转播电视频道的做法)注定它早期的用户主要为不具备收看国内频道又思乡情切的海外华人;视频播放工具的在线化模式(客户端)注定它的用户较之网页版的用户具备更强的使用黏性。

除了考虑自身的能力优势、投入产出比等运营要素之外,内容生态是视频网站运营者基于营收生态乃至相应的用户生态的规划而进行的选择。所以,它们之间并不只是单向的决定与被决定的关系,而是互动与匹配的关系。

第二,生态位及生态关系。生态位包括民营综合视频网站之间的竞争与合作关系,也包括它们与其他媒介种群之间的竞争与合作关系。在中国民营综合视频网站的探索期,视频网站媒介种群还处于集体"垦荒"、各自探索的阶段,彼此之间的竞争尚不是行业发展的主流。此外,民营综合视频网站与新闻门户网站等新媒体种群,与电视、广播、报纸等传统媒体种群(以及它们下属的国有视频网站)都是寄生的关系。换句话说,上述这些媒体都是民营综合视频网站内容的重要来源。

行业竞争客观上会提升民营综合视频网站的内容获取成本,如为建立UGC制作者生态而对各领域短视频达人的抢夺,以及增加用户的获客成本,或投入更多的营销预算才能从同类型互联网应用的广告海洋中脱颖而出。同时,行业竞争也会拉低对广告主(以及少量付费会员)的收费单价,以赢得客户的广告订单。作为市场竞争主体的民营综合视频网站不得不提高运营效率,并积极地选择差异化的内容生态位、用户生态位以求得生存。实际上,各个民营综合视频网站的内容生态位和用户生态位的差异甚微,导致它们难以在用户心里形成区隔,行业在整体上呈现出"一哄而上"的同质化竞争的混乱局面。

第三,外部生态要素的互动。中国民营综合视频网站的外部生态主要有技术、资本与政策要素。其中,技术是支撑,是网络视频得以出现、发展的土壤,即前提条件;资本是一种外力驱动,推动着民营综合视频网站作为一个新媒体种群的加速发展,以赚取最大化的利润为目标;政策是导向,划分出行业发展的禁区,规制着行业的发展方向。这三个要素之间的互动关系表现为:政策代表着国家意志,资本与技术都要受到政策的限制;资本在政策许可的范围内对先进技术展开追逐,它的核心是获取利益;技术是在资本与政策都认可的领域和方向上的方法创新。

在中国民营综合视频网站的探索期,外生态决定并限制着内生态的发展。首先,技术是网络视频作为一种新媒介得以诞生的基础。例如,流媒体技术和宽带技术等的发展使视频内容得以网络化呈现,进而使用户突破收看时间、地点的限制，吸引了更多用户的关注和使用。技术赋权让更多人有机会参与视频内容的制作，使 UGC 成为这一时期民营综合视频网站的主要内容。同时，技术通过内生态"内容—用户—营收"的传导链条影响着视频网站的营收规模和结构。其次，资本加快了民营综合视频网站内容生态和用户生态的构建过程，即市场竞争主体普遍采用"烧钱"的方式来"溢价"获得用户，以快速建立相对的竞争优势。从另一个角度来看，在媒介生态发展的相当长的时间内，能够持续地赢得资本的青睐也是民营综合视频网站一个主要的运营目标和一种主要的核心竞争力。对于处在本阶段的民营综合视频网站来说，资本扮演着相当重要的角色。最后，政策在整体上影响着其他的所有生态要素，通过限制视频网站的内容而影响用户和营收的规模和结构，并以此实现对媒介内生态的影响。无论是对视频网站开办主体资质的牌照化管理，对新闻视频和海外版权视频内容的严格限制，还是对涉黄、盗版内容的严格禁止，日益完善的监管政策不断地使视频内容的范围更加明晰，也对企业的竞争手段和范围有所限制。

三、民营综合视频网站在探索期存在的主要问题

视频网站在发展的过程中也出现了一系列问题，这是因为视频网站在本阶段尚处于起步阶段，很多环节中仍有发展不成熟、不充分的问题。同时，视频网站虽然是刚刚兴起的一种媒介形态，但它自诞生之初便表现出极强的竞争力和发展潜力，立即吸引了各种媒介主体的关注和资本的跟随，呈现出较快的发展增速，在很多领域展现出超前于行业管控的特点，由此派生出管控与优化方面的问题。结合上文的分析，笔者从以下三个方面总结视频网站在探索期存在的主要问题。

第一，视频网站在内容层面的弱势较为明显。在媒介生态中，内容的创新体现在两个方面：一方面是创造新的内容，如创办题材新、形态新、风格新的节目内容，或者借助新技术创造新的媒体内容（如 VR 影片、数据新闻等）；另一方面是推出新的内容呈现方式，虽然内容本身并未得到实质性的创新，但新平台、新载体、新形式能使用户产生新鲜感。虽然上述优势能在视频网站积累初期用户的过程中发挥巨大作用，但如果内容本身缺乏创

新,最终还是会限制视频网站媒介生态的健康、持续发展。整体来看,本阶段视频网站的内容生态是较为"贫瘠"的,如何丰富平台上的内容资源成为各大视频网站需要尽快解决的问题。

第二,视频网站异质化运营逻辑带来了冲击。传统媒体时代的诸多创业企业大多是由业内人士主导,他们在电视媒体积累了一定资源后选择自己创办民营的传媒公司,如曾在中央电视台工作的王利芬创办了优米网、和晶创办了"一度蜜"等。但是,笔者通过对各类视频网站创业企业的分析发现,视频网站企业的创办者大多来自业外,且大多数人拥有技术背景。这种创业背景与特征并非仅仅将技术要素、技术思维等带入视频网站的发展进程,更重要的是它将多种异质化的、与传统媒体运营理念不同的运营逻辑引入了媒介生态,对媒介生态中传统种群的运营和发展在不同程度上形成了冲击,进而不断推动媒介生态发展逻辑的多元化。当然,在这一过程中,异质化的运营逻辑必将带来新的竞争与问题,由于新兴主体介入而导致的不同媒介种群之间的冲突也是媒介生态发展过程中必须处理的问题。

第三,行业管控存在滞后、混乱甚至缺位等问题。网络视频在诞生之初的高速增长使视频网站业态的发展在很多方面出现了超前于行业管控的问题。如果说行业管控滞后的问题可以通过相关措施加以补救,管控混乱的问题则体现出视频网站媒介生态中的结构性不足。例如,上文分析了视频网站属于广电总局与工信部的交叉管控领域,但在本阶段的发展过程中,多部门的交叉管控并未形成管控力度强化、加倍等效果,反而因为不同部门在管控理念、方式、力度之间的差异导致了混乱现象的出现;甚至在特定环节中,因为不同管控部门职责不清、管控范围不明确,还导致了管控缺位的现象。

从大的产业分类上看,网络视频属于文化产业。我国对文化产业的监管政策一直是以确保意识形态安全为前提,严格界定市场化发展的区域;兼顾确保国有机构的主导性与民营企业的灵活性和市场活力,并满足国内人民的精神文化需求,鼓励它们积极地"走出去"参与国际市场竞争。同时,国家相关主管部门在实际工作中逐渐形成分工,在对网络视频的监管与促进两个层面各有侧重。例如,国家广电总局的工作重心一直都是确保网络视频的市场化发展符合国家对意识形态管控的总体要求，政策由此成为影响民营视频网站媒介外生态发展的重要因素。

本章小结

在中国民营综合视频网站发展的探索期，嫁接于互联网的多媒体技术、流媒体技术、宽带网络技术等的发展成熟是网络视频诞生的基础。这也是民营综合视频网站面临的整体外生态环境。技术驱动视频内容上网，改变了传统电视媒体视频内容传播的线性直播模式，可以让用户更便捷地获取视听服务。技术是本阶段的主导影响因子，技术的先进性奠定了网络视频日后在与电视的竞争中必然占据主导地位的基础。同时，政策是匡正行业发展的导向。随着对新闻视频、低俗与盗版内容、境外内容等管制的推进，逐步形成了国务院新闻办公室、广电总局、文化部、工信部、公安部等多部委参与的立体化监管体系。此外，资本和市场不断进行行业发展模式的理性判断与选择，创业者对每一种网络视频发展路径的探索都是为了高效地构建内部生态与外部生态的平衡。本阶段出现的市场乱象展现出资本与政策的博弈，并且二者的角力始终贯穿于网络视频发展的全过程。

在中国民营综合视频网站发展的探索期，内容因素居于内生态的核心位置。内容呈现方式的创新和视频网站对多种运营模式的探索成为用户规模初步扩张的直接原因。UGC是本阶段主流的内容模式，但也带来视频质量良莠不齐、盗版横行等市场乱象，埋下了日后被资本抛弃而转向版权视频内容的种子。在这个阶段，中国整体的网络视频市场仍处于发展初期，营收基本还无从谈起，全行业都在靠资本的信念"烧钱续命"。

在中国民营综合视频网站发展的探索期，媒介种群的生态位竞争还处于初级阶段。一方面，在媒介种群之间，民营综合视频网站基本上处于"寄生者"的地位，即从电视或作为母体的新闻门户网站获得内容；另一方面，在媒介种群内部，大家的生态位雷同，都处于集体"垦荒"的阶段。在视频网站行业的萌芽阶段，大量来自业外且带有技术背景的创业者涌入，资本主导着发展逻辑的异质化，削弱了其整体上的媒体属性。

第三章

用户变迁与资本博弈:中国民营综合视频网站整合期的媒介生态(2008—2013年)

经过初期探索,中国民营综合视频网站在支撑技术、业务形态、政策规制等方面初步成形,开始进入整合期。在这一阶段,视频网站之间的竞争更为激烈,在用户变迁、资本博弈等因素的驱动下,视频网站媒介生态种群内部呈现出强烈的整合趋势,网络视频产业格局开始具备集群化的特征。与初步探索阶段相比,用户和资本要素在整合期开始发挥核心作用,驱动视频网站的内容生产方式、运营模式、产业格局演化与发展。同时,这一时期也出现了一系列问题。例如,很多视频网站因为盲目追求市场回报而出现了违规行为,凸显了政策监管、行业引导的必要性,而且资本与政策之间的动态博弈也成为本阶段视频媒介生态发展的重要内容。

从具体阶段分期来看,2008年是我国互联网新媒体发展历程中一个比较特殊的年份,出现了诸多标志性事件,对传媒产业的多个层面都有深远影响。在资本方面,全球金融危机爆发对传媒产业有直接的影响——互联网领域各种新兴业态的创业与成长都离不开资本的支持与推动,金融危机使很多视频网站陷入融资难的困境。在技术与基础设施方面,2008年中国3G开始进入全面商用时代[①]。不过,当时毕竟还是以移动图文为主的时代,受制于智能终端设备、流量成本等方面的制约,以移动视频为代表的很多互联网创新应用尚未在移动端发展起来。随着3G技术的推动,移动互联网的发展趋势日益凸显,改变了很多互联网企业的战略思维与部署

[①] 中国信息界2008年度十大新闻[EB/OL]. 搜狐网[2009-01-04]. http://news.sohu.com/20090104/n261560307.shtml.

重心。此外,2008年北京奥运会的举办为传媒行业的发展提供了新机遇和新方向,将作为新媒介的网络视频从边缘推向了主流。因此,2008年成为中国视频网站发展历程上的标志性时间点。

2014年,我国进入4G"元年","在4G网络建设、发展用户数以及终端数量等方面都取得了较为显著的成绩"[1],带动网络视频行业进入另一个发展阶段,所以,本章将整合时期的时间限定为2008—2013年。

第一节 内容主流化与用户结构变化

作为媒介内部生态的核心,视频网站内容在整合期开始逐步摆脱探索期存在的质量低下、侵权严重等多种问题,视频内容的专业性在这一阶段得到整体提升,甚至在一些领域中逐步接近或达到传统电视媒体的水平。同时,视频网站与传统电视媒体的合作关系也有所调整,进一步丰富了视频网站的内容资源。对于视频网站的用户来说,内容是直接与他们产生关联的要素,内容质量的好坏将在很大程度上决定视频网站在用户心中的形象认知,进而影响视频网站在媒介生态中的生态位。在视频网站的探索期,存在大量低质量、非专业性的内容,视频网站在大部分用户的认知中仍然难以与传统电视媒体相提并论,用户(市场)认可的视频内容的专业生产主体仍是电视媒体。但是,进入视频网站整合期,随着大量专业化自制内容的推出和视频内容质量的不断提升,用户与市场对视频网站企业、行业的整体认知逐步产生改变,视频网站在整个媒介生态中的定位也有所调整,开始从单纯的新兴渠道向着拥有专业视频内容生产能力的综合化种群进化,在媒介生态中的竞争力与影响力也随之得到了很大的提升。

这个过程伴随着视频网站内容运营理念与模式的发展、行业政策的调整与引导、用户收视和参与习惯的培养等多方面内容。这些方面的变化也在用户规模与结构中得到了反映,视频网站用户规模经历了"下降—回升—发展"的调整过程,体现了本阶段"整合"的生态特点。在产业生态整

---

[1] 林其玲.4G元年 三大运营商格局"微变"[N].新京报,2014-04-29(B04).

合的基础上,视频网站在营收方面逐步形成了有代表性的模式。本节将从视频网站的内容、用户、营收三个方面展开分析。

一、内容主流化特征凸显

视频网站内容在整合期的质量提升体现在多个方面,通过对重大事件的直播成为具有更高水平的内容展示平台,为摆脱内容的不专业、低质量提供了有利条件,为视频网站自制内容不断丰富、制作日趋精良,以及缩短视频网站与电视媒体在内容质量方面的差距打下了基础。由此,视频网站的内容开始具备比较明显的主流化特征。这一演化也给视频网站媒介生态发展在内容层面的竞争、整合带来了新的特点。一方面,不同的内容生产逻辑同时存在并相互交织,PGC 与 UGC 模式在这一过程中都发挥了重要作用;另一方面,视频内容生产环节中不同主体之间的竞争日趋激烈,不同模式的交织、各种主体的竞争共同推动了视频内容主流化的整合趋势。

第一,对重大事件的直播凸显了视频网站的媒体价值。2008 年北京奥运会的举办为中国民营网络视频提供了难得的成长机遇,"国际奥委会第一次对以互联网为主的新媒体进行授权……改变了人们通过视频传播体育信息和接受信息的习惯;导致视频网站的行业分化洗牌加速和更为激烈的竞争……奥运会对于视频网站带来的更多的是一种长期效果"[①]。对 2008 年北京奥运会赛事的直播与转播使传统电视之外的众多互联网主体涌现出来,为了适应互联网时代的要求并提升传播效果,奥运会官方互联网转播机构央视网将赛事活动的互联网转播权益划分为三个等级进行转让,分别为央视网奥运战略合作伙伴、央视网奥运视频直播合作伙伴和央视网奥运视频点播合作伙伴。其中,奥运战略合作伙伴为搜狐,直播合作伙伴为 PPS、PPLive、悠视网等,点播合作伙伴为酷 6 网。另外,四大新闻门户网中的新浪、网易和腾讯也不同程度地获得了奥运视频的网络直播权

---

① 王相飞,李爱群.北京奥运会对视频传播产生的影响[J].广州体育学院学报.2009(1):33.

和点播权益①。不过,当时民营综合视频网站的重要代表优酷网和土豆网却未得到授权。参与北京奥运会直播与转播对视频网站来说是提升业务能力、扩大影响力的重要机遇。蒋先福在深度访谈中说道:"奥运会的直播对 PPS 来说意义重大。借此,我们进入了品牌客户的广告投放视野。之前我们的客户都是偏互联网类的效果类客户。我们花了 2 000 万元买的直播版权,广告收回了绝大部分。"②

"数字时代奥林匹克运动的传播形态在技术、资本等因素的作用下不断迭代创新,对推动奥林匹克运动传播新图景的建设作用凸显"③,奥运会为中国的民营综合视频网站提供了一次集体演练的机会,当时对重大事件的直播和转播都需要借助视频网站的渠道扩大影响力。北京奥运会之后,神舟七号载人飞船发射又是一个广受关注的事件,多家视频网站同样获得了参与直播与转播的机会,如中央电视台对神舟七号发射现场、"神七"太空行走和返回进行了直播,央视网、PPS、优酷、酷 6 网和四大新闻门户网站等也进行了全方位的网络转播,并提供相关视频的点播服务。以北京奥运会、"神七"发射等为代表的重大事件为视频网站参与网络直播、转播提供了机遇,当时相对较弱的视频网站获得了与中央电视台等主流媒体"同台竞技"的机会,极大地提升了行业和企业形象,通过为用户提供便捷、及时、丰富的视频服务,彰显出它们作为一种新兴媒介类型的独特价值,赢得了更多用户,坚定了行业投资者的信心。当然,视频网站在成长的同时也暴露出很多问题,主要有非法盗播、内容同质化、播放质量不高,以及对视频内容的深度开发、加工不够等④。这些都是视频网站在走向成熟的过程中需要重视与解决的,在某种程度上也可以说视频网站的发展始终伴随着对各种问题的探讨、规制与解决。

第二,民营综合视频网站自制内容的发展。随着主管部门对视频网站内容监管力度的提升,通过侵权、盗版等不法手段获取专业视频内容的"漏

---

① 惠鹏权. 网络视频奥运之争[J]. 经济,2008(8):3.
② 此部分内容来自 2021 年 11 月 30 日笔者对时任 PPS 营销副总裁蒋先福的电话采访.
③ 张德胜,王德辉. 数字时代奥林匹克运动传播模式的迭代与创新[J]. 北京体育大学学报,2021(8):9.
④ 王相飞. 北京奥运会视频转播中存在的问题及启示[J]. 山东体育学院学报,2009(2):10.

洞"已经被规制,民营综合视频网站必须积极拓展版权引进与合作的渠道。当时,报纸、广播、电视作为内容的生产制作机构成为民营综合视频网站积极寻求合作空间的热门对象,尤其是拥有专业视频内容生产能力和庞大受众基础的电视台。相比之下,传统媒体当时面临的生存与转型压力虽然比较小,但它们也开始积极地寻找互联网时代的创新发展机遇。例如,大量的电视媒体积极"触网",有的自建视频网站,有的主动与已经初具规模的视频网站商议合作方式。在这样的背景下,电视台的自制节目成为视频网站重要的正版内容来源。对此,上海剧星传媒股份有限公司董事长查道存表示:"那时候核心的制作力量都在传统的广电部门,而且网络视频与电视具备同源性,电视上收视好的电视剧、综艺节目在网络上也会受欢迎。所以,电视节目成了视频网站最主要的内容来源。"[①]当然,视频网站与电视台的竞争格局之后发生了逆转,电视台开始把大量的版权内容卖给民营综合视频网站,这也是电视媒体危机的开始。此外,还有大量的影视内容生产商成为视频网站的内容提供者,即影视剧制作(发行)公司可以根据规定售卖互联网播映权(俗称网络版权)。依据现在的标准来看,当时的价格处于极低水平,它更大的意义是开启了面向视频网站的版权销售模式。正如朱向阳所说:"那时候绝大多数是花钱的,虽然价格很便宜。只是后来涨价涨得……不断地在刷新我们的认知。"[②]

  同时,部分视频网站开始探索生产网络自制节目。2008年11月,优酷推出自己的第一部网剧《嘻哈四重奏》,以轻松、搞笑的无厘头风格受到追捧,成为国内第一部突破1亿次播放量的网剧;2009年3月,优酷正式启动"牛人计划",打造大型素人才艺选秀节目《优酷牛人》(也叫《牛人故事》),后发展为年度大型品牌IP活动;2009年8月,土豆网推出为诺基亚N97手机量身定制的《互联网的百万富翁》,并携手中影共同投资网剧《Mr.雷》(2010年1月6日播出)。"网络自制剧是在国家网络版权政策下催生的新兴事物,它不仅实现了跨媒介传播,成为网络生存发展的重要举

---

① 此部分内容来自2021年12月14日笔者对剧星传媒董事长查道存的当面采访。
② 此部分内容来自2021年10月4日笔者对时任优酷副总裁、总编辑朱向阳的电话采访。

措,也丰富了影视传播渠道。"①虽然在探索初期视频网站自制节目在创意、质量等方面与电视节目存在一定的差距,但这一模式既培养、锻炼了视频网站自制内容的能力,为它们积累了一定的人才资源与经验,又使视频网站的自制节目更符合互联网化的语境。视频网站不同于传统电视媒体的节目内容与表现形式得到了大量网友的认可,为获得更大规模的受众群体创造了条件。

第三,PGC 与 UGC 模式的平衡。视频网站自制节目一开始按照 PGC 模式生产内容,在越来越多的视频网站加入自制节目的行列之后,关于 PGC 与 UGC 两种模式的对比和平衡又成为业内关注的重要问题。在这一阶段,关于 YouTube 内容模式的探讨具有一定的代表性,体现出业内对两种模式的思考与审视。YouTube 的成功离不开 UGC 模式的作用,它的去中心化内容让每一个用户都可能成为主角,用户之间的互动增加,一个网站不再是一个媒体或者机构在做主②。在中国民营综合视频网站的探索期,这一模式也体现出了巨大的价值,为吸引用户参与、丰富视频网站内容资源作出了贡献。但是,进入整合期之后,视频网站开始注重专业性正版长视频的生产与传播,用户内容生产作为互联网技术赋权的突出体现,被视作变革传统媒体的重要力量。不过,迫于版权和营收的压力,UGC 平台在与 PGC 的博弈中逐渐与 PGC 结合,"业余的专业化"成为未来互联网内容发展的新趋势③。由此,PGC 与 UGC 两种差异化的模式成为视频网站内容制作领域的焦点。

中国诸多视频网站并未完全照搬 YouTube 的模式,是因为它们根据我国网络视频发展的具体情况作出了自己的选择。首先,无论是作为视频拍摄工具的 DV,还是以此为基础形成的 DV 文化,在中国并未像欧美国家一样流行。一方面,当时中国大部分网友的表现欲望和表达能力在整体上

---

① 庄若江. 网络自制剧的崛起、发展与跨媒介传播[J]. 现代传播(中国传媒大学学报),2013(6):75.
② 陈欣,朱庆华,赵宇翔. 基于 YouTube 的视频网站用户生成内容的特性分析[J]. 图书馆杂志,2009(9):51.
③ 胡泳,张月朦. 互联网内容走向何方?——从 UGC、PGC 到业余的专业化[J]. 新闻记者,2016(8):21.

与欧美主要国家的网民有一定的差距；另一方面，DV 设备的购置与使用需要一定的资金成本和能力门槛，生产工具（摄像设备、剪辑设备）的价格门槛和使用的专业技术门槛都很高。朱向阳在接受采访时提道："早期的短视频作者都是 DV 爱好者、电视台的工作人员以及制作公司的人，他们都是专业人士，所以 UGC 注定没办法达到现在通过手机即可完成的数量级。"①魏明在接受采访时说："UGC 真正爆发是在移动互联网时代，智能手机取代 DV 成为视频的生产工具之后，普通的用户都可以成为内容的创作者，再得到算法的加持，然后才成就了抖音、快手。"所以，UGC（特别是优质 UGC）的内容数量有限，尚无法有效支撑视频网站在这一阶段的健康成长。但是，UGC 模式未来的前景及其在运营中的战略价值还是得到了认可。魏明还说道："优酷一直在做 UGC，在很长的一段时间内与 PGC 共存。只是我们更多地对外宣传版权内容，因为其合规而且还适合广告变现。我觉得 UGC 才是优酷安身立命的东西，我们前期的基础流量、基础用户、基础的产品结构甚至团队文化都源于此。"②由此可以看出，视频网站需要根据不同阶段的需求灵活地选择 PGC 与 UGC 模式，动态协调不同模式的比重。其次，UGC 视频内容的质量（如画质、可看性等）参差不齐，难以判断它们是否涉及侵权，"难以摆脱版权侵权一直是视频网站 UGC 经营者的最大劣势和困局"③。对于广告主来说，它们无法获得确定的、安全的、优质的广告播出环境，甚至出现过在盗版内容里插播广告的品牌方被版权方连带起诉的案例。所以，UGC 模式在广告变现方面面临着较大的困境。正如土豆网创始人王微所说："没有版权的视频分享所带来的巨大流量，都是变现价值的'流量废水'。"因此，民营的商业化视频网站纷纷调转发展方向，不约而同地选择了正版长视频，朱向阳认为"这是网络视频市场的必然选择"④。

第四，版权内容的激烈争夺。自 2010 年开始，中国民营的视频网站纷纷放弃照搬 YouTube 视频分享网站的用户分享攒流量模式，并重视专业

---

① 此部分内容来自 2021 年 10 月 4 日笔者对时任优酷副总裁、总编辑朱向阳的电话采访。
② 此部分内容来自 2021 年 10 月 31 日笔者对时任优酷营销副总裁魏明的电话采访。
③ 王光文.论视频网站 UGC 经营者的版权侵权注意义务[J].国际新闻界，2012(3)：28.
④ 此部分内容来自 2021 年 10 月 4 日笔者对时任优酷副总裁、总编辑朱向阳的电话采访。

机构生产的版权内容。在资本的推动下,各视频网站陷入"跑马圈地"的激烈竞争之中,纷纷通过"烧钱"的方式不断扩充片源,以吸引新用户、留住老用户,即通过不断提高报价来抢夺有限的优质版权内容的独播、首播权。2006年,新浪仅用10万元就拿下了81集《武林外传》的网络独播权,核算下来单集1235元;当年的"剧王"《士兵突击》的网络版权单集成本也不过3000元;2007年度热门电视剧《金婚》的单集网络版权不超过4000元;2009年《我的团长我的团》的单集网络版权达到2万元;到了2010年,《新红楼梦》的单集成本上涨至20万元;2011年的《新还珠格格》(搜狐视频)、《倾城雪》(优酷)、《后宫》(乐视)、《王的女人》(PPS)等大剧的总价均超过2000万元。魏明说:"现在回头看,这个活儿变得没什么技术含量,就是相互抬价。优酷是市场老大,有规模的优势,我们是尽量在避免价格战的。"① 栾娜也将版权内容价格飞涨的原因归于视频网站之间的恶性竞争,认为"厨子都赚到钱了,餐厅都在亏钱。几个平台一开始都有钱砸,都是我们自己抢的"②。当时,担任爱奇艺业务发展部高级总监的张语芯说:"2011年买(电视剧)就是抢,有一种竞标举牌的感觉,大家只管问'能不能买到'。抢了一年,开始反思值不值。"③ 时任腾讯在线视频部总经理刘春宁认为,剧集价格的提升对内容生产具有正向的激励作用,"内容制作方的春天来了,谁都想不到一个电视剧现在卖到这么高的价格,从(2011年)3月份开始到现在,8个月的时间,视频内容价格至少涨了15倍。腾讯致力于吹响行业变革的号角,使产业能够更加正向循环。如果营收能够创新突破,一集100多万元也是可以挣回来的"④。此外,品牌剧集在视频网站运营中的作用也凸显出来。例如,爱奇艺在与优酷争夺韩剧《来自星星的你》时取胜,并付出了很高的成本,但也获得了巨大的回报。魏明认为,"爱奇艺用一种非常'勇敢'的方式拿了《来自星星的你》,然后举全平台之力去推广,结果一炮而红,这对整个团队士气和方法论的验证来说都具有很强的样本效应"⑤。

---

① 此部分内容来自2021年10月31日笔者对时任优酷营销副总裁魏明的电话采访。
② 此部分内容来自2021年12月13日笔者对腾讯副总裁栾娜的电话采访。
③ 唐培林,张晗. 网络视频语境下国产电视剧的困境与突围[J]. 现代传播(中国传媒大学学报),2013(7):115—118.
④ 张襦心. 视频大战:腾讯来了![J]. 新民周刊,2011(43):62—65.
⑤ 此部分内容来自2021年10月31日笔者对时任优酷营销副总裁魏明的电话采访。

与电视剧网络版权价格同步快速上涨的是综艺节目的价格。2012年12月,搜狐视频高调宣布耗资超过1亿元获得《中国好声音》第二季的独家网络版权,成为中国网络视频行业在当时最大宗的版权交易(由搜狐视频、爱奇艺、乐视、土豆等拼播的《中国好声音》第一季网络版权仅百万元级别)。2013年底,爱奇艺斥资2亿元购得湖南卫视当年大火的《爸爸去哪儿》第二季,以及《快乐大本营》《天天向上》和季播综艺《百变大咖秀》《我们约会吧》等五档节目2014年的网络独播权,轰动业界。时任爱奇艺首席内容官的马东认为,差异化的、优质的独家版权及自制内容对于提升视频网站品牌、加快视频网站货币化进程具有重要价值[1]。查道存也认为,"内容的独有性是在用户心目中建立媒介品牌的前提条件。在资金充裕的前提下,先发制人是上策"[2]。

二、用户规模起伏与结构变化

截至2008年12月,中国整体网民数达到2.98亿人,较2007年同期增长41.9%,宽带网民数2.7亿人,较2007年同期增长65.6%,宽带网民数已经占到整体网民数的90.6%[3];2009年底,中国整体网民数3.84亿人,宽带网民数3.46亿人,分别较2008年同期增长28.9%、28.1%,增长速度趋缓,呈现出明显的衰减效应。衰减效应指信息、技术、经验和新观点在传播扩散的过程中能量不断消耗、速度逐渐降低、影响逐渐减小的现象[4]。作为一项新技术的推广和普及过程,互联网的发展也会呈现衰减效应。在早期的互联网推广过程中,年轻的、城市里的、学历相对较高的、收入较高的网络易接触群体已经基本上进入网络生活范畴;未使用互联网的人群,如老龄的、偏远地区的群体,推广转化难度相对较高,用户规模会在

---

[1] 宋佳慧.爱奇艺:引领2014新独播时代[J].广告导报,2014(4):2.
[2] 此部分内容来自2021年12月14日笔者对剧星传媒董事长查道存的当面采访。
[3] 第23次中国互联网络发展状况统计报告[EB/OL].中国网信网[2009-01-22]. http://www.cac.gov.cn/2014-05/26/c_126548676.htm;第25次中国互联网络发展状况统计报告[EB/OL].中国网信网[2014-05-26]. http://www.cac.gov.cn/2014-05/26/c_126548692.htm.
[4] 王珊.马克思劳动解放理论及其当代价值[D].郑州:郑州大学,硕士学位论文,2012:27.

补强通信网络建设、降低终端硬件成本、培养信息习惯等工作深入之后才能得到提升。整体来看,本阶段用户规模与结构的变化与3G背景下手机网民、网络视频使用率等因素相关。

第一,手机网民占比大幅提升。CNNIC的数据显示,截至2008年12月、2009年12月,中国手机网民数分别达到1.2亿人、2.3亿人,同比增长133%、91.7%,体现出一定的衰减效应。但是,手机网民数占整体网民数的比例分别达到40.3%、66.5%,仍处在快速上升的通道中。2010年12月至2013年12月,中国整体网民数从4.57亿人增长到6.1亿人。在这些新增的网民中,使用手机上网的比例高达73.3%[1],而具有历史意义的时刻出现在2012年6月,使用手机上网的网民数(38825万人)第一次超过使用台式电脑上网的网民数(38016万人)。上述数据体现出进入3G时代之后,手机作为最便捷的移动终端得到了快速的普及,使人与互联网的连接变得随时随地,始终在线。手机网民的增长为实现PC互联网向移动互联网的转变创造了条件,移动互联网的普及极大地拓展了各种网络应用(包括网络视频)的发展空间。在单纯的用户使用数据增长的同时,更为重要的是用户使用习惯的变化,"视频分享网站对于影视市场的影响不仅仅在于盗版等问题,更多的在于对用户的影响,随着用户的收看习惯及思维方式不断受到影响,其对影视市场的影响才是至关重要的"[2]。用户使用习惯与思维的变化是用户结构发生变化的核心原因,也是驱动新的运营与盈利模式发展的基础。

第二,网络视频使用率的下降与回升。截至2008年12月,网络视频用户数突破2亿人,达到2.02亿人。到了2009年12月,网络视频用户数则达到2.4亿人,较2008年净增3844万,网民使用率在2007年达到这一阶段的峰值(76.9%)后开始短期下降,从2008年底的67.7%下降至62.6%,使用率排名重新回到第六位[前五位分别为网络音乐(83.5%)、网络新闻(80.1%)、搜索引擎(73.3%)、即时通信(70.9%)、网络游戏(68.9%)]。这从侧面反映出2008—2009年网络视频行业受到来自资本

---

[1] 第33次中国互联网络发展状况统计报告[EB/OL].中国网信网[2014-05-26]. http://www.cac.gov.cn/2014-05/26/c_126548822.htm.
[2] 王文杰,余跃.视频分享网站对目前影视市场之影响[J].当代电影,2008(2):123.

寒冬和行业监管的压力，进入一个新的调整阶段。网络视频的用户数量持续增长，而网民使用率在经历了2009年（62.6%）的下跌之后，于2010年触底反弹，并在2013年逐步回升到69.3%。网络视频使用率的回升得益于三个方面的改善：首先，网络基础设施建设和网络带宽得到持续改善（2010年12月，网民中宽带普及率已达到98.3%），手机作为便携式的终端设备快速发展，为网络视频的普及提供了更好的条件；其次，民营综合视频网站与电视媒体等版权机构广泛合作，引入大量的正版PGC，增强了内容的可看性，吸引了更多用户使用网络视频；最后，电信资费下调，如运营商推出流量包月套餐等，降低了用户的上网成本。

三、广告变现模式的发展

"随着宽带的普及，网民已经不满于传统互联网以图文为主的单调形式，能够传递更多信息的视频因而大受追捧，而雨后春笋般涌出的网络视频网站却面临着盈利模式不清的困境。"[1]长期以来，广告是媒体变现的基本模式，即通过内容吸引用户的关注，再把用户的关注卖给广告商实现二次销售。广告同样也是民营综合视频网站最早采用的变现手段。魏明在接受采访时回忆道："优酷2008年开始零星商业化，记得是福特汽车通过关系找过来，我们才接了几单商业化的种子视频[2]传播。2009年我们开始在北、上、广分别组建销售团队，当年的广告收入是4 000万元左右，2010年做到了2亿元的收入。这是市场对网络视频商业价值的认可。2013年、2014年，广告主开始了规模化的贴片广告投放，就是一个单子几百万的那种。"[3]可见，民营综合视频网站的广告形态、营收策略与传统媒体有着很大的差别，而且与市场、商家的互动策略也要结合互联网传播模式不断进行探索和尝试，具体涉及四个方面。

第一，民营综合视频网站的广告类型与计费方式。这一阶段，民营综

---

[1] 李然.关于网络视频盈利模式的思考[J].电影文学，2009(3)：153.
[2] 种子视频又称病毒视频，是广告主制作的关于其品牌或产品的带有广告性质的视频（时长一般超过30秒）。
[3] 此部分内容来自2021年10月31日笔者对时任优酷营销副总裁魏明的电话采访。

合视频网站的广告类型主要有贴片广告、暂停广告、角标广告、旗帜广告等。其中，贴片广告是最主要的广告形式，一般出现在节目正片开始之前（或中间插播），时长通常为 15 秒钟；暂停广告是用户暂停正在播放的视频节目时以浮层形式出现并占据整个屏幕 1/4 左右面积的广告形式；角标广告是节目播出时出现在屏幕右下角（或左下角）以表现品牌标志为主的广告形式；旗帜广告是在网页中出现，混排在内容版面里的长方形（或正方形）广告，是四种广告形式中唯一非播放框内的广告形式。暂停广告、角标广告与旗帜广告初期都以静态的图文广告为主，随着技术的发展逐渐出现了视频或 flash 的动态形式，并迅速得到广泛应用，更有效地吸引受众眼球，增强广告效果。由于每种类型广告的呈现形式、广告时长、占屏比等都存在不同，它们承载的信息容量和表达优势也有差异，所以广告主在采购中会依据营销目标对几种广告形式进行整合购买。其中，15 秒贴片广告是视频网站的主要广告产品，在视频网站商业化进程中有重大意义，成为一种标准化的广告产品在业内推广、复制开来。

民营综合视频网站的广告计费一般以每千人次的广告曝光成本（cost per mille，简称 CPM）为单位进行核算，相较于电视媒体按照频道时段收视率预估来定价的核算方式更加公平。魏明评价道："这是民营综合视频网站优于新闻门户的地方，但是我们在推向市场的前期做了很多的知识普及工作。"[①] 在运营中，CPM 不仅是价格，也被视作购买的广告曝光量的单位（每千人次曝光）。另外，还有按照 CPC(cost per click，即每一次点击所需的成本)、CPT(cost per time，即广告主选定广告位置和广告形式后按时长计费，如每小时或每天)、CPA(cost per action，即按由广告导致的用户互动转化数计费，如注册)等多种方式。CPM、CPT 都以展示的形式来收费，是民营综合视频网站广告主流的计价模式，而 CPC、CPA 是偏效果转化的收费模式，对视频网站运营有更高的要求。CPC、CPA 转化的实现需要精准定位目标人群，还受制于广告片内容的创意与质量，所以业界相对较少采用，一般只有在媒体贴片库存充裕、变现压力大时，视频平台才有可能接受这两种结算方式。

---

① 此部分内容来自 2021 年 10 月 31 日笔者对时任优酷营销副总裁魏明的电话采访。

第二，民营综合视频网站的广告定向与频控。网络视频广告的定向具有多维度的特点，可以实现内容定向、时段定向、地域定向、终端类型(PC、PAD、手机)定向、操作系统(安卓、iOS)定向和特定人群定向等。频控指在一定周期内限定同一个用户看到这支广告的最大次数，目的是在相同的广告预算下使广告到达更多的目标人群。无论是定向还是频控，都是广告主在精准投放(以提升投资回报率)方面作出的努力，目的是基于互联网平台和技术不断提升用户识别和广告投放的精准度。定向与频控的前提都是对用户进行识别，民营综合视频网站可搜集到的基础数据涉及用户会员注册信息、收视内容与收视行为的数据、收视终端的类别、地理位置数据(location based services，简称 LBS)、浏览广告和互动行为的数据等，数据颗粒度细化和算法的持续优化能够提升广告的效率。视频网站的频控不同于电视媒体的"N + 有效到达"。后者假设广告在一定时期内必须触达受众"N次以上"才会有效，前者是为了不让广告对同一用户曝光太多次而浪费成本。"N + 有效到达"的营收环境是单向传播的电视媒体，传统媒体时代的渠道资源具有单一化、稀缺化的特点，所以，这种以渠道为核心的投放策略存在合理性；视频网站所处的互联网时代具备精准识别用户特征和针对性投放个性化广告的技术条件，需要视频网站创新广告的呈现方式。因此，两个阶段不同的广告方式均具有其合理性。

第三，民营综合视频网站的内容营销。上述多种广告方式可以归为"硬广"，此外，立足于网络视频灵活的内容制作和传播方式，还有能够为客户提供"软广式"宣传的营销方式，内容营销便是这一方面的代表。内容营销(content marketing)就是企业围绕自己生产的内容或借助外部的内容开展品牌传播。民营综合视频网站为广告客户提供内容营销解决方案的方式日渐受到欢迎，并逐步成为重要的收入来源。其中，品牌生产内容(brand generated content，简称 BGC)是通过为用户提供产品、品牌或品类相关信息赢得用户好感和信任；内容一般由专业机构或个人以 PGC 模式生产，向目标受众展示、推广品牌(产品)信息，建立内容和品牌(产品)之间的关联，以提升品牌形象，促进产品的销售。在 BGC 内容的推广过程中，民营综合视频网站可以依据广告客户预算和效果最大化的目标探讨引流方案、配备资源包。针对客户在视频网站平台开展内容营销的需要，依据广告与内容的关联程度,内容营销可分为三个层次:第一个层级是特定内容的定向投放,即最基础的内容营销,只是优化了品牌广告的曝光环境;第二个层级是围绕内容要素(明星、剧情等)开展的具有关联度的营销策划与实践,如明星口播标板、剧中演员拍摄的创意中插、结合剧情发展与品牌诉求的压屏条广告等;第三个层级是品牌植入或品牌定制的内容,使品牌(产品)信息成为内容的一部分或成为推动剧情发展的关键要素,在内容营销层面实现品牌与内容的融合。

第四,民营综合视频网站的广告效果评估。业内关于广告效果的评估包含两个层面:其一是对具体媒介传播数据指标完成情况的评估;其二是通过调研等手段获得的有关品牌知名度、理解度、好感度等指标和销售转化情况的评估。对于客户来说,投放广告的目标也分为不同层面。追求品牌美誉度、知名度是客户的重要目标,但它的达成需要借助广告、公关等多种活动,并且需要较长的周期。具体的广告投放则主要注重短期的覆盖面方面的考核,所以广告效果评估一般均以媒介指标层面为主。媒介指标层面的广告效果评估一般需要借助第三方公司的广告投放监测数据来体现,具体涉及以下五个方面。其一,曝光完成率,即实际广告曝光量占计划曝光量的百分比。这是最基础的广告投放监测数据,如果完成率没有达到或超过100%,通常媒体可以进行补播或按实际完成率结算费用。其二,目标人群占比,即在广告的曝光人群中,品牌的目标人群数占总曝光人群的百分比。这是广告投放人群精准度的主要参考指标。其三,有效到达率,即在一个特定区域、一个时间周期内实现N次以上(如北京,1个月内,3+)广告曝光的目标人群占该区域总目标人群数的占比。这是考察此次广告投放在市场影响方面的指标,实际操作中通常会预设有效到达率目标(如75%)来倒推广告预算。其四,广告点击率,即点击过广告的人数占广告总展示人数的百分比。广告点击率与广告位置的显著度、广告素材的吸引力、广告投放的精准度等因素相关,是一个相对综合的指标。其五,MixReach(跨媒体预算优化),即在同一市场将同一目标人群的各种广告的到达整合到一起(去除重叠触达),计算出各种媒介排期的购买水平下获得的整合到达效果,拟出最佳媒体投放组合,以最低的成本达到相同的目标受众到达率,或者以相同的预算达到最高的目标受众有效到达率①。

整体来看,民营综合视频网站的广告售卖通常分为三个层级:第一个层级(也是最高层级)是围绕特定内容的项目制资源打包销售,如综艺节目的冠名、特约、行业指定,以及专门针对特定内容的贴片套装等;第二个层级是"硬广"贴片销售,通过频控和定向等完成媒介指标;第三个层级是将剩余流量按照效果竞价的形式进行售卖。视频平台通过不同方式的组合"既卖出了一些优质流量的溢价,又尽可能地将所有的流量都实现了货币化"②。民营综合视频网站通过广告变现的链路是"内容—用户—广告主",即经由内容、(个人)用户这两个中介,广告主也成了民营综合视频网站的(企业)用户。不同于民营综合视频网站为个人用户提供的内容产品,企业用户获得的是多种形态的广告产品。民营综合视频网站与企业用户的议价主动权在更大程度上取决于市场供求与市场竞争,广告主关注的焦点在于民营综合视频网站的个人用户与其品牌目标人群的匹配度、不可替代性等指标。也就是说,所有的商业交易都是各市场参与方计算投入产出比的过程,为对方创造的价值大小决定了议价主动权③。

本阶段视频网站在内容、用户、营收三个方面均呈现出新的特点。需要强调的是,这三个方面并非孤立进行与发展的,而是在不同层面存在着紧密的内在联系,在相互推动、协调中实现了视频网站媒介内生态的整体推进。例如,从内容与用户两者之间的互动来看,视频网站为了获得并留住用户,需要经过让用户关注、产生兴趣、获得良好的初次体验、复购并形成忠诚度等阶段。但是,用户注意力在互联网背景下的碎片化趋势愈发明显,各种多元化的互联网应用参与了对用户时间的竞争,民营综合视频网站获取用户的成本越来越高,难度越来越大,视频网站需要在内容与用户的关系层面进行优化。例如,对于主打长视频产品的网站来说,提供优质内容是吸引用户关注的最有效的方式。民营综合视频网站从照搬电视节目到以有组织地买断内容和自制内容为主,注重以优质内容为基础打造视频网站品牌,实现平台用户规模的快速增长。"视频网站遇到的麻烦显然

---

① 祝伟.如何有效地使用网络视频资源补"限"[J].广告人,2012(2):1.
② 此部分内容来自2021年12月11日笔者对腾讯网络媒体事业群渠道业务部常虹的电话采访。
③ 此部分内容来自2021年12月14日笔者对剧星传媒董事长查道存的当面采访。

不只是版权和内容,如果说内容问题是让视频网站感到阵痛的手臂,那盈利问题就是让视频网站难以前行的双脚。"①内容的生产或购置须以满足用户的需求为出发点,优质的节目内容也能发挥培养用户收视习惯的作用,由此需要协调内容和用户这两个层面的关系,以在视频网站的发展过程中形成相互促进的机制。

第二节 资本驱动下的产业整合

在视频网站的整合期,随着各相关主体之间的关系的调整,出现了两类代表性事件:一类是 BAT 等巨头开始在视频网站领域入局并发力;另一类是资本运作频繁,有条件的企业频频使用并购、上市等资本运营策略,抢占竞争优势。通过这两方面的整合,视频网站的发展呈现出明显的集群化特点。从市场主体来看,视频网站产业格局通过高效整合,在短短数年之间迅速形成以 BAT 等平台企业为中心的产业格局,行业聚集效应明显;从地域特征来看,代表性的视频网站企业基本集于 BAT 所在的一线城市,在整合中形成突出的集群化发展格局。视频网站种群内部企业之间,以及它们与媒介生态其他种群之间的相互关联、协作与竞争均进入一个新的阶段。当然,在这一阶段,竞争是不同企业、种群之间关系的主要内容。由此,视频网站的集群化发展在很大程度上改变了视频网站产业主体的竞争关系,并在一定程度上为后续较长时间的行业格局奠定了基础。本节从整合过程中的两类代表性事件展开,结合相应案例、材料进行梳理与分析。

一、百度、腾讯入局网络视频

在这一阶段,百度、阿里巴巴、腾讯等互联网巨头公司已经形成明显的规模效应和竞争优势,BAT 成为行业内对它们的普遍称谓(B 指百度,A 指阿里巴巴,T 指腾讯)。与此同时,中国的互联网创业领域中出现了一个

---

① 莫可道.阵痛下,视频网站的"直立行走"[J].销售与市场(管理版),2009(7):41.

独具特色的命题——如果 BAT 来了,我的竞争优势在哪里？中国视频网站的媒介生态在经历了 2008—2009 年的混沌蜕变之后,在 2010 年迎来百度和腾讯两大巨头入场。百度与腾讯入局视频网站,体现了这一业态的影响力与市场发展前景得到了认可,也为中国网络视频市场的加速整合埋下伏笔。

2010 年 1 月 6 日,百度宣布进军高清网络视频领域,组建独立视频公司(奇艺网)。这是百度在成立十年之际的一次重大布局,是应对互联网从图文传播转向视频传播的战略性决策(对标 Hulu)。受百度之邀出任奇艺(爱奇艺的前身)CEO 的龚宇,1996 年获得清华大学自动控制理论及应用专业博士学位,1999 年创立中国大型房地产门户网站——焦点网。2003 年,焦点网被搜狐收购后他也入职搜狐,先后任副总裁、高级副总裁、首席运营官。奇艺于 2010 年 4 月 22 日正式上线,专注正版高清长视频,首席营销官王湘君在接受采访时表示:"将'悦享品质'引入在线视频行业,清晰、流畅、界面友好的观看体验,改变了用户对于看片、追剧的认知。"[①]百度的技术、财力和作为最大的中文搜索引擎的流量支持,使奇艺甫一亮相就受到了多方的瞩目。同时,2010 年也是搜索引擎以 81.9% 的网民使用率晋升为互联网应用使用率首位的第一个年头。

奇艺网较早地在移动端展开布局,2010 年 9 月 26 日宣布全站正版高清视频支持 iPad 和 iPhone4 播放,当天即登上了苹果应用商店 App 免费下载榜第一位[②]。随后,奇艺陆续推出了适配安卓系统的 App 版和 PC 客户端,成为视频行业中第一家可以通过网页版或客户端两种方式观看视频的网站。此前,网页版的视频网站和视频客户端泾渭分明。前者的代表网站为优酷网、土豆网、酷 6 网等,后者则有 PPLive、PPStream 和快播等。龚宇称奇艺涉足客户端是为了"满足重度用户的需求",因为客户端不但能借助 P2P 技术实现更高的码率,让用户看到更高清的视频内容,而且在Wi-Fi 环境下可以实现先缓存再离线观看,解决了在线观看必须处于网络环境和画面卡顿等不足[③]。2011 年 2 月,奇艺的月度独立用户数达到 1.48

---

① 此部分内容来自 2021 年 12 月 7 日笔者对时任奇艺首席营销官王湘君的书面采访。
② 金朝力. 奇艺 iPAD 独立用户数单月超 26 万[N]. 北京商报,2010-11-10(B01).
③ 毛晶慧. 奇艺网:抢占"用户时长"[N]. 中国经济时报,2010-12-02(7).

亿人,上线短短 10 个月便覆盖了 50% 的中国网络视频用户①;同年 3 月中旬,奇艺 iPad 客户端独立用户数超过 80 万人,稳居行业第一。

奇艺在内容层面也积极开启了自制、独播的尝试。2011 年 7—9 月,奇艺连续开播自制综艺《爱 GO 了没》和自制剧《在线爱》等,并联手安徽卫视发布系列泰剧的独播计划,公开宣布获得千余集精品动漫独播权等;11 月,获得《变形金刚 3》中国大陆地区的网络播映权,以及"城市映象"系列微电影的独家上线;还引进法国的恋爱交友真人秀节目《浪漫满车》、朱丹主持的人物访谈节目《青春那些事》,《牵牛的夏天》等电视剧也实现了在奇艺的独播。2011 年 11 月 26 日,奇艺宣布品牌升级,启用爱奇艺名称和全新的品牌标志。龚宇坦言:"虽然百度可以为爱奇艺带来更多的流量和新增用户,但是爱奇艺必须在保证良好用户体验的前提下获得百度的优先排名。"②爱奇艺的创始员工王灿(化名)在深度访谈中说道:"我们购买的高品质版权内容,我们的自制内容,我们在移动端特别是 iPad 端的推广,以及我们无论是网页端还是客户端的简洁干净的界面,在当时鱼龙混杂的网络视频市场确实表现很抢眼,用户体验也非常好。"爱奇艺高质量内容的上线引发用户、广告主和业内的瞩目,受到了中国银行、神舟电脑、大众速腾、摩托罗拉等众多国内外广告主的青睐。2011 年 5 月 18 日,奇艺推出会员专区,涉足内容付费领域。王灿表示:"我们当时也只是觉得会员付费是一种收入的补充,完全没想到有一天这一部分会超过广告,成为视频网站最主要的收入来源。"③2012 年 4 月,艾瑞咨询的数据显示,爱奇艺的月度独立用户数达到 2.3 亿人,手机客户端装机量近 4 000 万台,iPad 客户端装机量超过 600 万台,多项数据稳居全行业第一④。

如果说爱奇艺背靠中国最大的搜索流量平台,腾讯视频则出身于拥有中国一线新闻门户(腾讯新闻)和最大的社交平台(腾讯 QQ)的腾讯。虽

---

① 视频网站奇艺 CEO 龚宇称独立用户达 1.48 亿[EB/OL].流媒体网[2011-03-10]. https://lmtw.com/mzw/content/detail/id/63545/keyword_id/-1.
② 毛晶慧.奇艺网:抢占"用户时长"[N].中国经济时报,2010-12-02(007).
③ 此部分内容来自 2021 年 10 月 6 日笔者对奇艺网创始员工王灿的电话采访。
④ 百度 CEO 李彦宏:将一如既往支持爱奇艺[EB/OL].TechWeb[2012-04-20]. http://people.techweb.com.cn/2012-04-20/1181927/shtml.

然上线于2011年4月的腾讯视频晚于爱奇艺,但腾讯早在2005年便尝试过流媒体视频平台的运营,即基于P2P技术的QQLive,只是出于战略的考虑并未重点发展。马化腾对此曾公开表示:"网络视频对带宽、服务器、内容资源等要求非常高,投入巨大,所以腾讯不会贸然地大规模投资这个领域。"①但是,在网络视频迅速兴起之后,视频网站重新受到了腾讯决策层的重视。时任腾讯在线视频部总经理刘春宁认为,"腾讯作为一个平台级互联网服务提供商,如果不做视频的话,不但无法满足用户的需求,也无法放大平台的价值。……腾讯认为现在(2011年)是进入这一领域的最佳时期"②。著名互联网评论家洪波(keso)认为,"腾讯有用户(7亿的QQ活跃用户)、有资源(媒体品牌效应)、有推广渠道(旗下拥有多款国民级App)、有钱,这位'四有新人'不做视频,才是暴殄天物"③。

  腾讯视频高度重视内容资源的积累与运营。首先,它在成立后便加入包括乐视网、PPTV、迅雷、暴风影音等在内的"电影网络院线发行联盟",保持盟友之间购买电影的网络版权费和对用户收费领域的一致性,"统一上线时间、统一播放品质、统一资费"④,助推互联网成为电影的第二大发行渠道;其次,向影视产业链上游渗透,以4.5亿元入股著名影视制作公司华谊兄弟,成为当年的第一大机构投资者,以"创行业大剧采买金额新高"的天价买下《宫锁珠帘》的独家网络播映权,由此在内容版权竞争和成本控制方面展开探索。2013年6月,腾讯视频上线英剧频道,首批引进了13部近500集国内独家网络版权英剧,覆盖全英BBC Worldwide、ITV Studios、Fremantle Media等主流制片公司和电视台;同年11月,又以超2亿元的成本竞得2014年《中国好声音》的独家网络版权,投入资金是前一年搜狐视频对该项目版权支出费用的2倍以上。此外,腾讯视频积极布局自制节目,制定"'全新出品'战略,就是要以原创内容为核心,辅助原创节目、自制网剧、微电影、短片大赛/扶持计划作为四大引擎"⑤。此外,腾讯

---

① 张褛心.视频大战:腾讯来了![J].新民周刊,2011(43):62—65.
② 李萧然.腾讯6年后挺进视频江湖,市场新军迎战群雄[J].IT时代周刊,2011(21):26—27.
③ 张褛心.视频大战:腾讯来了![J].新民周刊,2011(43):62—65.
④ 孙琳琳.七家视频网站建电影收费点播平台[N].新京报,2011-03-18(B02).
⑤ 张褛心.视频大战:腾讯来了![J].新民周刊,2011(43):62—65.

积极布局体育视频内容,2010年联手CNTV独家视频直播了64场南非世界杯比赛,赢得了大量用户;2012年伦敦奥运会期间,腾讯视频派出数百人的报道团远赴伦敦,邀请了10支中国运动队和体育明星、媒体名嘴、社会名流制作了多档体育栏目,并与BBC、路通社和国内的《体坛周报》等组成报道联盟;2013年11月,腾讯视频签约成为中国奥委会2013—2020年唯一的互联网服务合作伙伴,赢得了两个奥运周期赛事报道的诸多优先特权,还获得了中国体育报道团的多项独家权益。腾讯网络媒体事业群渠道业务部副总经理焦阳在采访中表示:"腾讯更多地将自己定义为一个权威的媒体,积极承担社会责任,注重社会效益,而不仅仅是一个商业的互联网平台。很多有着广泛社会影响的重大项目,我们可以暂时不考虑盈利的问题。"①

除了在内容采买和自制层面的探索,腾讯视频在运营方面也努力创新,推出了独创的"SEE模式":Spread指腾讯视频的内容传播能力,借助腾讯的一站式在线生活平台打通多个终端与渠道,立体化、全场景、全时段地向用户主动推送视频内容;Enjoy指腾讯视频的内容聚合与展现能力,以海量视听内容和亚洲最大的内容分发网络优势为基础,给用户提供高清、流畅的视听服务体验;Expand指腾讯视频的内容扩展能力,是用户通过QQ、Qzone、腾讯微博等强大的社交平台以分享的形式对内容进行二次传播,提升传播效果。

二、基于资本运营的产业整合

中国民营综合视频网站在2010—2013年迎来了上市潮和收购兼并的整合潮,中国民营传媒领域在此前尚未出现过如此规模的资本运作现象。

2010年8月,加盟盛大的酷6网借壳华友世纪登陆纳斯达克,成为全球第一家上市的分享视频网站。不过,它上市后当年的营收仅为2030万美元,亏损却高达5150万美元。盛大集团与李善友也由此就酷6网的发

---

① 此部分内容来自2021年11月29日笔者对腾讯网络媒体事业群渠道业务部副总经理焦阳的电话采访。

展方向产生分歧。盛大建议放弃正版影视剧,改为版权费和带宽成本都相对较低的新闻资讯模式,李善友则坚持"大片模式"。因双方未达成一致,李善友于2011年3月带着还在锁定期的仅剩的约10%的股份离职。2011年5月18日,盛大以销售费用过高为由,宣布酷6网销售部裁员150人,拒绝执行的高级副总裁郝志中和副总裁曾兴晔也被就地免职。这场"暴力裁员风波"成为视频网站发展历程中的典型事件。同年5月26日,北京市海淀区人力资源和社会保障局经调查后认定"5·18裁员事件"违法,并责令于5月30日前整改。5月29日,酷6网董事长吴征发微博表示,酷6网裁员风波顺利和解。受此风波影响,酷6传媒股价从5月20日的4.8美元下跌至5月27日的3.71美元,一周跌幅达22.7%,市值蒸发3794.5万美元。

与酷6网的动荡不同,乐视在这一阶段得到了较快的发展。2010年8月12日,当日流量在全球排名第1132位、在中国排名第125位(参考第三方流量监测机构Alexa数据)的乐视网率先在国内创业板挂牌上市,引发关注。当时的网络视频全行业仍处于亏损状态,但排名并不靠前的乐视连续两年盈利。这是因为它采用"付费+免费"的创新型营收方式,且收费模式贡献了总收入的一半以上。

同时期,流量全球排名第51位、中国排名第10位的优酷网在2010年12月才登陆纽约证券交易所;流量全球排名第70位、中国排名第12位的土豆网因受到创始人王微婚姻纠葛的影响,在2011年8月才于纳斯达克上市,比优酷晚了8个月。这使它在一定程度上错失了竞争良机,而且土豆网在上市当日就跌破了发行价,市值仅7.25亿美元,不及优酷当日市值的四分之一。但是,朱向阳和魏明在深度访谈中都证实,优酷网是听闻土豆网要上市才跟进启动上市程序的。魏明说:"优酷从成立的第一天开始就是按照上市公司的标准来运作的,因为我们在搜狐接受的都是美国上市公司的训练[①],这个方式非常重要而且根深蒂固。无论是销售管理、内部审批流程,还是财务合规等,优酷都非常完备。所以,虽然我们启动上市流

---

① 魏明、朱向阳、古永锵等均曾就职搜狐。

程比土豆晚,但是跑得更快。"①PPS 营销副总裁蒋先福认为,"优酷上市的时间是中国民营综合视频网站在美国上市的最好时机,之后土豆简直是'流血'上市,而我们 PPS 上市就没成功"②。

其他一些独立上市无望的视频平台也陆续开展了其他形式的资本运营。例如,人人网 2011 年 10 月以 8 000 万美元的价格收购 56 网,因为人人网作为"第一家以 SNS 概念上市的中国公司"急需建立 UGC 视频内容生态。由于后续市场格局的变化与经营策略的调整,同时面对微信、微博等新兴社交平台的兴起,人人网在 2014 年又将 56 网折价 2 500 万美元卖给搜狐,作为视频分享业务整合并入了搜狐视频。与 56 网两次被交易的经历类似,迟迟未能实现独立上市的 PPTV 也迎来了大股东易主,苏宁云商于 2013 年 10 月 28 日宣布联合弘毅投资以 4.2 亿美元战略投资 PPTV(PPLive)。其中,苏宁云商出资 2.5 亿美元,占股 44%,成为第一大股东,陶闯卸任 CEO,弘毅投资方代表吕岩继任。PPTV 在内容上主打体育特色(PP 体育也是一个独立的 App),在中国的球迷群体中逐步形成了较大的影响力。2014 年 12 月,苏宁云商又以 2.4 亿美元增持 PPTV 股份至 64%,苏宁副总裁范志军出任 PPTV 管理执行委员会主席,原 CEO 吕岩离开,陶闯和创始人姚欣也陆续彻底离开 PPTV。2015 年 11 月,苏宁云商再发公告,称拟将所持的 68.08% 的 PPTV 股份作价 25.88 亿元转让给苏宁文化,PPTV 不再并表于上市公司——苏宁云商收购的 2 年间,PPTV 累计带来的亏损超过 10 亿元。此举的另一层含义是拟引入阿里巴巴的投资,为避免外商投资产业政策对 PPTV 后续业务发展可能造成的影响和限制而进行剥离③。再如迅雷看看,它的定位与模式比较特殊。迅雷一度是中国最流行的一款下载软件,定位于网络电影院线的迅雷看看之前是迅雷旗下的一款在线播放插件。它随后推出了网页版,主打在线电影的内容特色,并于 2012 年 11 月开始独立品牌运营。2013 年 4 月,迅雷看看发布与北大计算机所联合研发的 H.265 视频编码技术,实现了带宽减半、清晰

---

① 此部分内容来自 2021 年 10 月 31 日笔者对时任优酷营销副总裁魏明的电话采访。
② 此部分内容来自 2021 年 11 月 30 日笔者对时任 PPS 营销副总裁蒋先福的电话采访。
③ 李铎,王茜.保驾业绩 苏宁云商剥离 PPTV[N].北京商报,2016-01-05(5).

度翻倍的效果。但是,2015年4月1日,迅雷看看被上市母公司定义为"非核心无盈利能力"业务而被剥离,作价1.3亿元卖给了北京响巢国际传媒,并更名为响巢看看。时任迅雷看看商业化副总经理侯亮在深度访谈中表示:"太可惜了。现在回头看,网络院线的定位是完全可以做出来的。电影的成本相对较低,再加上迅雷在P2P上的技术优势,用户的增长势头很好,客户对我们的认知当时也在逐步形成,就是资本没耐心了。"①

视频网站之间的合并也是这一阶段的代表性事件,如优酷与土豆、爱奇艺与PPS等的合并,直接改变了中国在线视频行业的竞争格局。2012年8月,优酷、土豆以100%股权交换的方式合并成立优酷土豆集团;2013年5月,百度宣布以3.7亿美元收购PPS的视频业务,并入爱奇艺。这两场并购有两方面的共同原因。其一,它们都发生在中国在线视频行业整体亏损的大背景下,资本方急需通过提升市场集中度、扩大单个市场主体的份额以增强民营综合视频网站在产业链中的议价能力(包括对上游的内容供应商、带宽与服务供应商,对下游的个人用户和广告主),降低成本,扩大营收,改善盈利能力。正如极客公园创始人张鹏在微博上对优酷与土豆合并的评价:"看好新公司,版权成本下降,议价话语权提升。中国互联网很多领域都是'剩者为王',集中度决定产业利润率。"其二,两场并购都是为了获得优势互补的协同效应。企业之间的差异是并购活动产生的重要动因,可以通过企业间良好的协调和互补,发挥强大的协同效应。例如,两方合并后整合管理团队,共享管理资源,促进双方企业特别是相对低效率一方的管理水平的提升,实现管理协同效应。再如,品牌协同,既保持两个品牌的差异化,又可以实现部分优质内容、生产资源和流程的共享,增强整体的品牌影响力;竞争协同,避免双方落入恶性竞争的环境,可以携手对抗中小竞争对手,增强整体平台的网络效应。

"优酷与土豆合并前是国内排名前二的视频网站,两者合并后可覆盖当时中国约80%的网络视频用户,掌握60%以上的视频流量份额。"②两者的合并也直接消灭了市场中最强劲的竞争对手,增强了它们在产业链上下

---

① 此部分内容来自2021年11月12日笔者对时任迅雷看看商业化副总经理侯亮的当面采访。
② 此部分内容来自2021年10月31日笔者对时任优酷营销副总裁魏明的电话采访。

游的议价能力。魏明说:"当时王微也有这样的想法。我们之间的竞争都是针锋相对的,非常疲惫。合并了之后,把成本优化了,收入提上去,对整个行业都是好事。"①优酷与土豆在内容、运营策略等方面存在差异:优酷的强项是它在长期对社会事件的反馈互动中形成的媒体属性,以及创始人古永锵突出的资本运营能力;土豆网则以影像原创力和社区认同度赢得了大批年轻用户的青睐。两者的整合在理论上具有形成优势互补的协同效应的可能,但在实际的整合过程中,"商人"古永锵与"文艺青年"王微并没有迎来"蜜月期"。2012 年 8 月 24 日,王微宣布正式退休,土豆网的发展由此也受到影响。朱向阳认为,"优酷与土豆的合并主要是资本主导的。因为两者业务模式高度重合,而且又是市场份额最大的两家公司,竞争的耗损巨大。但是,从纯粹运营的维度、生态链布局或筑高竞争壁垒等方面看,其实两家的合并效果不理想。用户、广告主或内容供应商并没有因为这次合并而产生更多的合作意愿"②。魏明也说过:"合并之后最难的是团队的融合,所有成功的并购都是从签完并购合同进入整合才开始的。两个体量相当的生命体并到一起,两个团队文化按照一种新的逻辑拧在一起,孕育出新的生命体征和能量,这需要极高的智慧。我们用一个班子去运营两个风格迥异、性格鲜明的平台品牌,现在回头看,是一个非常值得商榷的策略。从整体上看,优酷和土豆的合并没有达到预期效果。"③

爱奇艺与 PPS 的合并是本阶段又一个标志性事件。百度以 3.7 亿美元的高价将 PPS 纳入麾下,交易完成后 PPS 的创始人和投资人全部套现退出,曾参与两轮融资的启明创投表示获利 10 倍。蒋先福在深度访谈中表示:"好多机构来找我们聊过收购事宜,包括孙正义、李泽楷、马云,但PPS 董事会还是决定自己上市。PPS 从 2010 年开始准备,2011 年冲击独立上市,最终没有成功。然后问题就来了,一方面版权价格飞涨,另一方面我们融资困难,而竞争对手的现金'弹药'充足,再加上公司内部管理层也

---

① 此部分内容来自 2021 年 10 月 31 日笔者对时任优酷营销副总裁魏明的电话采访。
② 此部分内容来自 2021 年 10 月 4 日笔者对时任优酷副总裁、总编辑朱向阳的电话采访。
③ 此部分内容来自 2021 年 10 月 31 日笔者对时任优酷营销副总裁魏明的电话采访。

有了一些经营理念上的分歧。所以,百度找到我们,很快就谈成了。"①合并后,PPS创始人之一雷亮宣布离开,徐伟峰、张洪禹留任新公司的联席总裁。徐伟峰表示,"我们会成为中国收购合并的经典案例",并坚持到了2018年爱奇艺上市。张洪禹则在并购一年后离职并再度创业,开发了视频电商平台秀淘。爱奇艺与PPS的合并同样体现出较强的互补协同效应。作为行业的后来者,专注于长视频的爱奇艺,它的用户主要集中在一、二线城市,而且习惯通过网页端访问;PPS则专注于客户端视频,用户主要集中在三、四线城市。在并购之后,爱奇艺借助PPS迅速实现了在移动客户端的战略布局,扩大了三线以下城市的用户规模,体现了原百度企业发展部总经理汤和松论及的"规模效应、移动化是视频业务成功的非常核心的战略要素"②。爱奇艺与PPS合并后打通了会员账号、广告系统、CDN和P2P技术,大幅降低了内容成本和带宽成本。艾瑞咨询的数据显示,合并后的爱奇艺PPS累计覆盖全网用户3.57亿人,日均覆盖7 586.3万人,仅次于合并后的优酷土豆,而且月度浏览时长(12.1亿小时)和月度移动网民覆盖数(2 395.2万人)两个指标为全行业第一③。月度浏览时长指标领先的主要原因是爱奇艺主攻长视频内容,月度移动网民覆盖数领先则要归功于PPS在客户端领域的既有优势。对于行业内频繁出现的资本运营事件,龚宇认为视频行业出现大规模的并购是必然的行业趋势和方向。视频行业长期处在无序的竞争状态中,只有市场集中度不断提高,行业发展才会更加理性④。

第三节　资本与政策的动态博弈

　　媒介外部生态中的技术、资本、政策三个要素在本阶段呈现出与以往

---

① 此部分内容来自2021年11月30日笔者对时任PPS营销副总裁蒋先福的电话采访。
② 付薇,焦苗苗.企业并购动因分析——以百度收购PPS案为例[J].河北企业,2018(4):90—91.
③ 爱奇艺全平台用户覆盖持续第一[EB/OL].流媒体网[2013-10-14]. https://lmtw.com/mzw/content/detail/id/96055/keyword_id/-1.
④ 根据影像资料《杨元庆对话龚宇》整理。

不同的特点。在媒介生态探索期,技术这一要素的作用更为明显,占主导地位,基于技术创新驱动了各种视频网站运营模式的初步诞生与成长。但是,在各种技术要素比较成熟且不同运营模式基本稳定的前提下,产业规模扩张成为民营综合视频网站整合期行业发展的主题,资本则成为行业高速增长背后的主要推动力量,占主导地位。资本要素发挥作用的过程中与政策监管呈现动态博弈状态,这也成为视频网站整合期的突出特点。资本驱动多个市场主体尝试在运营中突破传统媒体时代对视频内容的管控,以求在激烈的市场竞争中获得发展先机。针对这一问题,主管部门通过不断调整管控政策的方式加强对视频网站的管控力度,这种博弈的张力在本阶段有着鲜明的体现。此外,媒介外部生态还与当时的经济社会发展背景有着密切的关系,如金融危机直接影响了资本要素作用的发挥,经济社会发展背景也是本阶段研究需要关注的内容。

考察本阶段的外生态环境,技术、资本、政策三方面要素的关系整体呈现出如下三个方面的特点。首先,视频网站发展所需要的基础技术已经基本成形且在行业中得到应用。这部分内容在探索期对行业的诞生、兴起有着显著的驱动作用,在本阶段仍然得到延续。在新的技术要素方面,有代表性的是3G商用时代开启,推动互联网传播进入移动时代,"移动化"逐步成为很多视频网站布局的下一个方向。不过,3G时代的移动化传播仍以移动图文形式为主,移动视频所需要的成本与终端瓶颈还未完全被解决,所以本节不对3G与视频网站运营的关系进行深入分析。其次,资本对视频网站行业发展的影响在这一阶段诸多环节的多个企业的运营中得到体现,成为行业整合的重要推动力量。同时,资本的需求、资本方的意志也成为影响多家视频网站战略布局与运营方式的因素。本阶段视频网站出现的很多问题和呈现的多个特征均能在资本运营的层面找到原因。最后,相关主管部门持续关注着视频网站行业的高速发展与动态调整,面对探索期延续下来的尚未解决的问题,以及产业调整期出现的诸多新问题,相关政策的发展也规制着行业演化过程,视频网站要根据政策的变化对运营模式、内容策略等作出调整。因此,本节主要从资本和政策两个方面展开,结合相关历史背景与案例把握视频网站外部生态的主要内容。

一、金融危机背景下民营综合视频网站的资本运营

在资本运营过程中,根据资本的作用与不同的发展阶段可以分为天使投资(angel investment,简称 AI)、风险投资(venture capital,简称 VC)、私募股权投资(private equity,简称 PE)等不同类型。天使投资多在企业的创业、诞生期发挥作用,风险投资则多在企业成长、调整期发挥作用。具体而言,在本阶段视频网站的发展过程中,风险投资的作用得到了较为全面的体现。风险投资指具备资金实力的投资者对其认为有市场发展潜力但又缺乏启动(或扩大再生产的)资金的创业者提供资金,获得相应的股份并承担项目失败风险的投资资本。它是以"获得货币增值为目的,为卖而买"[1],同时兼具高风险和高收益的特点。美国全美风险投资协会认为,"风险投资是由职业金融家投入新兴的、迅速发展的、具有巨大竞争潜力的企业中的一种权益资本"[2],一般在企业发展初期投入,待其发展相对成熟后通过市场退出机制将所投入的资本由股权形态转变为资金形态,以收回投资。"风投资本的接连注入、推波助澜成为行业前进的最大动力"[3],网络视频属于资本密集型产业,无论是技术、带宽、内容投入等方面都有大量的资本需求,而且门槛较高。面对未来广阔的发展前景和面前的盈利困境,视频网站必须持续通过融资、并购乃至上市来"续命","某种程度上说,在持续烧钱的行业逻辑下,其实是资本因素决定了行业成败"[4]。

本阶段中国视频网站的资本运营是在金融危机的大背景下展开的,"自 2008 年下半年开始,受席卷全球的金融风暴的影响,风险投资额急剧压缩,视频网站行业受到影响"[5]。2007 年,美国次贷危机爆发,自 7 月开

---

[1] 牛勇平. 传媒产业资本运营[M]. 北京:经济管理出版社,2014:9.
[2] 李少亮. 风险投资对中国经济增长的影响研究[D]. 济南:山东财经大学,硕士学位论文,2013:11.
[3] 韩倩倩. 资本推波助澜之下,网络直播或迎行业洗牌[J]. 中国战略新兴产业,2016(10):67—67.
[4] 王建磊. 新媒体产业资本流通与价值转移的影响机制研究——以网络视听行业为例[J]. 新闻大学,2020(12):93—104.
[5] 周敏. 金融风暴下视频网站盈利模式变革[J]. 中国广播电视学刊. 2009(4):21.

始,贝尔斯登公司、德国工业银行、法国巴黎银行、英国北岩银行、美国网络银行等相继出现基金倒闭、挤兑、破产等问题;2008年1月17日,美国第三大券商美林证券披露了有史以来最大的季度亏损(98.3亿美元),亏损额是市场预期的三倍①;美联储、欧洲央行开始向市场大量注入现金,降低再贴现率,政府也发布了减税法案,但均收效甚微,濒临绝境的贝尔斯登、美林证券和美国国际集团在美国政府的救助下得以"存活",美国五大投行之一的雷曼兄弟则宣布破产。2008年,金融危机蔓延到中国,国内多数民营综合视频网站的风投资金主要来自美国和欧洲,所以,欧美资本市场的变化和动荡对中国网络视频市场的冲击极大。根据中国风投在《2008年中国私募股权投资市场研究报告》中的统计数据可知,2008年中国网络视频行业发生的融资案例数为10个,总融资额为11 659万美元,分别比2017年(16个案例,12 843万美元总融资额)下滑37.5%和9.2%。之所以出现融资额下滑幅度远小于融资件数,是因为风投资本为了避险而选择向行业龙头企业集中,如优酷、土豆在2008年分别完成了3 000万美元和5 700万美元的融资,两者之和占中国网络视频行业年度总融资额的74.6%。"优酷并没有特别感受到金融风暴的影响,我们已经提前敲定了融资准备过冬。我们几个大的竞争对手也没有太受影响,譬如搜狐、土豆等。"②但是,规模较小的视频网站在这一年面临着较大的生存压力。"2008年1月份以来,50%投向中小视频网站的风险投资已经停滞甚至'断供',大多数中小视频网站要想获得第二轮甚至首轮融资已相当不易"③,很多企业纷纷采取裁员、合并、减少带宽支出等措施压缩运营成本,寻求生存方式。

在中国视频网站发展的整合期,资本的作用与其他诸多要素交织在一起,增加了视频网站生态的复杂性。例如,部分视频网站的创业者在金融危机背景下处于矛盾之中,他们既期待延续之前的高增长态势,扩大用户数和流量规模,也担忧资本短缺会影响巨额的服务器和宽带费等成本支出。六间房的创始人刘岩在个人博客里透露:"YouTube在2006年10月

---

① 朱周良.98.3亿美元!美林四季度亏损赶超花旗[N].上海证券报,2008-01-18(7).
② 此部分内容来自2021年10月4日笔者对时任优酷副总裁、总编辑朱向阳的电话采访。
③ 董年初,熊艳红.金融危机下商业视频网站发展的几点思考[J].中国广播,2009(4):52—54.

被收购时带宽消耗量不足200G，而此时我的同行们正在冲击的是450G乃至500G，中国的互联网市场实在是太大了……而在这一年（2008年）中有4家视频分享网站进入中国网站总排行的前10名，它们的带宽消耗量或许已经超过了中国互联网全部带宽量的60%。"当时中国的带宽（单位）成本是美国的1—2倍[1]，六间房最多的一个月需要交付400万美元的带宽费用。六间房在无奈之下开始裁员，员工从200人减到60人，而且剩下的人全部大幅降薪，同时开始转型做直播平台。"做起了曾经不屑的直播秀场并越走越远，刘岩说这是一场灵魂深处的'革命'。"[2]可见，对于中小视频网站来说，它们虽然拥有国内巨大的流量平台，但在金融危机背景下却因融资难、资金短缺等陷入困境。直到2015年，A股上市公司宋城演艺以26亿元，用发行股份和支付现金的方式收购了六间房100%的股权，并将它与花椒直播运营方（北京密境和风科技有限公司）重组。当然，这是后来宋城演艺为了抢占直播风口而作出的战略部署。

资本在中国民营综合视频网站的发展与运营中发挥了巨大作用，可以概括为以下五个方面。其一，充裕的资本可以为员工提供更有竞争力的薪酬，吸引优秀人才加盟创业团队。正如高瓴资本集团的创始人张磊在《价值》一书中所说："与发现伟大的营收相比，与拥有伟大格局观的创业者、企业家肝胆相照、甘苦偕行，更令人激动和期待。……选择与谁同行，比要去的远方更重要。"[3]其二，充裕的资本能够支持视频网站推进技术革新、增加带宽、改善用户体验等。其三，可以加大内容投入，通过买断、合作或自制优质内容，增强竞争优势、塑造媒介品牌。其四，可以加大市场推广力度，扩大用户规模。其五，可以改变创业企业的股权结构，为企业运营提供经验指引。例如，为了加快下一轮融资和业务扩张节奏，可以采取兼并、收购等举措，引入新的股权会带来新的经验、人才、资源，助力企业成长。特别是企业上市之后，资本市场既会给企业带来新的发展压力，也会引导、督促企业调整并提升战略格局、规范经营，有利于视频网站的可持续健康成长。整体来看，在国内资本市场不够成熟的调整期，通过资本的运营不仅

---

[1] 董年初,熊艳红.金融危机下商业视频网站发展的几点思考[J].中国广播,2009(4):52—54.
[2] 冯珊珊.平衡木上的刘岩[J].财会月刊,2013(34):42—43.
[3] 张磊.价值[M].杭州:浙江教育出版社,2020:243.

能够推动行业规模化发展，还能引入大量资源，帮助中国视频网站更好、更健康地发展。

二、海外资本进入中国网络视频市场的路径

中国视频网站的兴起与发展受到海外诸多成功案例的激励，特别是Netflix、Hulu、YouTube等平台的崛起，以及YouTube以16.5亿美元被谷歌收购等资本运营案例，为国内视频网站提供了对标企业、运营经验与发展信心。同时，中国视频网站得到了大量海外风投资本的投资与支持，业内早期的风投资本主要来自海外，这在土豆网、优酷网、酷6网、PPS和后期的爱奇艺的成长历程中均有体现（见表3.1）。国内巨大的互联网应用市场和视频网站的发展前景是吸引海外资本入局的重要原因。当然，国内的投资环境与海外不同，所以海外资本、国内政策管控、视频网站企业等均经历了一个适应与协调的过程，这也对本阶段的媒介生态产生了直接影响。

表3.1 国内主要民营综合视频网站的融资情况

网站	轮次	融资额度	风投资本	时间
土豆	第一轮	50万美元	IDG资本	2005年12月
	第二轮	850万美元	IDG资本、纪源资本、集富亚洲投资公司	2006年5月
	第三轮	1900万美元	今日资本、General Catalyst主导，韩国KTB风投基金、GC Entrepreneurs Fund、中国互联网基金(CA-JAIC China Internet Fund)参与，IDG资本、纪源资本、集富亚洲投资公司跟投	2007年4月
	第四轮	5680万美元	凯欣亚洲投资集团和Venrock领投，IDG资本、纪源资本等参投	2008年4月
	第五轮	5000万美元	淡马锡公司通过Sennett Investments领投3500万美元，凯欣亚洲投资集团、IDG资本、纪源资本、General Catalyst等跟投1500万美元	2010年7月
	首次公开募股	1.74亿美元	纳斯达克	2011年8月17日

续 表

网站	轮次	融资额度	风投资本	时间
优酷	第一轮	300 万美元	古永锵"搜索资金"	2005 年 11 月
	第二轮	1 200 万美元	Sutter Hill Ventures、Farallon Capital、Chengwei Ventures	2006 年 12 月
	第三轮	2 500 万美元	Brookside Capital,以及既有的 Sutter Hill Ventures、Farallon Capital、Chengwei Ventures 追投	2007 年 11 月
	第四轮	4 000 万美元（其中的 1 000 万美元为技术设备款）	Brookside Capital、Sutter Hill Ventures、Farallon Capital、Chengwei Ventures 追投,新引入 Maverick Capital、Western Technology Investment（设备贷款）	2008 年 7 月
	第五轮	4 000 万美元	Chengwei Ventures、Brookside Capital、Maverick Capital、Sutter Hill Ventures	2009 年 12 月
	第六轮	5 000 万美元	Chengwei Ventures、Farallon Funds、Brookside Capital、Maverick Capital、New Horizons Fund、摩根士丹利小企业成长基金	2010 年 9 月
	首次公开募股	2.03 亿美元	纽约证券交易所	2010 年 12 月 8 日
PPS	第一轮	100 万美元	联创策源	2005 年 12 月
	第二轮	1 000 万美元	启明创投、联创策源	2007 年 3 月
	第三轮	2 000 万美元	LB 投资领投,启明创投、联创策源跟投	2008 年
	第四轮	2 864 万美元	电讯盈科（资方）	2011 年 10 月
	被收购	3.7 亿美元	百度	2013 年 5 月
酷 6	第一轮	超千万美元	德丰杰风险投资公司、德同资本	2007 年 5 月
	第二轮	不详	新增 UMC Capital、SBI Investment 等	2008 年 7 月
	首次公开募股	不详	加盟盛大,与华友世纪合并,实现在纳斯达克的上市	2009 年 11 月
			华友世纪剥离无线、音乐板块,酷 6 实现独立上市	2010 年 6 月
	注资	1 亿美元	盛大集团	2011 年 4 月
爱奇艺	A 轮	5 000 万美元	百度	2010 年 4 月 1 日
	B 轮	3 亿美元	小米科技、顺为基金、百度	2014 年 11 月 19 日

续 表

网站	轮次	融资额度	风投资本	时间
	战略投资	15.3亿美元	百度、高瓴资本、润良泰基金、IDG资本、光际资本、红杉资本、博裕资本	2017年2月21日
	首次公开募股	22.53亿美元	纳斯达克	2018年3月29日

在21世纪初,"建立新媒体网站、获取国际风险投资、在纳斯达克上市,成为新媒体奋斗的三部曲"[①],但国家发展和改革委员会与商务部共同制定的《外商投资产业指导目录(2011年修订)》规定,我国的增值电信业务外资持股比例不得超过50%,禁止外商投资目录中明确包括新闻网站、网络视听节目服务[②]。

不过,海外资本可以通过可变利益实体(variable interest entities,俗称VIE结构)的方式绕过监管进入中国网络视听节目服务领域。可变利益实体是境内主体(运营公司)为实现在海外融资乃至上市而采用的一种资本结构,出现于中国互联网刚起步的新旧世纪之交。当时,大量有留学背景的互联网创业者急需创业资本,但因营收的高风险性不符合中国内地金融评估体系而无法在国内融资,所以与律师、海外证券交易所等共同探索出VIE结构。借此,中国的互联网创业者得到了海外资本的支持,海外资本在企业的初创和起步阶段发挥了重要的推动作用。VIE结构的具体实施流程为:首先,在海外注册成立公司(未来的上市主体),再在中国境内设立其全资子公司(wholly foreign owned enterprise,简称WFOE)从事外商投资不受限制的行业,如技术咨询服务业;然后,由全资子公司对境内主体,即具备国内经营增值电信业务合法资质的运营公司提供无息贷款,并通过一系列协议获得运营公司的实际控制权和收益权,使运营公司成为海外上市主体的可变利益实体。

VIE结构的关键是海外上市主体借由全资子公司通过协议而不是通

---

① 朱春阳. 新媒体经济:效率竞争、创新榜样与国际化示范——从产业经济制度变迁的视角看新、旧媒体之争[J]. 新闻记者,2007(11):97—100.
② 外商投资产业指导目录(2011年修订)[EB/OL]. 国家发改委官网[2011-12-24]. https://www.ndrc.gov.cn/fggz/lywzjw/zcfg/201405/W020190909440617582614.pdf.

过股权来控制国内的运营公司,从而规避国内法律法规对特定行业(网络视听节目服务)外资投资比例的限制和国内企业海外上市的限制,故 VIE 结构又称为协议控制。国内最早使用 VIE 结构的是新浪,之后国内主流互联网企业,如百度、阿里巴巴、腾讯、网易、奇虎 360、盛大游戏、巨人网络等都采用这种模式并实现了海外上市。中国民营综合视频网站也是如此,如爱奇艺在开曼群岛注册母公司(iQIYI, Inc.),在国内设立的全资子公司有北京爱奇艺新媒体科技有限公司、北京奇异世纪科技有限公司、重庆奇异天下科技有限公司等,通过协议控制的可变利益实体有北京爱奇艺电影院线管理有限公司、爱奇艺影业北京有限公司、上海爱奇艺文化传媒有限公司、北京爱奇艺科技有限公司、上海众源网络有限公司等。

三、网络视频的市场主体准入管控

随着网络视频应用市场的扩大,市场主体各种"踩红线"、恶性竞争的行为层出不穷,有的甚至造成恶劣的社会影响,成为必须重视与整治的问题。原国家广电总局作为视频网站的主要监管部门之一,三令五申地从市场主体的资质、传播内容、经营范围等维度对从事互联网视听服务的机构进行监督管理。例如,上文提及的发布于 2004 年的《互联网等信息网络传播视听节目管理办法》明确规定,外资、中外合资(合作)机构不得从事信息网络传播视听节目业务,主管部门在 2007 年底又进一步收紧关于市场准入的标准,国家广电总局和信息产业部于 2007 年 12 月 20 日联合颁布《互联网视听节目服务管理规定》(第 56 号令,2008 年 1 月 31 日起实施),指出从事互联网视听节目服务的应为国有独资或国有控股单位[①]。这一规定的发布引发了广泛的关注和热议,因为它意味着继外资后,民营资本也被排除在互联网视听业务之外,当时主要的民营综合视频网站,如土豆、优酷、酷 6 网等均面临"身份危机"。对此,国家广电总局于 2008 年 2 月 3 日作出进一步解释,"在《规定》发布之前开办的视频网站且无违法违规行为

---

① 互联网视听节目服务管理规定[EB/OL]. 中华人民共和国中央人民政府网站[2007-12-29]. http://www.gov.cn/flfg/2007-12/29/content_847230.htm.

的,可以重新登记并继续从业"①,上述民营综合视频网站由此得以继续运营。

这是主管部门以"准入"为抓手对行业进行的整顿与管理,通过明确以国有独资或控股作为开展互联网视听业务的基本条件,有利于强化对市场运营主体资格的把控,加强互联网思想文化阵地建设,也有利于维护视频网站作为媒体应当体现的公共属性与社会效益。《互联网视听节目服务管理规定》还指出,从事互联网视听节目服务必须持有《信息网络传播视听节目许可证》(AVSP,俗称视频牌照)。2008年3月31日,广电总局向大约十家网站发放了有效期为三年的视频牌照。其中,除了央视国际、新华网等八家国资背景的网站外,还有激动网、优度宽频、光线传媒三家民营公司;优朋普乐、酷6网、悠视网、搜狐网、天极网等民营网站在同年4月陆续拿到视频牌照,优酷、土豆分别于7月、9月拿到视频牌照。截至2008年底,共有约300家民营综合视频网站按要求进行了整改并通过申请,分批次获得了视频牌照。当然,也有部分视频网站始终未能通过申请,如曾在UGC阵营视频网站领域排名第二的我乐网。我乐网还因为视频审核失误于2008年6月被罚闭站一个月,这严重影响了我乐网的UGC视频分享数量,大量用户因此流失。此后4年内,我乐网始终没有拿到新的风投资金,各方面指标大幅下降,为了生存,在2011年10月被人人网以8000万美元全资收购。

四、政策驱动下视频网站内容的净化

除了对行业准入的把控,主管部门还针对视频网站内容生产中出现的质量低下、内容低俗甚至有违媒体运营基本理念与底线的问题,积极地探索有效的管理机制与策略。广电总局针对网络自制内容制定了明确的管理规章,网络视频与电视监管政策逐步体现出"同一标准、同一尺度"的特点。例如,面对视频网站积极布局自制节目的行业动态,广电总局在2012

---

① 广电总局、信息产业部负责人就《互联网视听节目服务管理规定》答记者问[EB/OL].国家广播电视总局官网[2008-02-03]. http://www.nrta.gov.cn/art/2008/2/3/art_110_4645.html.

年下发《关于进一步加强网络剧、微电影等网络视听节目管理的通知》,是我国第一个针对网络原创节目的管理文件,明确了播出网站要遵循"自审自播""先审后播""未审不播"三项基本原则,网络视听节目审核员上岗前必须通过行业协会的培训与考核。同时,文件规定播出网站须依据《网络剧、微电影等网络视听节目内容审核通则》对内容审核通过,在总局网络平台上登记后才能播出。此外,民营综合视频网站也要实行总编辑负责制,执行三级审稿制,使监管工作深入落实,责任到人。广电总局在2013年下发《关于明确网络视听节目服务机构总编辑职责要求的通知》,对视频网站总编辑的主要职责、工作权限和任职资格等作出规定。2017年9月,广电总局又下发《关于进一步健全网络视听节目服务机构总编辑内容负责制有关事宜的通知》,再次强调网络视听节目应严格执行"三审制"(三级审稿制度)、"先审后播"的要求;提出"对于重点网络原创视听节目,总编辑应亲自参与节目前期创作规划、主创人员及主要演员甄选、后期内容审核等各个环节";督促所在视频网站严格执行网络视听节目的各项规定;行政主管部门于每年3月底前完成对总编辑任职资格、履职情况的核查等。总编辑的称谓及机制沿用自传统媒体,主管采、编和通联工作[1],沿用这一称谓与机制便于有效地落实有关互联网传播内容方面的规制,明确责任主体。

内容规制是视频网站监管政策中的一个核心问题。在视频网站探索期,一方面,很多市场主体要尽快扩大市场规模,吸引用户,在利益的驱使下放松了对内容质量的把控;另一方面,相关法律和规章制度的形成有一定的滞后性,导致网络视频领域在内容方面出现了大量突出问题。在这一阶段,比较突出的是淫秽色情等有害信息的传播与侵权盗版行为的泛滥问题,所以"扫黄打非"和打击盗版成为视频网站发展调整期的重要监管内容。2008年1月22日,公安部、中共中央宣传部、信息产业部、文化部、国家工商总局、国家广电总局、新闻出版总署、全国"扫黄打非"工作小组办公室等13个部门联合部署了在全国继续开展打击、整治网络淫秽色情等有害信息的专项行动,重点打击利用互联网传播淫秽信息、非法牟利等犯罪活动,重点整治视听节目等涉黄、盗版传播等问题。2009年3月30日,《广

---

[1] 王建珂.总编辑:报纸的总把关人[J].青年记者,2018(24):1.

电总局关于加强互联网视听节目内容管理的通知》下发,这是 2007 年底关于互联网传播影视剧管理通知的"加强版",再次强调了"未取得《电影片公映许可证》的境内外电影片、未取得《电视剧发行许可证》的境内外电视剧、未取得《电视动画片发行许可证》的境内外动画片以及未取得《理论文献影视片播映许可证》的理论文献影视片,一律不得在互联网上传播"①,以此掐断了视频平台直接从海外机构购买版权内容,然后直接上网播映的渠道。这个通知除了再次申明视频网站要严格遵守著作权法之外,还明确列举了涉及 21 项情节的视听节目要及时进行剪辑、删除,如恶意曲解中华历史的、蓄意贬损、恶搞革命领袖和英雄人物的,恶搞重大自然灾害等灾难场面的,以成人电影等各种挑逗性文字或图片作为视频标题,宣扬消极、颓废的人生观和价值观的内容等②。这一通知对禁止内容(情节)进行了非常具体和详细的描述,操作指向性强,特别强调要重点把关综艺、影视短剧和带自拍、热舞、美女等标题的内容③。

2007 年 12 月 28 日,《广电总局关于加强互联网传播影视剧管理的通知》下发,要求相关机构必须获得许可证后才能在互联网上传播内容,在电影和电视剧的基础上,又增加了电视动画片和理论文献影视片,在网上播出之前应先获得《电视动画片发行许可证》《理论文献影视片播映许可证》,并提出对传播淫秽色情影视剧的,按照《依法打击网络淫秽色情专项行动工作方案》及时通报当地公安机关组织清理④。这一文件下发后,广电总局对视频网站展开了一轮抽查,并于 2008 年 3 月首次公布《互联网视听节目服务抽查情况公告(第 1 号)》,发现的问题主要有网站登载的视听节目中含有淫秽色情、恐怖暴力、危害国家安全和利益内容的影视片、纪录片、专题片,网站未取得视频牌照擅自从事网络视频服务⑤等,还通报了对包

---

① 广电总局关于加强互联网视听节目内容管理的通知[EB/OL].国家广播电视总局官网[2009 - 03 - 30]. http://www.nrta.gov.cn/art/2009/3/30/art_110_4636.html.
② 同上.
③ 同上.
④ 广电总局关于加强互联网传播影视剧管理的通知[EB/OL].国家广播电视总局官网[2007 - 12 - 29]. http://www.nrta.gov.cn/art/2007/12/29/art_110_4647.html.
⑤ 互联网视听节目服务抽查情况公告(第 1 号)[EB/OL].国家广播电视总局官网[2008 - 03 - 20]. http://www.nrta.gov.cn/art/2008/3/20/art_110_4644.html.

括土豆网在内的32家网站的警告处罚,责令停止BT大全等25家网站的视频节目服务。2008年5月和10月,广电总局又分别公布了抽查情况公告的第2号、第3号文件,以BT影视下载网站为代表的大量无法获得视频牌照的网站于2009年被陆续关停,所有影视论坛清理BT下载链接,"字幕组"纷纷解散。BT(bit torrent)是一种互联网上流行的P2P传输协议,中文也译为"比特流",在当时已经发展成拥有大量开发者的开放式传输协议。与传统的下载方式(把文件由服务器端传送到客户端)不同,BT下载通过P2P下载软件实现,具有下载人数越多下载速度越快的特点。这种技术具有隐蔽性,BT类网站成为各种盗版视频内容(多为影视剧)的主要传播渠道与平台。这也是BT类网站被关停的主要原因。

  Web2.0技术催生了视频分享网站,但这些网站在迅猛发展不久后就陷入了侵权纠纷的泥潭。法院在审理此类纠纷案件中涉及的比较突出的问题有四种:一是管辖,法院的裁决是基于被告通过使用互联网做了什么及其产生的影响,而不是着眼于互联网自身是什么;二是原告权属,法院对影视作品权属的审查往往直接通过片头或片尾署名来认定,而不是简单地依据制作许可证或发行许可证;三是视频分享网站以避风港原则抗辩免责,但适用该原则有严格的条件,绝大部分视频分享网站都无法依据该原则获得免责;四是赔偿问题,权利人损失和侵权人获利往往无证据证明,法院只能依据个案特定因素酌定[①]。调整期打击盗版的部署体现出管理部门对内容版权的重视,注重对健康的网络版权保护环境的营造。2010年11月,广电总局下发《广播影视知识产权战略实施意见》,这是贯彻国务院《国家知识产权战略纲要》(2008年6月发布)精神,在广播影视行业开展知识产权保护工作的指导性文件,指出要监督视频网站播出正版节目,打击互联网特别是影视剧作品的侵权盗版行为。2011年初,最高人民法院、最高人民检察院、公安部印发《关于办理侵犯知识产权刑事案件适用法律若干问题的意见》,对侵犯知识产权刑事案件中的管辖权、证据收集与调取、定罪量刑等诸多具体问题作出了明确规定,表明了国家层面坚定不移

[①] 王宏丞,曹丽萍,李东涛.论视频分享网站侵权案件中的焦点问题[J].电子知识产权,2009(4):11.

地打击盗版的决心。国家版权局联合公安部、工信部和国家网信办开展了每年一次集中整治互联网盗版的"剑网行动",网络专项行动自2005年开始持续推进,网络视频一直是该行动的重点关注领域。根据国家版权局的官方数据显示,截至2018年,"各级版权执法部门共查办网络侵权盗版6 647件,依法关闭侵权盗版网站6 266个,移送司法机关追究刑事责任案件609件,相继查处了快播播放器侵权案等一批侵权盗版大案要案,网络版权秩序有了根本改善"[1]。在视频网站内容层面出现的问题已经受到诸多管理部门的关注,它们或从自己管辖的范围出发,或通过相互之间的协商不断探讨净化互联网内容环境、推动视频网站健康发展的有效管理方法,从法律法规建设、行业规章制度等方面共同推进视频网站发展格局的监管与调整。

五、对互联网电视渠道的监管

作为视频网站的内容延伸,互联网电视(over the top TV,简称OTT TV)虽然也具备网络视频的形态,但不同于传统电视媒体,它是基于"互联网+电视"的融合,通过互联网化的传播手段在电视屏幕上展现视频网站的多样化内容。随着互联网电视对传统电视的渗透,电视内容原先通过广电封闭网络传输的单一方式遭到挑战。

传统电视媒体是我国新闻宣传的重要阵地,各个主管部门对传统电视媒体的设立、运营等有详细、严格的管理规章,互联网电视的发展在一定程度上突破了传统电视媒体的监管边界。这不仅意味着互联网电视抢占了传统电视媒体的广告份额与受众,更重要的是它还在一定程度上对电视媒体的监管格局产生了冲击,所以对互联网电视的规制也是网络视频发展调整期的重要内容。整体来看,我国主管部门通过控制内容生产源头和内容传输渠道实现对互联网电视的监管。2009年8月11日,广电总局印发《广电总局关于加强以电视机为接收终端的互联网视听节目服务管理有关问

---

[1] 于慈珂.坚持守正创新,努力推进网络版权严格保护与产业发展[N].中国新闻出版广电报,2019-04-29(T01).

题的通知》，规定向电视机终端用户提供视听节目服务的企业应当取得《信息网络传播视听节目许可证》[①]，并获得主管部门许可和著作权人授权，确保所传播的节目内容可管、可控。

2010年4月，广电总局将互联网电视牌照分为内容服务和集成业务两类，内容服务商提供节目资源，集成服务商建立平台，负责向互联网电视输出节目。根据《互联网电视内容服务管理规范》，节目服务平台只能与持有"互联网电视集成业务"牌照机构所建设的互联网电视集成平台相连接，不能与未经广电总局批准的互联网电视集成平台相连接，不能采取开放式链接。随后，中国网络电视台、上海广播电视台、杭州华数、广东广播电视台（南方新媒体）、湖南电视台、中国国际广播电台、中央人民广播电台七家广电机构陆续获得了互联网电视集成业务牌照，由此形成了互联网电视行业的四个关联参与方：电信企业提供带宽；电视机厂商负责生产和销售互联网电视终端；内容服务商提供互联网电视的节目内容；集成牌照方建立互联网电视的播控平台。七大互联网电视集成业务牌照方为了增强竞争力，往往会采用与视频内容服务商深度绑定的方式，如中国国际广播电台与优酷合作，中央人民广播电台（银河互联网电视有限公司，简称GITV）与爱奇艺合资，南方新媒体（云视听）与腾讯视频绑定，中国网络电视台（后更名为New TV）和芒果TV则主要提供母体单位中央电视台和湖南电视台生产的视频内容。从另一个角度来看，几个视频网站通过与牌照方合作也合规合法地进入了互联网电视的领域。

但是，国内对互联网电视的监管仍然存在一定的空白，加之技术创新为突破各种平台壁垒提供了新的条件，这一阶段的典型问题是市场上出现了大量的互联网电视"盒子"，将七大互联网电视集成牌照方的内容规制壁垒消解于无形。2011年7月14日，广电总局重申严禁通过互联网经机顶盒向电视机终端提供视听节目服务，明确没有批准过任何一家单位可以通过机顶盒等向电视机提供视听节目。2011年10月28日，广电总局印发《持有互联网电视牌照机构运营管理要求》的通知，进一步强调，通过"持牌

---

① 广电总局关于加强以电视机为接收终端的互联网视听节目服务管理有关问题的通知[EB/OL]. 中华人民共和国中央人民政府网站[2009-08-14]. http://www.gov.cn/zwgk/2009-08/14/content_1392083.htm.

内容服务商—持牌集成服务商—互联网电视终端"这条链路为用户提供视听节目不能直接连接公共互联网,还特别申明互联网电视集成平台暂不开放直播服务。2012年8月24日,时任国家广电总局网络视听节目管理司司长的罗建辉在第一届中国OTT TV峰会上总结了互联网电视监管思路,包括严格把控市场准入条件、互联网电视集成平台由七家牌照方建设、落实互联网电视内容服务许可管理、持牌内容服务商不得直接连接公共互联网、有序管理互联网电视终端等。2013年4月25日,广电总局召开互联网电视管理专题会议,严厉指出严重违规、屡禁不止的互联网电视集成服务和内容服务机构需要退出市场,重点整治未经批准的机顶盒("黑盒子")的生产、销售和节目服务商违规向"黑盒子"提供内容的问题。

第四节　媒介种群间的竞合关系向深入发展

中国民营视频网站在整合期的发展轨迹与在探索期有所不同。在探索期,不同模式的代表性企业逐步涌现并迅速形成一定的规模,呈现出一种"野蛮生长"的状态。但是,在整合期,各企业并未呈现出持续的线性增长态势,而是先经历了一个用户规模放缓甚至回落的阶段,网络视频行业整体经历了短暂的"迷茫期"——经历了市场的波动与用户规模的起伏。例如,2008—2009年出现了用户规模的下降和融资环境的恶化等。事实证明,视频行业的短期调整不能改变这一新兴业态的发展趋势,代表性指标数据的波动也是行业整合过程中无法避免的正常现象。在经过两年短暂的混沌阶段之后,2010—2013年,视频行业在多重要素的共同作用下实现了各项指标的正向发展,渐渐形成了比较稳定的产业格局。

在经过探索期后,民营综合视频网站的生态格局、框架经历了一个必要的调整过程,资本、政策、技术等外生态要素在这个过程中相互博弈,直到达到平衡的状态,资本的流入、PGC版权价格的飞涨与市场主体的整合等都是产业整合、进化的表现。视频网站在整合期出现过用户使用率下滑、用户规模起伏、资本市场动荡等诸多问题,中国民营综合视频网站这个略显稚嫩的行业接受了集体的"挫折教育",也说明行业生态在发展过程中必然会存在并暴露出一定的问题,多方主体正是在解决这些问题的实践中推动着行业的发展与进步。整体来看,与视频网站的探索期相比,各种要素在整合阶段的作用有所不同。例如,资本作为外生态要素在调整期的作用得到凸显,是各大市场主体之间关系变化的主要驱动力量,可以说在一定程度上推动着产业结构的整合与演变,也直接影响着内生态的内容版权争夺与营收模式的创新等方方面面。

一、经济社会背景对民营综合视频网站生态的影响

媒介生态是整体社会经济生态的组成部分,它的发展离不开宏观的社会经济基础。这在本阶段视频网站生态演化过程中有鲜明的体现,而且对视频网站发展的作用在正面和负面均有所体现。其中,正面的作用可以以北京奥运会的举办为例。"奥运会是最大的全球性活动,这个大背景在以往和现在都给传统产业带来巨大的发展动力,在现今信息产业蓬勃发展的时代,也势必给新媒体带来巨大的发展可能和发展空间。"[①]北京奥运会的举办为视频网站参与对世界性大赛的直播与转播创造了条件,为这一刚刚兴起的媒体形态提供了良好的展示平台。为了能够提高奥运会在互联网新媒体平台的转播效果,传统媒体开始吸纳有竞争力的视频网站加入奥运转播团队,对优质的资本和技术向视频网站这一领域的汇集起到了很好的示范效应,迅速改变了视频网站在传媒产业格局中的地位,提高了用户对视频网站的认可程度。负面影响则可以以金融危机的爆发为例。视频网站需要资本的持续"输血",而金融危机的爆发导致我国大量处于初创与成长期的视频网站陷入了经营困境。

经济社会背景与视频网站生态演化之间的互动关系始终存在。例如,在视频网站的探索期,这一新兴形态能够高速成长与互联网时代的到来是密不可分的。而在整合期中,北京奥运会的举办和全球金融危机的爆发都不属于传媒行业范畴,这恰恰能体现业外因素对视频网站发展的影响。

---

① 王甜.奥运报道——新媒体的机遇与挑战[J].互联网天地,2008(2):34.

二、产业整合过程中不同媒介种群的互动

不同媒介种群之间的互动对于民营综合视频网站确立自身的生态位和生态关系具有重要作用。通过上文的分析可见,媒介种群关系的变化与外部生态的资本运营、政策管控有直接的关系,它同时也影响着内部生态的内容运营、用户互动等。当然,这里论及的媒介种群关系并非局限于不同的视频网站企业,也包括视频网站与传统媒体的关系的调整。

视频网站在资本驱动下介入长视频生产与运营领域时便与传统电视媒体产生了直接竞争。正如时任优酷副总裁、总编辑朱向阳在评价民营网站介入正版长视频领域时所言:"民营综合视频网站转向正版长视频的发展方向之后,其实做的是互联网领域中非常传统的媒体业务,而媒体竞争的杀手锏就是'头部内容+独播'。不能算当下的财务账,单个项目的投产比肯定不划算,但是这对媒体有可沉淀的长远价值,是媒体竞争中的有效利器。"[①]风行CEO罗江春在谈论高成本购买电视节目版权的意义时也说:"把优质内容卖给新媒体其实就是在挖掘电视媒体的坟墓,虽然看起来电视媒体一两个亿把内容卖给了视频网站,但是实际上是迅速缩短了互联网和电视的差距。"[②]

在中国民营综合视频网站的发展历程中,视频网站与电视媒体的关系也经历了动态的调整,呈现为探索期的合作到本阶段的竞争,再到后续更为复杂的竞合状态。因此,把握两者在不同阶段的关系的核心便是从外部生态审视不同市场主体运营策略的驱动机制。在视频网站产业的整合过程中,不同主体还尝试从行业发展或基于行业公共利益探讨的层面共同解决相关问题。例如,针对普遍存在的侵权现象、内容低俗等问题,2009年9月15日,在张朝阳的牵头下,由搜狐、优朋普乐、激动网和华夏视联发起,逾百家版权方创立了"中国网络视频反盗版联盟",目的是共同抵制网络侵权。这个联盟直指优酷、土豆、迅雷等视频分享网站的盗版侵权问题,联盟

---

① 此部分内容来自2021年10月4日笔者对时任优酷副总裁、总编辑朱向阳的电话采访。
② 视频网站版权争夺战放倒了谁?[EB/OL].人民网[2014-05-06]. http://ip.people.com.cn/n/2014/0506/c136655-24981332.html.

律师称这些网站往往打着"网友上传"的旗号行盗版之实,并宣布已经对主要盗版网站的 1 000 余部被侵权的国内影视剧取证保全,还首次针对在侵权影视剧页面投放广告的美汁源和百事可乐进行了连带诉讼①。

在本阶段的产业整合过程中,版权逐渐成为内容领域的竞争核心。在政府重拳打击盗版、保护网络知识产权的背景下,用户、广告商、投资者均看中优质内容的价值,版权内容价格上涨也有一定的合理性。搜狐财报显示,2010 年视频板块的税前收入达 3 300 万美元,是 2009 年的 3 倍。它的快速增长主要得益于版权剧集内容,搜狐视频在 2010 年拥有省级卫视黄金档剧场收视排名前 30 的剧集中的 23 部,其中有 5 部为独家网络版权。同时,搜狐视频巨资引进《迷途》《越狱》《老友记》《生活大爆炸》等正版美剧,"看美剧上搜狐"的口号也助力搜狐视频迅速进入中国网络视频第一阵营,赢得了大量国际品牌和头部广告客户的青睐。优酷则展开了差异化的竞争,魏明认为,"美剧的流量并不大,远不如韩剧、港剧。只是在高端人群里影响力大,广告客户认可"②。优酷土豆在 2013 年与 TVB 签订了未来两年 TVB 所有剧集和节目的独家网络播映权,优酷港剧频道当年即创下了巅峰流量纪录,"上优酷看港剧"一度成为网络视频用户的心声。

本章小结

在中国民营视频网站的整合期的外生态方面,资本成为这一阶段的主导影响因子。百度、腾讯的入局是对网络视频作为新兴的平台级赛道的认可,特别是海外资本通过 VIE 结构进入中国网络视频市场,在短暂地经历 2008—2009 年的寒冬之后,推动了中国网络视频行业声势浩大的市场整合。同时,政策要素继续在市场主体的准入、内容和互联网电视这一传播渠道等方面进行规制。从技术上看,整合期与探索期相比,没有出现明显对行业发展产生重大影响的变化。

---

① 网络视频反盗版联盟成立 视频网站面临亿元索赔[EB/OL]. 中国新闻网[2009-09-16]. http://www.chinanews.com.cn/it/it-itxw/news/2009/09-16/1869869.shtml.
② 此部分内容来自 2021 年 10 月 31 日笔者对优酷高级副总裁魏明的电话采访。

在中国民营视频网站的整合期的内生态方面,在经历了主管部门的严格整治,迎来北京举办奥运会等大事件后,大量的版权采购使网站视频内容整体上彰显出主流化趋势。与之对应的是,用户使用率在经历了短暂下滑后持续攀升,重新进入上升通道。在营收方面,以 CPM 为计费基础的广告变现模式日趋成熟。除了内容呈现方式(传播技术)上的差异,这一阶段民营综合视频网站的内生态运行逻辑接近作为传统媒介种群的电视。

在中国民营视频网站的整合期,视频网站与电视媒介种群的关系迎来"蜜月期",内容层面的合作持续深入开展,并且在两个媒介种群的主体内容上出现趋同现象。同时,激烈的媒介种群内部竞争导致内容版权价格飞涨,媒介生态开始向下一个阶段发展。总体来看,市场竞争主体的大规模整合和内容版权价格的普遍飙升成为本阶段最显著的市场特征。

第四章

内容自制与巨头化格局:中国民营综合视频网站快速成长期的媒介生态(2014—2018年)

经过十年的发展,从民营视频网站的内部生态看,不同生态要素之间的互动影响已经形成相对明确的关系。由于视频网站的"边际成本近乎零,这使领先的企业能够依赖用户数量分摊前期投入成本,从而建立市场优势"①。随着市场集中度的提升,几个头部视频网站企业之间的竞争在很大程度上代表了中国网络视频行业内部的竞争。除了移动短视频、直播等创新形态,再无进入综合视频网站领域的市场主体,行业生态边界的扩张日渐放缓。在行业壁垒日益清晰与强化的同时,视频网站不断深入发展,在运营理念、内容形态、服务模式等方面展开了多元化的探索和尝试,进一步推动了视频网站媒介生态内部的繁荣。

从外部生态看,视频网站与其他的主要竞争者的关系发生了一些重要变化。一方面,它扭转了与传统电视媒体的竞争态势并固定下来,视频网站在内容和渠道方面的优势得到进一步放大;另一方面,国有视频网站与民营综合视频网站之间的差异在运营理念、内容形态、市场影响等方面得到了进一步体现。在中国民营综合视频网站媒介生态快速成长的背景下,视频网站在整个媒体生态中的重要性不断提升,出现了诸多业内难以解决的问题,对管控理念与策略提出了新的要求。

从具体的分期特征来看,中国民营综合视频网站在探索期的核心目的是使业务形态得到用户认可,运营模式逐步形成,代表性的企业初具规模。它在整合期的最主要特征是,各市场主体经历了激烈的竞争和市场整合。

---

① 李勇坚.互联网平台寡头垄断:根源、影响及对策[J].人民论坛,2021(Z1):12.

第四章　内容自制与巨头化格局：中国民营综合视频网站快速成长期的媒介生态(2014—2018年)

经过以上两个阶段后,中国民营综合视频网站逐步进入快速成长期。

2014年是中国传媒发展历程中的一个典型年份,是多个领域"元年"的交汇点。首先,2014年是"4G元年"①。4G是第四代移动通信技术(the 4th generation mobile communication technology)的简称,相较之前的3G通信技术,4G最大的优势是显著提升了通信速度,可以传输高清的视频图像,成为推动传媒产业甚至社会经济发展的重要技术要素。其次,2014年也被称为"网络自制元年"。"一批形式新颖、各有特色的网络自制节目,冲破了过去娱乐至上、歌舞当家的电视综艺环境,亮出了网络媒体的新品牌。……不断开发、上线形式新颖、灵活的各种节目,表现出旺盛的发展势头。"②虽然视频网站自制内容在探索期、整合期已经出现,但多个视频网站平台自2014年起推出"现象级"的节目内容,并在与传统电视综艺、剧集的竞争中逐步占得先机,网络视频进入快速成长的"黄金5年"。最后,2013年被称为"大数据元年",Netflix制作第一季《纸牌屋》的模式给业界带来了新的理念,而大数据的影响自2014年起也开始在我国的互联网领域体现出来,给视频网站从用户分析、内容生产、运营优化等方面提供了新模式。

由此,多种新的技术要素与运营方式开始介入传媒生态,共同推动民营视频网站种群的发展壮大。本章将在梳理2014—2018年视频网站发展历程的基础上,厘清不同生态要素之间相互作用的新变化,结合民营综合视频网站与其他竞争主体的关系的发展,针对生态演化过程中出现的各种问题的新特点,审视应如何引导视频网站生态的优化与发展。

第一节　内容自制与营收多元化

民营综合视频网站媒介生态的壮大在内容、用户、营收三个要素方面

---

① 此说法存在一定的争议。很多媒体基于工信部于2013年12月向三大运营商发放4G牌照的情况而将2013年表述为"4G元年",但业内布局、实践主要在2014年得到实施并逐步推开,所以也有大量业内人士认定2014年为"4G元年"。两种观点并无实质差异,本书采用后一种观点。

② 苗春.网络自制元年:自制综艺激荡互联网[N].人民日报(海外版),2014-06-18(5).

均得到突出体现。不同于视频网站在探索阶段面临营收困境,在整合阶段面对用户规模的起伏变化,在进入快速成长阶段之后,媒介生态内部的基本问题得到了不同程度的解决。在内容方面,视频网站内容自制模式在这一阶段得到了较快的成长,而且基于大量高质量的自制内容,视频网站在内容制作市场中的话语权和影响力得到了极大的提升,很多"爆款"节目的市场影响力在很多方面实现了对同类型传统电视媒体内容的超越。这不仅意味着视频网站媒介生态内容要素的成熟,也体现了民营综合视频网站扩大了在与电视媒体、国有视频网站等各种主体的竞争中的内容优势,重塑了市场主体之间的竞争格局。在用户层面,经过了探索期与整合期用户规模的起伏波动之后,视频网站已经实现了一定量级的稳定用户的积累,能够有效地支撑视频网站的生态。以此为基础,视频网站开始基于不同用户群体的差异化需求探索差异化的运营策略,这也是视频网站媒介生态不断趋向成熟的必要条件。在营收方面,经过前期阶段的尝试和积累之后,本阶段视频网站的多种营收模式均已比较成熟,开始为运营主体提供较为稳定且持续的收益,这是视频网站媒介生态能够得以持续发展的重要前提。本节将从这三个层面展开,对这一阶段视频网站内部生态的发展进行梳理和把握。

一、内容自制的兴起

民营综合视频网站从视频内容的传播渠道、集合平台发展成完整、独立的大众媒体的标志,是它从购买版权内容转变为自制高质量内容。在视频网站的探索期和整合期,视频网站平台相较电视的竞争优势主要在于它基于互联网技术实现了内容传播渠道的创新与内容分发效率的提升。在此之前,虽然很多视频网站也推出了部分自制内容,但在内容质量、数量、受众规模、影响力等方面与电视相比均有一定的差距。2014年之后,视频网站内容自制进入一个新的时期,大量高质量的剧集和节目涌现出来。内容自制是民营综合视频网站生存与发展的需要,一方面是因为内容版权的价格不断升高,民营综合视频网站的成本激增,负担变重,内容自制成为它们生存发展的必由之路。"当节目版权费用高涨、各种版权纠纷发生之后,为了降低内容提供成本,网站不得不开拓内容自制功能。自有版权内容是各个网站根据自身需要生产的,节目形态与内容各具特色,有利于形成内容差异化和减少对版权方的过度依赖。"[1]因此,高质量、个性化的自制视频内容日渐成为视频网站构建竞争壁垒、塑造品牌的重要条件。另一方面,随着技术的发展,各视频网站在这一阶段已经普遍解决了视频清晰度和播放流畅度的问题,提升了用户通过视频网站点播观看节目的收视体验。在运营过程中,通过内容自制,视频网站能够获得更强的内容掌控力,不再受制于版权内容的购买。同时,在投资方的青睐与支持下,视频网站开始吸引大量优秀人才加入,特别是一批高端的知名电视专业人才加盟各大视频网站,大量专业化制作公司开始参与网络节目的策划与生产,越来越多的媒体、平台、广告商也开始拓展并尝试与视频网站合作的新方式,如制作公司通过"以投代购"、定制等方式专门为民营综合视频网站生产内容。由此,视频网站内容自制的专业化、社会化程度不断得到提升。正如栾娜在深度访谈中所说:"作为视频平台,我们(腾讯视频)从用户研究开始,到参与前期投资、定制,最后才开始真正意义上的自制。"[2]

随着内容自制领域投入的不断增加,各大视频网站不断推出具有代表性的自制作品,成为这一阶段的突出现象。2013 年 8 月,优酷推出"叫兽易小星"的《万万没想到》并大获成功,它具有天马行空的想象力、自嘲与无厘头的风格和 10 分钟左右的单集时长,开创了一种新的小品式网络短剧的形式。2014 年 7 月,《万万没想到》推出第二季,延续了第一季的热度。2015 年 12 月 18 日,成本为 3 000 万元的《万万没想到:西游篇》院线大电影上映并斩获 3.22 亿元的票房,虽然它的口碑与评论不佳,但商业回报较为可观,也在网络自制剧向院线电影的衍生探索过程积累了宝贵的经验。搜狐视频从网络自制短剧《屌丝男士》到院线电影《煎饼侠》的发展历程与《万万没想到》类似。从 2012 年 10 月到 2015 年 5 月,搜狐视频陆续上线了大鹏主演的网络自制迷你喜剧《屌丝男士》第一季至第四季;2015 年 7 月 17 日,它的电影版,即大鹏自导自演的《煎饼侠》定档,虽然口碑平平,但

---

[1] 陈敏利.网络视频业竞争环境五力分析[J].当代传播,2013(6):58.
[2] 此部分内容来自 2021 年 12 月 13 日笔者对腾讯副总裁栾娜的电话采访。

仍一举拿下 11.59 亿元的票房,位列 2015 年中国内地院线电影票房年度总排行第八。

2014 年出现了诸多有代表性的网络自制内容,这也是它被称为"网络自制元年"的重要原因。首先,网络自制剧由网络媒体参与制作,以视频网站为主流传播平台,具有影视剧的属性①。例如,郭靖宇团队制作的首部网剧《灵魂摆渡》于 2014 年 2 月上线爱奇艺,不仅制作精良,而且题材的新颖度和表现力都远超电视剧,一跃成为年度最大收视"黑马",在豆瓣华语电视热度排行榜中攀升至首位。又如,腾讯视频出品的《暗黑者》、搜狐视频出品的《匆匆那年》和《法医秦明》等也以独特的题材和高水准的制作质量得到了受众的认可,相关的播放数据十分优异。其次,在网络自制综艺方面,腾讯视频出品的《你正常吗》在 2014 年 4 月上线,完全摆脱了网友对网络自制综艺节目质量粗糙的刻板印象,节目的创意和制作水准均达到电视播出标准。马东工作室制作的《奇葩说》于 2014 年 11 月在爱奇艺平台播出,这档披着辩论赛外衣的脱口秀节目获得了巨大成功,成为"现象级"的网络综艺节目。王湘君表示:"《奇葩说》的诞生标志着由网络视频平台主导的综艺时代真正到来了。网综真正得到用户和客户的认可,特别是它们的花式口播颠覆了市场对植入广告的认知,带动整个网络自制综艺板块的商业化运作持续向好。"②

2015 年,视频网站的自制节目依然佳作频出。爱奇艺出品了《心理罪》《盗墓笔记》《余罪》《灵魂摆渡 2》,搜狐视频出品了《无心法师》,腾讯视频出品了《暗黑者 2》等一批高质量作品,提升了网剧的影响力。网剧也由此成为受众的重要收视选择,并且在各种视听内容产品中占据着越来越重要的地位。2016 年,爱奇艺自制的网剧《老九门》、优酷独播版权剧《微微一笑很倾城》和乐视自制网剧《太子妃升职记》系列等优质内容助力爱奇艺、优酷视频、乐视等平台的付费会员数先后突破 2 000 万人。2017 年,网络综艺开启了精品化的"大片"时代,爱奇艺 2 亿元投资的《中国有嘻哈》带火了"嘻哈"(hip hop)这一小众文化并成为年度爆款节目。同一时期由腾

---

① 丁月. UGC+PGC:网络自制剧生产模式探究[J]. 视听界,2014(4):69.
② 此部分内容来自 2021 年 12 月 7 日笔者对时任爱奇艺首席营销官王湘君的书面采访。

讯视频出品的脱口秀《吐槽大会》和选秀综艺《明日之子》也崭露头角。2018年1月上线的爱奇艺男团选秀综艺《偶像练习生》火遍大江南北,腾讯视频随后制作的《创造101》也获得了不俗的成绩,优酷独辟蹊径打造的《这!就是街舞》更是成为同类节目的佼佼者。2017—2018年的网剧精品频出,爆款不断,制造出大量大众和媒体追逐的热点话题,在一定程度上抢了传统电视剧集的"风头"。其中,悬疑系列有《白夜追凶》(海外版权被Netflix买断)、《无证之罪》等,玄幻系列有《镇魂》《无心法师2》《河神》等,纯爱系列有《致我们单纯的小美好》《你好,旧时光》《春风十里不如你》等,古装"大女主"系列有《延禧攻略》《如懿传》《芸汐传》等,还有根据网络文学IP作品改编的《海上牧云记》《将军在上》《双世宠妃》等剧集。此外,有些精品网剧甚至开始向有些电视媒体反向输出。"网络自制剧是时代发展浪潮下的产物,在良性的市场竞争与规范政策的引导下,将为人民群众参与文化建设提供新的渠道,从更大的层面满足人民群众日益增长的精神文化需求。"①

二、用户规模的变化与分流

用户规模与群体特征在一定程度上是视频网站媒介生态发展的重要指标,能够体现视频网站不同阶段发展与运营的状况。例如,在视频网站的探索与整合阶段,作为新兴的内容呈现形态,视频网站需要不断吸引更多的用户才能持续获得资本的支持,实现初期的积累与发展。在经过初期的用户积累之后,随着视频网站业务形态与运营模式的调整和相关市场环境的变化,不同的用户会在视频网站与其他视频内容和渠道之间作出选择,导致视频网站的用户规模有所变化。

经历了前两个阶段的发展,用户群体在发展到一定程度后于本阶段开始分流,突出体现在两个方面:其一是多屏用户的数量有所增长,其二是网络视频用户开始呈现分流与细分化的趋势。这两方面新特征的出现也是由这一阶段视频网站整体生态发展的趋势决定的。其中,多屏用户数量的

---

① 赵贤,武霖.网络自制剧的发展及监管策略浅析[J].新媒体研究,2015(10):65.

增长主要得益于4G背景下移动互联网的快速发展,以手机、平板电脑为代表的移动终端的应用推动网络视频传播的多屏形态出现,进而推动多屏用户的规模扩大。同时,随着各种题材与类型的网剧、网综内容不断出现,直播与短视频等新兴传播形态兴起,也给网络视频用户提供了更加多样的选择,推动了用户群体的分流与细分化发展。

(一) 从PC到多屏

在中国移动互联网大发展的背景下,网络视频的接收终端也逐渐由PC端转向以手机和平板电脑等移动端为主、以智能电视和PC为补充的多屏格局。中国网络视听节目服务协会的调查数据显示,2018年网络视频用户使用率最高的终端设备是智能手机(98%),其次是智能电视(55.2%),然后依次是台式电脑、网络盒子、笔记本电脑、平板电脑(见图4.1)。

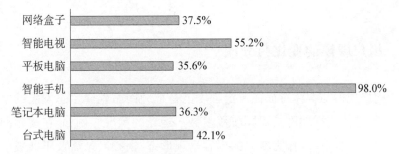

图4.1　2018年网络视频用户使用终端设备的情况

不同的接收终端意味着不同的信息接收习惯和互动方式,如手机屏幕适合多种场景的需要,而智能电视主要对应家庭客厅这一场景。所以,不同的终端与场景意味着不同的用户群体、注意力集中程度、内容选择,这为视频网站针对不同终端采用差异化的主页设计、内容推送、节目安排和广告策略提供了依据。作为移动智能终端,平板电脑成为用户除智能手机之外的重要选择。这类设备终端的市场存量相对稳定,网络视频用户使用率占比稳定地保持在35%左右。另外,随着家庭宽带的提速降价和智能电视机价格的下降,互联网电视的普及率也迅速提高。截至2018年9月,互联网电视累计覆盖并激活的终端有 2.18 亿台,满足家庭网络视频服务需求的 OTT 端的流量占比不断攀升,成为网络视频流量增长的一个新渠道。这也导致网络视频开始快速渗透到家庭客厅这个传统电视的核心场景,具有非线性点播特征和高质量网络自制节目内容等优势的互联网电视开始与传统电视展开激烈的竞争,大量传统媒体的观众"迁移"到互联网电视平台,改变了电视媒体与视频网站的收视群体比例。

网络视频播出渠道从 PC 到多屏的转变极大地拓展了网络视频的使用场景和用户规模,在摆脱了传统电视对用户收视时间和收视终端唯一性(电视机)的限制之后,又突破了 PC 互联网时代对于收视地点(一台电脑前)的束缚,几何级数地扩大了商业空间。2014—2018 年,我国的网民规模从 6.49 亿人增长至 8.29 亿人,互联网普及率由 47.9% 提升到 59.6%,网民中使用手机上网的比例从 85.5% 提升到 98.6%,网络视频用户数从 4.3 亿人增长到 6.1 亿人。此外,网民对网络视频的使用率基本维持在 70% 左右,视频网站和移动视频的用户成为业内的代表性群体[1]。2015 年 12 月,网络视频超过网络音乐,成为互联网排名第四的应用,排名前三的一直是即时通信、搜索引擎和网络新闻[2]。

(二) 以直播与短视频为代表的新形态和用户的细分化发展

移动互联网的发展与普及带来了多种新兴的视频业务形态,如网络直播与短视频的兴起。网络直播包括体育直播、真人聊天秀直播、游戏直播和演唱会直播四类,2016 年 6 月第一次统计时的用户规模已经达到 3.25 亿人,网民使用率为 45.8%[3](截至 2017 年 12 月达到 54.7%[4])。当然,网

---

[1] 第 35 次中国互联网络发展状况统计报告[EB/OL]. 中国网信网[2015-02-03]. http://www.cac.gov.cn/2015-02/03/c_1114222357.htm;第 43 次中国互联网络发展状况统计报告[EB/OL]. 中国网信网[2019-02-28]. http://www.cac.gov.cn/2019-02/28/c_1124175677.htm.

[2] 第 37 次中国互联网络发展状况统计报告[EB/OL]. 中国网信网[2016-01-22]. http://www.cac.gov.cn/2016-01/22/c_1117858695.htm.

[3] 第 39 次中国互联网络发展状况统计报告[EB/OL]. 中国网信网[2017-01-22]. http://www.cac.gov.cn/2017-01/22/c_1120352022.htm.

[4] 第 41 次中国互联网络发展状况统计报告[EB/OL]. 中国网信网[2018-01-31]. http://www.cac.gov.cn/2018-01/31/c_1122347026.htm.

络直播的发展过程也伴随着主管部门对多种规制政策的调整,如《关于加强网络视听节目直播服务管理有关问题的通知》和《互联网直播服务管理规定》陆续出台,国家网信办、文化部等主管部门联合执法,打击、查处、关停传播违规内容的直播间和网络表演平台,使得网络直播的业务形态、应用场景等均处于变化之中,用户规模也出现过起伏。这是因为,"一方面,短视频应用分流了部分网络直播用户;另一方面,行业进入市场结构调整和业务重塑时期,发展趋于稳定"①。这一阶段的另一个代表性的新兴业务形态是短视频,CNNIC关于短视频的数据统计显示,截至2018年6月,综合各个热门短视频应用(包括抖音、快手、火山、西瓜、微视、梨视频、美拍、秒拍、土豆视频等)的用户规模达5.94亿人,占整体网民规模的74.1%②。截至2018年12月,短视频用户规模达到6.48亿人,网民使用率为78.2%,已经超过同期的网络视频用户规模③。短视频的入局在一定程度上改变了整个网络视频生态,特别是抖音、快手等各种带有社交属性的短视频平台兴起之后,不仅使短视频的用户规模迅速扩大,而且整个网络视频的生态格局得到了较大的改变,民营综合视频网站面临的行业环境也出现了新的特点。由于本书的研究对象主要是民营综合视频网站的发展历程,所以不对网络直播、短视频等进行深入分析。除了网络直播、短视频等新兴形态推动着综合视频网站用户的分流与分化,在内容层面,以网剧、网综等为代表的内容在题材、形式、互动方式等方面呈现出的多元化状态也成为用户分流与分化的重要原因。

三、营收方式多元化

中国民营综合视频网站的商业化是从广告开始的,而且广告在一段时间内是它们唯一的收入来源。随着网络自制内容的发展和成熟,网剧、网

---

① 第43次中国互联网络发展状况统计报告[EB/OL]. 中国网信网[2019-02-28]. http://www.cac.gov.cn/2019-02/28/c_1124175677.htm.
② 第42次中国互联网络发展状况统计报告[EB/OL]. 中国网信网[2018-08-20]. http://www.cac.gov.cn/2018-08/20/c_1123296882.htm.
③ 第43次中国互联网络发展状况统计报告[EB/OL]. 中国网信网[2019-02-28]. http://www.cac.gov.cn/2019-02/28/c_1124175677.htm.

综等内容的独有性为民营综合视频网站探索付费观看模式创造了可能,各大视频网站纷纷探索会员模式与付费观看策略。腾讯公司副总裁孙忠怀在深度访谈中说道:"一方面,越来越多的用户愿意为好内容买单,视频付费的习惯正在逐渐养成;另一方面,从网络剧到网络综艺,高品质的自制内容正在以惊人的速度崛起。"①视频网站自制内容质量的提升使营收方式的创新成为可能,部分用户愿意额外付费以获得无广告干扰的、进度更快、内容更全、清晰度更高的视频服务。"随着网络打击盗版力度加大、视频服务质量进步,用户付费收入会逐年提高,未来将与广告收入一起成为主力型产品的主要收入来源。"②

会员付费对于视频网站来说不是新鲜事物,如乐视早在 2004 年就已经开始尝试付费点播,2010—2014 年会员付费模式已经应用于电影、在线演唱会、体育赛事等多种内容形态。会员付费模式的爆发,即在业内产生示范性影响的事件是 2015 年 7 月爱奇艺在上线《盗墓笔记》时采用了"VIP会员全集抢先看"的模式。为此,爱奇艺专门部署了 3 倍带宽的服务器资源,但 2015 年 7 月 5 日晚 8 点该剧全集内容上线后,大量用户瞬间涌入,购买 VIP 会员权益和播放观看的行为导致爱奇艺服务器"宕机"。由此,"爱奇艺会员"在第二天登上新浪微博热门话题榜榜首,"爱奇艺"和"爱奇艺会员"百度指数较剧集开播前分别实现了 3 倍和 20 倍的增长。王湘君认为,《盗墓笔记》对于"培养中国用户为好内容付费的习惯,丰富视频网站的收入"具有里程碑式的意义③。爱奇艺创始人、CEO 龚宇在评价会员付费模式对中国视频网站发展过程中的作用时说道:"爱奇艺《盗墓笔记》会员全集抢先看,不但产生了难以置信的流量,而且开创和进一步验证了中国互联网优秀内容可以收费的商业模式。这对视频用户来讲也是一个全新的选择——用户不必再等待每天更新剧集,可以一次看个够。爱奇艺在这次创新尝试过程中遇到的技术性故障,也提醒以免费基因发展起来的中国互联网视频行业在大流量收费观看、支付、客服等方面将遇到收费营收

---

① 车辉. 2017,有关网络视频的三个问号[N]. 工人日报,2017 - 01 - 12(5).
② 高辉. 视频网站版权付费模式分析[J]. 中国出版,2012(3):40.
③ 此部分内容来自 2021 年 12 月 7 日笔者对时任爱奇艺首席营销官王湘君的书面采访。

下新的挑战。"①在优质内容与用户消费习惯升级的支撑下,会员付费模式的作用迅速得到体现,爱奇艺会员服务收入在2018年第三季度开始超过广告收入。

《2018中国网络视听发展研究报告》的数据显示,2016年网络视频付费用户达到35.5%,相较2015年增长了108.8%(截至2018年底,付费用户的比例已经过半)②。会员付费在民营综合视频网站收入结构中的占比持续攀升,而广告收入占比持续下降。以爱奇艺为例,财报显示2015年爱奇艺的总营收为52.95亿元,其中,广告收入为33.99亿元,占比63.9%③;到2018年,爱奇艺的总营收为250亿元,其中,广告收入为93亿元,占比大幅下滑,为37.2%,会员收入(106亿元,占比42.5%)替代广告收入成为爱奇艺的第一收入来源(截至2018年底,爱奇艺订阅会员规模达到8 740万)。此外,得益于爱奇艺"苹果园"模式的内容生态业务战略布局,2018年它在内容分发方面的收入达到22亿元,各种垂直业务线(如电商、游戏、IP授权等业务)的收入为29亿元。可见,民营综合视频网站的营收已经从单一依赖广告,发展为以广告收入和会员收入为双引擎的多元化格局④。

民营综合视频网站会员数量的增长带来了会员付费营收的持续增长,但随着这种"免广告"的会员规模和流量的攀升,客观上也缩减了广告流量的份额,所以会员付费模式和广告收入之于视频网站营收来说是"左右手互搏"。这存在一定的矛盾,视频网站需要在广告收入与会员付费之间作出对比与选择。多家市场主体在这个非此即彼的取舍中选择了大力发展会员服务,因为会员收费的每千人次流量的变现价值差不多是广告收入的2倍以上⑤。随着用户为内容付费习惯的逐步养成和会员流量的占比越来

---

① 爱奇艺《盗墓笔记》流量破10亿 点燃中国网民视频VIP会员购买热情[EB/OL].爱奇艺官网[2015-07-06]. https://www.iqiyi.com/common/20150706/50cdeb392409634c.html.
② 《2018中国网络视听发展研究报告》(全文)[EB/OL].搜狐网[2018-11-28]. http://www.sohu.com/a/278388326_242827.
③ 雷建平.百度年报显示李彦宏持股16% 爱奇艺去年营收52.9亿[EB/OL].腾讯网[2016-04-11]. https://tech.qq.com/a/20160411/007220.htm.
④ 爱奇艺发布2018年财报:营收250亿会员营收106亿[EB/OL].中国经济网[2019-02-22]. http://www.ce.cn/cysc/tech/gd2012/201902/22/t20190222_31540368.shtml.
⑤ 此部分内容来自2021年12月14日笔者对剧星传媒董事长查道存的当面采访。

越大,特别是在一些热门剧集内容的播放方面,会员付费流量能占到七成,一定程度上削弱了广告模式在视频网站运营中的价值。

与此同时,视频网站也开始探索如何将会员付费与广告收入有机结合,推动广告形式的创新。于是,各种会员可见的广告形式开始出现,如明星播报、创意中插等,这些广告形式能够实现广告信息与视频内容的深度结合,摆脱了传统"硬广告"的展示形式。例如,定制广告逐步得到了客户的认可与青睐,品牌为 IP 内容定制的广告通常会运用更多的内容要素,如剧中的明星、场景、服装、道具等;也有在古装场景中推销现代化妆品这种无厘头的戏谑做法,这种具有反差效果的内容受到了"95 后""00 后"的喜欢。有学者将这类创意中插称为"内生广告",是"经历了传统的贴片硬广的 1.0 时代到软性植入的 2.0 时代后的视频网站广告的 3.0 时代"[①]。视频网站广告形式的创新既没有影响付费会员的收视体验,还为客户开发了新的广告产品。对于视频网站来说,这种方法能最大限度地避免会员付费模式兴起背景下广告份额的萎缩,"互联网时代是用户导向的时代,也是一个多平台、多介质、数据驱动传播的时代。……只有在内容的丰富多样、盈利方式的优化合理、版权制度的落实到位等方面不断进步,才可能真正促进我国视频业的健康有序发展"[②]。

第二节 巨头化市场格局的形成

随着媒介融合进程的加速和资本博弈的加剧,本阶段中国民营综合视频网站的市场结构开始出现明显的巨头格局。中国互联网的平台化市场主体中早已经形成头部公司,BAT 成为这种市场格局中最为典型的代表者与领跑者。网络平台不仅拥有市场集中程度高、进入壁垒高、信息不畅通、服务差异程度低等显著特征,而且采用了强制性低价(高价)和捆绑销

---

① 洪萍. 网剧中创意中插的应用策略研究[D]. 广州:暨南大学,硕士学位论文,2018:2.
② 刘燕南,刘双,张雪静. 中美付费视频网站之比较:用户、内容与模式[J]. 中国地质大学学报(社会科学版),2015(6):128.

售两种典型的约束竞争的手段和形式①。随着视频网站进入快速成长期，互联网平台企业发展过程中从完全竞争市场向巨头格局的演化过程也逐步在视频网站的发展进程中凸显出来，相关的多个特点得到了体现。

在巨头化格局出现并得到强化之后，面对视频网站不断提升的内容自制能力与渠道优势，传统电视媒体面临的生存压力进一步加大，而国有视频网站（特别是大量电视媒体运营的视频网站）难以有效地突破竞争壁垒，在与民营综合视频网站的竞争中更是难以占得先机。本节将结合这一阶段视频网站发展的相关数据与案例，从产业经济和资本运营两个方面总结我国视频网站市场格局的特征。

网络视频行业的巨头化格局是经由市场竞争的大浪淘沙并以不断筑高的行业门槛为基础而慢慢形成的。在这个过程中，对视频网站的投资一度成为很多互联网平台巨头和投资方的"烧钱游戏"。

中国民营综合视频网站市场自2004年兴起时在一定程度上符合完全竞争市场的特点，经过2008年前后的资本寒冬和政府监管的双重调整，一批民营综合视频网站因被取缔或融资困难、运营不佳而退出。2010—2013年，经历了行业上市和整合潮之后，视频网站的市场集中度得到进一步提升。随后，经过2014—2018年的爆发性增长和市场竞争淘汰后，中国民营综合视频网站逐步形成爱奇艺、腾讯视频、优酷三分天下的格局（简称"爱优腾"）。2018年，三个平台总计覆盖89.6%的网络视频用户数，播出八成左右的新自制节目，占八成以上的总流量②。这一阶段，我国视频网站的市场集中化程度不断提升，进入门槛不断提高。笔者通过梳理几家代表性企业的业务类型、运营模式、内容产品等，发现我国网络视频行业存在突出的同质化竞争问题。从整体上看，它们的业务类型与产品内容的差异化程度比较低。聚焦头部的"爱优腾"可以发现，三家企业之间的格局在竞争中也出现了变化。艾瑞iUserTracker移动端的数据显示（见图4.2），截至2015年7月，爱奇艺移动端覆盖设备数为21 901万台，超越优酷的15 514万台成为中国网络视频市场的龙头。整体来看，腾讯视频一路紧

---

① 冯然.竞争约束、运行范式与网络平台寡头垄断治理[J].改革,2017(5):109.
②《2019中国网络视听发展研究报告》发布[J].中国广播,2019(7):1.

随并与爱奇艺互有高低,优酷在这一阶段逐渐落后于爱奇艺、腾讯视频;曾经的市场先行者乐视和搜狐视频则每况愈下,渐渐退出了主流视频网站的阵营。

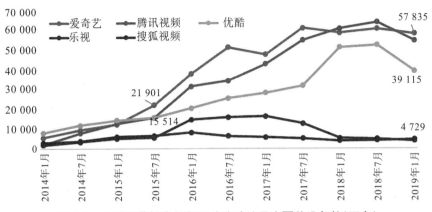

图4.2 主要民营综合视频网站移动端月度覆盖设备数(万台)

通过对爱奇艺的布局与策略的分析,笔者发现了它在视频网站市场格局逐步集中的过程中得到成长的基本逻辑。第一,爱奇艺把握住了移动互联网的发展趋势,较早地布局移动端,通过兼并获得了PPS在移动客户端积累的优势通道。正如蒋先福在深度访谈中提到的,"爱奇艺在网页端和PAD端做得不错,而我们在移动手机端排名行业第一,并入爱奇艺时,我们日活已经过亿"①。第二,在资本运营方面,爱奇艺在2014年获得了来自小米、顺为、百度等投资方的3亿美元的融资,资金充足。优酷那时则忙于与阿里的收购谈判,"因为需要解释报表里的亏损率,而采取了财务上的保守,减少了对采购和自制的投入,渐渐就失去了先发优势"②。朱向阳在深度访谈中惋惜地说:"我们踩了三个季度的'刹车'(减少版权投入),换来了可能是这个行业唯一的单季度盈利。"魏明评价道:"这个盈利是以'丢失阵地'为代价的,所以从战略上看还是亏的。"③焦阳在深度访谈中也证实了这个说法:"节衣缩食换来了一个季度的盈利,但是优酷从此掉出了第

---

① 此部分内容来自2021年11月30日笔者对时任PPS营销副总裁蒋先福的电话采访。
② 此部分内容来自2021年10月4日笔者对时任优酷副总裁、总编辑朱向阳的电话采访。
③ 此部分内容来自2021年10月31日笔者对时任优酷营销副总裁魏明的电话采访。

一梯队。"①第三,爱奇艺在节目生产与运作上采用爆款策略,不定时地制造新话题,使平台始终维持一定的热度,不断使用户保持高关注度。例如,2013年底,爱奇艺买断湖南卫视系列周播与季播节目,吸引了大量用户;2014—2015年,爱奇艺在网剧、网综两个赛道佳作频出,《灵魂摆渡》《老九门》《盗墓笔记》《余罪》《心理罪》《太阳的后裔》《奇葩大会》《中国有嘻哈》《偶像练习生》等均成为当红的爆款内容,在网络平台乃至社会文化层面产生了巨大反响,使爱奇艺平台的影响力与日俱增。

与爱奇艺的爆款策略不同,腾讯视频在节目运作方面采取的是多元化策略。腾讯视频首席运营官孙忠怀多次在公开场合指出,用户群体的兴趣、需求是多元化的,所以视频平台只有覆盖各个品类的内容布局,稳定、持续、高效地生产内容,才能将用户对于个别内容的忠诚转变成对于平台的忠诚。优先考虑细分领域特点进行精细化内容制作,提高整体作品的平均成功率,在内容"高原"的基础上打造爆款"高峰"②。栾娜则认为,"腾讯视频在产品力(如图像清晰度、卡顿等)、生态系统的联动赋能和资本供给等方面较爱奇艺有明显的优势"③。因此,腾讯视频在视频内容布局方面注重不同受众群体的收视偏好,生产、整合多元化产品,而且注重在运营中形成与爱奇艺的差异化特色。正如腾讯网络媒体事业群渠道业务部的常虹所说:"爱奇艺的内容在偏垂直领域的娱乐化、潮流化倾向更鲜明,而腾讯视频在节目题材上有一些偏社会问题方向、体育方向、动漫方向的挖掘,如《忘不了餐厅》《超新星运动会》《斗罗大陆》等。这些都是爱奇艺所不具备的。"④

此外,资本运营特别是上市公司的战略布局在推动网络视频行业格局集中化发展中发挥了至关重要的作用。例如,上市不仅是前期投入资本得以退出的方式与持续融资的通路,也是推动行业格局调整与集中的基本策

---

① 此部分内容来自2021年11月29日笔者对腾讯媒介事业群渠道业务部副总经理焦阳的电话采访。
② 彭丽慧.腾讯孙忠怀:视频平台应在可控成本下探索长期成长性[EB/OL].网易[2020-07-03]. https://www.163.com/tech/article/FGKIN7LK00097U7R.html.
③ 此部分内容来自2021年12月13日笔者对腾讯副总裁栾娜的电话采访。
④ 此部分内容来自2021年12月11日笔者对腾讯网络媒体事业群渠道业务部常虹的电话采访。

略。因此,投资方、巨头企业不断通过上市公司平台的资本运营策略调整着不同企业之间的关系与格局,相关案例在视频网站发展历程中层出不穷。但是,通过资本路径对视频网站市场格局的调整也是残酷的,很多企业需要接受资本市场的商业逻辑,一批经过持续"烧钱"但未实现有效盈利的企业在资本市场失去耐心之后便淡然地退出了市场,也有企业选择接受资本方的整合,成为巨头战略布局中的"棋子"或组成部分。

以经历资本市场多轮考验,通过分别上市与换股合并而成立的优酷土豆为例,它面对市场格局的变化选择"委身"阿里。2015年10月,阿里巴巴宣布以每股美国存托股份(ADS)26.60美元的价格要约收购优酷土豆剩余全部股权。此前,阿里持有优酷土豆18.3%的流通股。2016年4月6日,优酷土豆完成私有化,并正式成为阿里的全资子公司,古永锵、魏明、朱向阳、姚健等所有优酷创始团队成员随后陆续离开。对此,魏明在深度访谈中表示:"每个人离开的原因都不太一样,有的是再度创业,有的是转行,有的是暂时休息,之前也完全没有沟通过。一个时代结束了。"[①]此外,腾讯视频和爱奇艺也因母公司腾讯、百度持续"输血"能力的差异而有不同的境遇:前者背靠资金充足的腾讯稳步发展,后者则谋求独立上市。2018年3月29日,爱奇艺在美国纳斯达克挂牌上市,股票代码为IQ。通过资本运营调整行业格局的案例在第二、第三阵营的视频网站中也频繁出现。例如,酷6自上市以来营收规模一直在萎缩,它于2015年8月13日收到纳斯达克证券交易所的书面警告函,因连续30个交易日每ADS估值未达最低标准的1美元而将面临退市。随后,盛大于2016年4月5日宣布以1.08美元/ADS的价格与酷6传媒达成私有化协议,后者于当年7月12日正式申请退市。此前,酷6在财报里公布2015年第四季度的营收为372万美元,净利润为8万美元,是上市以来的首季盈利。酷6的CEO高峰称私有化后将转型"成为领先的互联网虚拟现实内容服务提供者"。在激烈的竞争与资本的推动下,视频网站市场份额不断向头部企业集中,逐步形成以少数巨头企业为代表的格局。

---

① 此部分内容来自2021年10月31日笔者对时任优酷营销副总裁魏明的电话采访。

第三节　视频移动化、资本乱象与政策规制

从视频网站的外部生态看,本阶段在技术、政策、资本等方面均出现了典型事件与较大的变化,对行业格局的发展、网络视频企业的运营、视听内容的呈现、用户的收视习惯等都产生了直接影响。在技术方面,以 4G 商用时代的到来为标志,移动互联网的发展开始推动视频网站向生态化转向,这直接体现在多家网络视频企业的"移动化"战略布局上。在政策方面,随着视频网站的地位与份额在整个传媒产业中不断提升,它在社会文化发展中的作用也日益凸显。同时,行业调整与发展过程中也出现了各种问题。对此,主管部门不仅积极探索并制定相应的管理规章,还开始从国家文化安全、网络平台治理等高度审视以视频网站为代表的新兴媒体的定位与作用,这是本阶段政策层面呈现的典型特点。在资本方面,随着视频网站市场格局的不断集中与巨头公司的出现,资本运营过程中的多种负面影响与问题也暴露出来,资本、技术、政策之间的互动与相互作用也不断深入。有鉴于此,本节将重点从政策管控升级与资本乱象纠偏等方面对这一阶段宏观层面的现状进行分析。

一、4G 驱动移动视频成长

4G 网络建设推动中国移动互联网进入发展的快车道。工信部的数据显示,2014—2018 年,中国移动互联网总接入流量分别为 20.6 亿 GB、41.9 亿 GB、93.8 亿 GB、246 亿 GB、711 亿 GB,同比增长分别为 62%、103%、124%、162%、189%。越来越快的增速得益于 4G 用户数量和户均月接入流量的"双增长"叠加效应①。2014—2018 年的 4G 用户数量分别为 0.97 亿人、4 亿人、7.7 亿人、10.1 亿人、11.7 亿人,4G 成为中国移动通信

---

① 2018 年中国通信业统计公报(附全文)[EB/OL]. 中商情报网[2019-02-02]. https://www.askci.com/news/chanye/20190202/1753161141189.shtml.

历史上普及速度最快的通信技术;户均每月的移动互联网接入流量分别为0.2 GB、0.38 GB、0.76 GB、1.73 GB、4.42 GB,同比增长率分别为54%、90%、100%、128%、155%,呈现出增速越来越快的现象①。4G技术突破了移动上网的网速瓶颈,让更多用户可以更为便捷地通过移动终端连接互联网。4G网络和智能终端的普及为网络视频传播的移动化提供了技术基础,"移动端的流量占比从10%一直上升到90%"②。网络视频的移动化极大地拓展了视频内容的应用场景,培养了用户更加多元的收视习惯,他们能随时随地地获得视频网站的内容,视频也更为深入地渗透到人们的社会生活。

这为视频网站的创新运营开启了新的空间。一方面,视频网站内容有了更为多样的传播渠道,视频内容能够得到更多用户的喜爱与认可,以此实现商业盈利模式的创新。另一方面,视频网站能够通过移动化的传播手段发挥更为重要的媒体作用,承担应有的社会责任。例如,在突破传播终端与带宽等技术瓶颈后,视频能够极大地丰富处于没有固网环境的边远山区的用户的生活。因此,4G背景下的移动视频时代的到来为视频网站的发展提供了更广阔的空间,创造了更多元的维度,是推动视频网站媒介生态日益丰富的重要力量。

二、资本乱象纠偏

资本及资本运营在网络视频发展历程中的作用与问题在前文中已有较为详细的阐述,笔者也对资本推动视频网站发展的内在机制与方式进行了分析和解读。与前两个阶段不同,在本阶段,资本作用的发挥、相关问题的规制在视频网站的快速成长期出现了一些新现象。以头部企业的具体案例为代表,如乐视、暴风、快播等,它们在资本与扩张压力之下无奈作出了不当或错误的战略布局,进而在市场调节与政策的监管下暴露出各种问题。诚然,资本在视频网站发展与不断趋向成熟的过程中依然发挥着积极

---

① 2018年中国通信业统计公报(附全文)[EB/OL].中商情报网[2019-02-02]. https://www.askci.com/news/chanye/20190202/1753161141189.shtml.
② 此部分内容来自2021年10月31日笔者对时任优酷营销副总裁魏明的电话采访。

的推动作用,是形塑视频网站行业格局的关键因素,但不可否认的是,在市场不断趋向集中和资本逐利的过程中也催生了不同类型的问题。例如,为了抢占市场发展先机而超前布局,最终"欲速而不达"的乐视;为了丰富内容生态不断出击,依托资本优势大肆收购却因无法有效控制、管理被收购对象而逐步失控的暴风影音;盲目追求市场收益与运营数据而忽视内容制作层面的规章制度和职业道德,因失范行为而被法律制裁的快播。当然,在这一过程中,还有部分企业管理者与运营者未能抵御资本运营背后的高收益,因违法违规操作而触碰了法网。

上述典型案例成为视频网站在快速成长期中的热点事件,相关部门对这些企业问题的处理与纠偏还引发了社会各界的广泛关注与热议。在此,笔者结合几个有代表性的网络视频企业在发展过程中出现的实际问题进行论述和分析。

(一) 失速:乐视"为梦想而窒息"

乐视的危机是从眼花缭乱的跨界扩张开始的。2010 年 8 月,乐视网登陆深交所创业板,成为网络视频行业全球首家 IPO(initial public offering,首次公开募股)的上市公司,贾跃亭基于全产业链构建的"乐视模式",即"终端+应用+内容+平台",给业界带来了巨大冲击。2011 年 12 月 28 日乐视影业成立后,乐视便开始了频繁的资本运作,通过资本杠杆实现多个领域的全面布局。例如,乐视在内容层面陆续布局乐视体育(2014 年 3 月成立)、乐视音乐(2015 年 3 月成立),收购花儿影业等;在终端层面陆续推出乐视超级电视(2013 年 5 月首发)、乐视盒子、乐视超级手机(2015 年 4 月首发)、乐视超级汽车(2016 年 4 月首发);在应用与业务层面,除了乐视网之外还上线了网酒网(2011 年 10 月)、乐途 FM、LeCloud、LeStore、LeCar 等;在基础平台层面布局乐视云计算(2014 年 1 月成立)、大数据平台、生态电商平台等。可谓格局宏大,包罗万象。在这一过程中,乐视频繁地开展对外投资与合作:2015 年 10 月,以 7 亿美元控股易到用车;2015 年 12 月,耗资逾 18 亿元认购 TCL 多媒体 20%的股份;2016 年 1 月,耗资 3 亿元并购体育赛事直播平台章鱼 TV;2016 年 1 月,乐视体育宣布以 1 亿元冠名中超球队北京国安;2016 年 6 月,以 10.47 亿港元收购酷派28.9%的股份，成为其最大单一股东等。在乐视的鼎盛时期，它的关联公司超过160家。此外，它还与近十个地方政府、组织签订战略合作关系，到处"跑马圈地"。贾跃亭基于"生态化反"理念搭建的资本商业"帝国"引发众人关注甚至追捧，乐视网的市值一度冲上了1700亿元[①]。

2016年11月，乐视因为一则资金链紧张拖欠巨额款项的消息引发股价连续下挫；11月6日，贾跃亭发布内部全员邮件反思非上市公司LeEco的扩张节奏过快，披露乐视汽车前期已经"烧掉"100多亿元的自有资金，并主张将进入利润增长期的成熟业务装入上市公司平台乐视网。对此，时任乐视首席营销官张旻翚在深度访谈中回忆道："老贾的那个邮件让我们意识到外面的那些传言可能是真的，供应商挤兑、银行挤兑都由此开始。"2016年12月6日，一则贾跃亭5.07亿股乐视股票质押将被平仓的传闻令乐视网股价尾盘大跳水，乐视网于次日宣布停牌，此前的股价已经较当年6月份缩水了40%。除了乐视汽车"烧钱"之外，乐视超级电视、超级手机等硬件均长期采用"亏本走量"的销售策略，导致了巨额亏空。贾跃亭当时的商业逻辑是通过"亏本走量"抢占硬件终端市场，形成上市主体乐视网的流量入口，进而反哺乐视网的会员付费业务和广告变现。对此，张旻翚评价道："我到现在依然觉得，通过硬件（乐视电视、乐视手机、乐视机顶盒）'亏钱'布局入口，获得用户，再通过广告、内容付费、游戏、电商等方式变现来弥补硬件的亏损，拉长用户运营战线，慢慢盈利，不失为一种好的经营思路，只是走得急了点。当时电视大屏端的广告已经慢慢有起色了。"[②]乐视"资本腾挪"的路径与技巧也暴露出来，即不断通过与乐视体系内非上市部分的关联交易，将利润输送到上市实体乐视网，促进其市盈率飙升，再通过上市主体定增等方式融资，投入非上市板块的业务，并持续通过经营协同来完成资本在乐视生态闭环内的高效运转。当然，这一过程中存在的大量违规操作为乐视的发展埋下了隐患。

在运营过程中，乐视系统内各个板块的协同并未实现贾跃亭预想的效果，乐视内部员工反馈"扩张速度太快，人才、资金、管理都跟不上，板块之

[①] 乐视网昨起停牌，市值1700亿元跌至67亿元，暂停上市几成定局. 搜狐网[2023-01-03]. https://www.sohu.com/a/623256936_120607024.
[②] 此部分内容来自2021年11月29日笔者对乐视首席营销官张旻翚的电话采访。

间的协同实际操作起来的流程特别臃肿,因为各自的 KPI 都不一样,配合起来很困难"。贾跃亭在 2016 年 11 月 6 日的内部公开信中特别提及,"LeEco 旗下各子生态将从烧钱扩张转向做深做透市场,从独立快速奔跑转向组织间真正化反、主动跨界创新、聚焦生态价值创造"①,也在一定程度上验证了上述说法。2016 年底,融创中国董事会主席孙宏斌出手"营救"处于困境中的乐视,以 60.41 亿元收购乐视网 8.61% 的股权,以 79.5 亿元获得增发后乐视致新 33.5% 的股权,以 10.5 亿元收购乐视影业 15% 的股权。然而,这 150 亿元的投入未能帮助乐视有效地破解资金困局。贾跃亭称资金到账后大部分用于归还贷款,希望由此继续获得金融机构的信任与支持,但多家金融机构选择观望甚至出现挤兑。随后,乐视体育、乐视汽车等多个板块出现经营危机,"讨薪"的新闻频现报端,乐视相关负面舆论全面爆发。贾跃亭后来远赴美国继续推进"造车"项目,至今未归国。张旻翚在深度访谈中评价道:"贾跃亭是个非常勤勉、努力的老板,只是他的梦想太大,观念太超前,组织能力和财务能力都跟不上。当然,无可否认,也有投机的成分。"②

(二) 失控:"妖股"暴风的陨落

2010 年暴风重组,放弃赴美上市,在美元资本退出后引进华为哈勃投资、金石资本等国内资本,等待在国内创业板上市的机会。2015 年 3 月,暴风集团如愿在创业板上市,连续获得 30 个涨停,市值一度超过 400 亿元。暴风 CEO 冯鑫被业界称为"乐视的信徒",他多次在公开场合提到学习乐视的生态和战略,在上市募得资金后便迅速涉足娱乐生态、体育(暴风体育)、硬件 VR 设备(暴风魔镜)、互联网电视(暴风 TV)等多个领域,并逐步放弃了"主业",即对暴风影音的研发投入。2015 年 5 月,暴风提出全球 DT③ 大娱乐战略,并迅速布局 VR 设备、互联网电视、秀场直播、网络视

---

① 冯庆艳. 乐视股价暴跌与乐视辟谣背后 资本大考来袭?[EB/OL]. 经济观察报[2016-11-07]. http://www.eeo.com.cn/2016/1106/293586.shtml.
② 此部分内容来自 2021 年 11 月 29 日笔者对乐视首席营销官张旻翚的电话采访。
③ data technology 的简称,即数据技术,与 IT(information technology)对应,2014 年由马云在乌镇首届世界互联网大会上正式提出。

频、影视文化等业务板块。2015年12月,暴风TV发布了"消灭了遥控器"的第一代互联网电视暴风超体电视。同时,暴风TV的CEO刘耀平宣布以低于同型号小米电视、乐视电视机近千元的价格"贴着成本卖"。2016年3月28日,暴风科技宣布联合海洋音乐集团、天象互动、稻草熊影业等公司构建日活跃用户数量达1.5亿人的大娱乐生态,收购稻草熊影业60%的股权(10.5亿元)、立动科技100%的股权(10.8亿元)、甘普科技100%的股权(9.75亿元),全面进军音乐、游戏、影视行业。暴风快速地在大娱乐生态中整合不同类型的娱乐内容和娱乐服务,力争通过DT驱动与海量用户连接。同时,时任暴风魔镜CEO黄晓杰宣布暴风魔镜销量突破100万台,占国内在售VR设备七成以上的份额,成为中国VR行业的领军者。

为了拿下国际体育赛事版权的上游资源,暴风集团在2016年与光大资本合作设立浸鑫基金,用52亿元完成对欧洲世界知名体育版权公司MPS的65%股权收购。MPS被收购后先后丢掉了意甲、英超、美洲杯、解放者杯等版权,快速沦为一家空壳公司,因无法支付剩余的版权费用而被告上法庭,于2018年10月被法网联合会申请破产清算。2018年,暴风集团的财报显示,归属上市公司股东的净利润为亏损10.9亿元。2019年7月28日晚,冯鑫被捕;同年9月,上海市静安区人民检察院以对非国家工作人员行贿罪对冯鑫提起公诉。2020年11月10日,暴风集团退市,当时的市值已不足1亿元,5年间跌去99.78%。上海创远律师事务所高级合伙人许峰律师一针见血地指出,暴风集团是"资本市场浮躁期的典型代表,对市场和投资者不够敬畏"①。

(三)失范:技术中立与快播的"原罪"

快播的成长与泯灭都与盗版和色情内容关联在一起。2013年,腾讯视频等十余家版权方多次公开称快播大量盗播、盗链其数百部版权影视作品,并发起"中国网络视频反盗版联合行动",对快播采取技术反制和法律诉讼。2013年12月27日,国家版权局认定快播公司盗版事实并责令其停

---

① "小乐视"暴风集团之死:仅五年从市值超400亿到灰飞烟灭. 澎湃新闻[2020-08-30]. https://baijiahao.baidu.com/s?id=16764170345454262728&wfr=spider&for=pc.

止侵权行为。2014年5月15日,快播公司被吊销增值电信业务许可证,20日更是接到了深圳市市场监督管理局开出的2.6亿元罚单。此外,2013年底,北京市公安局在执法检查中查扣了快播公司管理的4台服务器,经鉴定存储有3000余部淫秽色情视频。2014年3月,有关部门对快播公司相关应用的监测中再次发现大量淫秽色情视频。同年5月15日,全国"扫黄打非"办公室通报,快播公司在提供互联网信息服务的过程中存在传播淫秽色情内容信息的行为且情节严重。2014年8月8日,快播公司法定代表人王欣等被依法逮捕。2016年9月13日上午,北京市海淀区人民法院一审宣判,深圳市快播科技有限公司犯传播淫秽物品牟利罪,判处罚金1000万元,王欣犯传播淫秽物品牟利罪,判有期徒刑3年6个月,罚金100万元。随后,快播公司宣布破产。

"快播案"受到了社会各界的广泛关注。王欣提出的"技术无罪"引发网民热议,甚至赢得了大量网友的同情。"技术无罪"又称技术中立,是1984年美国联邦最高法院在索尼上诉美国环球公司一案中最早确立的规则,后被世界各国律法广泛沿用,即如果产品可能被广泛用于合法的、不受争议的用途,也就是具备实质性的非侵权用途,即使制造商和销售商知道其设备可以被用作侵权,也不能推定其故意帮助他人侵权并构成帮助侵权[1]。但是,法院最终还是对快播公司和王欣等相关负责人作出有罪判决,主要基于以下三点原因。其一,快播并不只是技术的提供者,还是技术的使用者,通过控制、管理的缓存服务器介入了用户之间的视频传输;单纯的技术提供者"无罪",但实际使用技术的主体一旦恶意使用技术危害社会,就应当受到法律的制裁。其二,快播虽然是一个免费的播放软件,但它通过广告、会员服务等间接地获取了利益。其三,早在2013年8月5日,深圳市南山区广播电视局执法人员就曾对快播公司涉黄作出了行政处罚。因此,法院作出了王欣等人犯罪故意的"明知"认定。

(四)失法:民营综合视频网站高管"落马"

本阶段还出现了多个视频网站高级管理人员因触犯法律而受到制裁

---

[1] 赵衡. 视频广告屏蔽软件侵权该如何规制[N]. 检察日报,2018-01-27(3).

的案例,这说明行业发展过程中存在的问题的复杂性。2013年7月,时任腾讯公司副总裁、腾讯在线视频部总经理刘春宁在执掌腾讯视频2年零3个月后宣布因个人原因离职,随后入职阿里巴巴分管数字娱乐事业部,兼任阿里影业董事。2014年1月,腾讯一纸诉状以"竞业禁止"为由将刘春宁告上法庭,诉求收回其限制性股票收益数百万元。2015年6月22日,刘春宁被深圳警方带走,与他在腾讯期间收受的商业贿赂有关;7月9日,腾讯内部通报了一起严重违规事件,多名在线视频部门工作人员勾结内容供应商提高采购价并从中大肆牟利;7月10日,阿里巴巴官方微博发表声明:"刘春宁因为在腾讯期间的群体性腐败事件,被腾讯举报并被警方拘捕,我们对此极其震惊。"再如,杨伟东2013年3月受古永锵之邀加入优酷土豆,先后任优酷土豆集团高级副总裁、BG联席总裁、合一集团总裁、阿里巴巴文娱集团大优酷事业群总裁等职,策划推出了《火星情报局》《这!就是街舞》等标杆网综和《军师联盟》《白夜追凶》《春风十里不如你》等爆款网剧。2018年11月,他因经济问题被举报,随后配合警方调查,2019年1月被正式逮捕,并以非国家工作人员受贿罪获刑7年,个人财产200万元被没收。

在网络视频行业爆发式增长的大背景下,多家民营综合视频网站的高管先后"落马",反映出在这一资本集中、高速发展的领域中,资本的驱动不仅会在产业发展层面导致贾跃亭、冯鑫等战略决策的失误,也会导致管理人员在企业运营过程中放松对底线和原则的把控,说明对于资本负面影响的防控与纠偏是一个复杂、系统的工程。

三、政策规制的演进

随着互联网新媒体在经济社会生活发展中的影响力不断提升,对以视频网站为代表的互联网新媒体的规制也开始被提升到国家战略与政策制定的层面,这是前两个发展时期中没有出现的现象。互联网的影响已经受到党和国家领导人的高度重视,习近平总书记于2015年12月16日在乌镇指出,"互联网是20世纪最伟大的发明之一,给人们的生产生活带来巨大变化,对很多领域的创新发展起到很强带动作用"①。互联网在社会各个领域中体现出极强的改造能力甚至是颠覆性的作用,"互联网+"行动计划也首次出现在 2015 年李克强总理的《政府工作报告》中,建设网络强国已经成为从上到下的全民共识。在这一阶段,习近平总书记针对互联网新媒体的发展发表了多次重要讲话,为互联网新媒体发展过程中各方面问题的规制提供了指导和依据。具体到视频网站领域,相关的监管在网络视频内容、互联网电视等方面不断具体与深入,笔者在此结合以下三个方面予以分析。

(一) 习近平总书记关于互联网监管的部署与思想

2013 年 8 月 19 日,习近平总书记在全国宣传思想工作会议上强调,要依法加强网络社会和新技术、新应用的管理,确保互联网可管、可控。2013 年 11 月 9 日,《关于〈中共中央关于全面深化改革若干重大问题的决定〉的说明》提出,"随着互联网媒体属性越来越强,网上媒体管理和产业管理远远跟不上形势发展变化。特别是面对传播快、影响大、覆盖广、社会动员能力强的博客、微信等社交网络和即时通信工具用户的快速增长,如何加强网络法治建设和舆论引导,确保网络信息传播秩序和国家安全、社会稳定,已经成为摆在我们面前的现实突出问题"②。2014 年 2 月 27 日,习近平总书记主持召开中央网络安全和信息化领导小组第一次会议,指出"网络安全和信息化是事关国家安全和国家发展、事关广大人民群众工作生活的重大战略问题,要从国际国内大势出发,总体布局,统筹各方,创新发展,努力把我国建设成为网络强国";"建设网络强国的战略部署要与"两个一百年"奋斗目标同步推进,向着网络基础设施基本普及、自主创新能力显著增强、信息经济全面发展、网络安全保障有力的目标不断前进"③。2014 年 8 月

---

① 霍小光,罗宇凡.习近平:要用好互联网带来的重大机遇 深入实施创新驱动发展战略[EB/OL].新华网[2015-12-16]. http://www.xinhuanet.com/politics/2015-12/16/c_1117484307.htm.
② 习近平.关于《中共中央关于全面深化改革若干重大问题的决定》的说明[N].人民日报,2013-11-16(2).
③ 习近平:把我国从网络大国建设成为网络强国[EB/OL].新华网[2014-02-27]. http://www.xinhuanet.com/politics/2014-02/27/c_119538788.htm.

18日,习近平总书记在主持召开中央全面深化改革领导小组第四次会议时指出,要"着力打造一批形态多样、手段先进、具有竞争力的新型主流媒体,建成几家拥有强大实力和传播力、公信力、影响力的新型媒体集团"[1]。这一系列重要讲话与部署表明了最高领导层关于互联网新媒体发展的思路,体现出互联网作为当今社会底层运作系统之一的重要性,明确了它的产业属性并直面互联网管理方面的滞后问题,也为视频网站的发展指明了基本方向。

在大力推进互联网新兴媒体发展的同时,习近平总书记多次强调要加强对互联网平台的监管与治理,其中的诸多方面都与视频网站的发展直接相关。2015年9月22日,习近平在接受《华尔街日报》的采访时提到,互联网不是"法外之地",同样要讲法治。次日,习近平在中美互联网论坛上主张,各国应制定符合自身国情的网络公共政策。习近平在2016年4月19日召开的网络安全和信息化工作座谈会上再次提及互联网不是"法外之地",对所有违法行为都要坚决制止和打击[2]。加强监管的目的是实现互联网新媒体的健康、高质量发展,使它们在社会发展中发挥更加积极的作用。2017年10月18日,党的十九大报告中多次提及互联网,其中"营造清朗的网络空间"的说法被广泛引述。2018年4月20日,在全国网络安全和信息化工作会议上,习近平提出了"建立网络综合治理体系"的具体构想,即形成党委领导、政府管理、企业履责、社会监督、网民自律等多主体参与,经济、法律、技术等多种手段相结合的综合治网格局,推进网上宣传理念、内容、形式、方法、手段等创新[3]。由此可见,互联网(包括视频网站)生态的发展已经被纳入更为宏观的经济社会发展格局,从战略层面对视频网站的发展提出了更高的要求,对行业发展中存在的乱象与问题起到了一定的规范作用。

---

① 新华社.习近平主持召开中央全面深化改革领导小组第四次会议[EB/OL].中华人民共和国中央人民政府网站[2014-08-18]. http://www.gov.cn/xinwen/2014-08/18/content_2736451.htm.
② 习近平.在网络安全和信息化工作座谈会上的讲话[N].人民日报,2016-04-26(2).
③ 习近平出席全国网络安全和信息化工作会议并发表重要讲话[EB/OL].中华人民共和国中央人民政府网站[2018-04-21]. http://www.gov.cn/xinwen/2018-04/21/content_5284783.htm.

(二) 对视频网站内容的监管

内容监管是视频网站在发展历程中始终要面对的问题,本阶段的内容监管主要体现在相关主管部门对新闻视频、境外视听节目、网络自制节目等方面的管理上。具体而言,主要是针对新闻视频被多种自媒体、网络社区渠道传播的乱象;视频平台直接从境外机构购买海外影视剧,未经广电总局报备审查即播出;网络自制节目兴起并日渐主流化的局面等。我国相关主管部门的监管内容主要涉及以下三个方面。

第一,对新闻视频传播主体资质的许可与管理。《互联网新闻信息服务管理规定》于 2017 年 6 月 1 日起开始实施,相比 2005 年版的《互联网新闻信息服务管理规定》,新版规定特别指出,"向社会公众提供互联网新闻信息服务,应当取得《互联网新闻信息服务许可证》"①。对网络新闻信息的监管始终是我国互联网监管的最重要内容,除中央新闻单位外,商业网站中的四大门户网站和具有国资背景的第一视频等陆续获得了互联网新闻信息服务许可。但是,国内的主要民营综合视频网站,包括衍生自新闻门户网站的腾讯视频、搜狐视频等,在当时都没有取得互联网新闻信息服务许可。

第二,境外内容传播主体的资质审核与管理。2014 年 9 月,广电总局发布《国家新闻出版广电总局关于进一步落实网上境外影视剧管理有关规定的通知》,再次重申需要依据《互联网新闻信息服务管理规定》等文件的要求,用于互联网传播的境外影视剧应首先取得公映(发行)许可,还对专门用于网络播出的境外影视剧提出了更为具体的监管要求。首先,从业主体需要持有含二类五项(影视剧的汇集、播出业务)的《信息网络传播视听节目许可证》;其次,引进的境外影视剧数量不得超过上一年度国产影视剧总量的 30%;最后,登记公告管理,即用于网络传播的境外影视剧都应当在"网上境外影视剧引进信息统一登记平台"上进行登记②。同时,根据文

---

① 互联网新闻信息服务管理规定[EB/OL]. 中国网信网[2017 - 05 - 02]. http://www.cac.gov.cn/2017-05/02/c_1120902760.htm.
② 总局重申网上境外影视剧管理的有关规定[EB/OL]. 国家广播电视总局官网[2014 - 09 - 05]. http://www.nrta.gov.cn/art/2014/9/5/art_110_4627.html.

件精神,广电总局联合文化部禁播了一批涉嫌提供含有诱导未成年人违法犯罪,渲染暴力、色情、恐怖活动的互联网在播境外动漫节目,包括《进击的巨人》《寄生兽》《刀剑神域》《死亡笔记》《吸血鬼同盟》《东京食尸鬼》《黑执事》等①,涉及包括优酷、爱奇艺、腾讯视频在内的几乎所有国内主流视频网站,A股上市公司乐视网还因此停牌1日。

第三,网络自制内容的监管。随着网络视频用户数量的增长和商业变现能力的不断提升,中国民营综合视频网站上线的内容逐步摆脱了单纯依靠电视节目的模式,形成了电视节目与网络自制内容并驾齐驱的局面。网络自制内容是视频网站原创制作或外购的仅在网络平台播出的节目,包括网络综艺、网剧、网络大电影和其他网播的专题节目等。2014年3月,国家新闻出版广电总局印发《国家新闻出版广电总局关于进一步完善网络剧、微电影等网络视听节目管理的补充通知》,进一步规范网络内容制作机构和播出机构均需分别持相对应的《广播电视节目制作经营许可证》或《信息网络传播视听节目许可证》。此外,对于个人上传的内容,由转发单位履行生产机构的责任②。随着网络原创节目的影响力越来越大,原来先"自审自播",出现问题再加以监管的模式已越来越不适应网络原创内容市场化的发展需求。2016年11月,国家新闻出版广电总局发布《关于进一步加强网络原创视听节目规划建设和管理的通知》,从事前、事中、事后三个环节加强了对重点网络原创视听节目的引导和管理。2017年6月,针对网络原创视听节目出现的过度娱乐、奢华等问题,国家新闻出版广电总局印发了《关于进一步加强网络视听节目创作播出管理的通知》,要求网络视听节目要坚持与广播电视节目"同一标准、同一尺度",把好政治关、价值关、审美关,不得在互联网平台上传播所谓的"完整版""未删节版"③。

视频网站十余年的高速发展在一定程度上得益于早期内容层面相对宽松的监管环境,"广电总局前期对网络视频相较电视更宽松的监管尺度,

---

① 黄澄. 二次元文化的审美解读[D]. 徐州:中国矿业大学,硕士学位论文,2018:42.
② 关于进一步完善网络剧、微电影等网络视听节目管理的补充通知[EB/OL]. 国家广播电视总局官网[2014-03-21]. http://www.nrta.gov.cn/art/2014/3/21/art_113_4860.html.
③ 总局进一步加强网络视听节目创作播出管理[EB/OL]. 国家广播电视总局官网[2017-06-01]. http://www.nrta.gov.cn/art/2017/6/1/art_114_33907.html.

切实促进了网络自制的创意迸发,乃至网络视频在商业化内容上对电视的超越"①。但是,"同一标准、同一尺度"的提出标志着这一现状的结束。为切实加强对网络视听节目的管理,2017年上半年,广电总局共处理155部网络原创节目,125部彻底下线,余下30部进行下线重编处理②。2018年10月,针对综艺节目的泛娱乐化、明星高价片酬和收视率(播放量)造假等问题,广电总局下发《国家广播电视总局关于进一步加强广播电视和网络视听文艺节目管理的通知》,严控偶像养成类节目、减少明星片酬、严查收视率造假等③问题。相关部门对视频网站内容的监管不仅仅是对内容要素、呈现形式的管理,还体现了主管部门对网络文化、青少年成长等问题的关注。这些管理举措一方面规范了网络视频行业的发展与网络视频企业的运营,另一方面引导着这一媒体形态在互联网发展甚至是社会发展中,通过生产、传播高质量的内容发挥积极作用。

(三) 对互联网电视的监管

互联网电视作为面向客厅场景,融合了视频网站与电视媒体多方面优势的新型传播形态,在这一阶段借助各种"盒子"扩展了渠道,利用各种内容吸引用户群体,实现了高速成长。同时,这一领域之前处于监管的空白区域,所以成为本阶段需要重点监管的对象。2014年6月,广电总局对互联网电视牌照商下发了《关于立即关闭互联网电视终端产品中违规视频软件下载通道的函》,要求华数天猫魔盒和百事通小红互联网机顶盒立即整顿,关闭其视听网站客户端软件、视频聚合软件和浏览器软件的下载通道④。2014年7月4日,时任广电总局网络视听节目管理司司长罗建辉在第三届中国互联网电视产业论坛上明确指出:互联网电视是广播电视形态的一种,未经批准的境外内容不得播放;除了已发放的七张互联网电视集

---

① 此部分内容来自2021年12月14日笔者对剧星传媒董事长查道存的当面采访。
② 我国网络视听产业高速发展 上半年备案播出网络电影逾4 000部[EB/OL].新华网[2017-09-05]. http://www.xinhuanet.com/politics/2017-09/05/c_1121610379.htm.
③ 国家广播电视总局关于进一步加强广播电视和网络视听文艺节目管理的通知[EB/OL].国家广播电视总局官网[2018-11-09]. http://www.nrta.gov.cn/art/2018/11/9/art_113_39686.html.
④ 李媛.广电总局:不再发放集成播控牌照[J].中国广播,2014(9):1.

成播控牌照,将不再发放新牌照;强调商业视频网站不能在互联网电视上自建内容平台。同年7月11日和15日,新闻出版广电总局分别约见七大互联网电视集成业务牌照方,严厉批评各家均存在不同程度的违规,若不按要求整改就收回牌照;如果都违规,就暂停互联网电视业务,并要求违规的境外影视剧、微电影必须在一周内下线。7月22日,广电总局要求各省网络管理处协助核查本地的互联网电视违规整改情况,并强调不允许在互联网电视服务上出现直播服务。2014年8月11日,广电总局下发《关于不得超范围安装互联网电视客户端软件的通知》,重申未持有互联网电视集成服务和互联网电视内容许可的机构,一律不得推出互联网电视的客户端软件。

在主管部门严厉、密集的管控之下,2014年8月,腾讯视频、优酷、爱奇艺、PPTV、暴风影音、搜狐视频、乐视网等都下线了各自的TV版客户端App。同年9月20日,广电总局又剑指视频聚合应用,联合工商局针对几家大型的视频聚合类网站进行查处。2014年,广电总局疾风暴雨般地通过面向牌照商的下文、专项会议、约谈、自查、协查等方式,多管齐下,对互联网电视行业进行整顿,以确保互联网电视发展的"可管可控"。

2015年9月18日,最高人民法院、最高人民检察院、公安部和国家新闻出版广电总局四部门联合下发《关于依法严厉打击非法电视网络接收设备违法犯罪活动的通知》,规定从事生产、销售非法电视网络接收设备和软件,以及为其提供下载服务、链接服务等营利性活动是犯罪,视情节轻重将量刑处理。2015年11月3日,针对前期监管工作中出现的一些漏洞,广电总局给七大OTT集成播控牌照方下发了《关于对互联网电视集成平台服务器地址信息报备的函》,进一步深入推进监管工作,要求限期上报各互联网电视集成平台的开机认证、首页EPG(electrical program guide,电子节目指南)、应用商店管理、系统升级、用户管理和计费管理等服务器网址、域名,以及互联网电视集成平台所连接终端产品还能访问的其他(不属于集成平台的)服务器网址、域名和对应功能列表。2015年11月中旬,广电总局、工信部核查各大电视机终端企业预装的App与应用商店是否符合规范(一种型号的电视终端只能预装一个互联网电视牌照方的App),广电总局早前公布的非法违规第三方应用被全部屏蔽。

2016年4月25日,《专网及定向传播视听节目服务管理规定》发布,这是2014年6月广电总局发布的《互联网等信息网络传播视听节目管理办法(修订征求意见稿)》的正式版,是对互联网电视等新业态网络视听管理经验的一次全面的政策性总结(2004年总局发布的39号令同时废止)。这个规定的出台完善了网络视频形态的监管体系,明确了互联网电视内容供应方和集成播控方的职责,还明确指出要建立公众监督机制,"加强对专网及定向传播视听节目服务的监督管理"①。2016年7月29日,广电总局下发《关于做好互联网电视整改工作的通知》,指出各大牌照机构的现存问题,并提出了具体的整改要求;12月22日,广电总局临时召集在京的OTT牌照方开会,就前期自查和整改情况,以及牌照商与电信运营商合作情况进行总结,强调各牌照方一律不得参加针对各地电信运营商组织的互联网电视招标项目,电信运营商以OTT TV之名行IPTV之实的行为也被叫停。

第四节 基于连接的平台化发展逻辑兴起

在本阶段,中国民营综合视频网站巨头化市场格局开始形成并呈现出平台化特点,"数据资源的开发应用、营收创新的利润空间、技术创新愈发增大的难度等,都使平台化运行逻辑区别于传统经济模式"②。基于用户连接的平台化发展在一定程度上强化了网络视频行业的巨头化格局,市场运营层面的集中开始深化到媒介生态的诸多层面,平台运营者、资本方不仅能够决定视频网站平台的模式与规则,而且能够通过内容、互动、会员等方式影响用户的信息消费行为。

本节将进一步探讨不同层次、各个要素之间的互动关系,由此把握本阶段视频网站媒介生态演化发展的主要特征,即基于用户连接的平台化发展,并在此基础上梳理视频网站发展过程中体现出的突出问题,为基于优化视频网站生态健康、科学发展的目标思考有效的对策。

---

① 专网及定向传播视听节目服务管理规定[EB/OL]. 中华人民共和国中央人民政府网站[2016-04-25]. http://www.gov.cn/gongbao/content/2016/content_5097742.htm.
② 王世强. 平台化、平台反垄断与我国数字经济[J]. 经济学家,2022(3):89.

一、平台化的发展逻辑

移动互联网和社交媒体的广泛普及促进了视频网站与用户连接的过程,在精确理解用户的基础上,网络视频的平台属性更为凸显,产业链得以大大延伸,模式方面的创新不断涌现。平台化是基于对用户和产业全链条的充分数字化和智能连接,为用户提供的端到端的优质体验和差异化服务,整个运行系统高效、灵活,交易成本低。平台化是一个综合性的过程,涉及服务创新、营收创新、用户体验创新、组织创新等不同环节。

平台化对视频网站及产业链中各主体的发展有积极的作用,"平台不断优化信息服务,完善匹配精度与配对效率。在此过程中平台因信息服务盈利,多元关系各方由此共赢,这便是平台化作用方式。供需匹配便捷性使供需双方在交易过程中对平台依赖性不断增强,进一步加速平台化进程"①。视频网站平台化效应的形成在很大程度上有利于实现对优质资源的整合,推动各平台策划并创造高质量的自制内容,为用户打造更加完整、系统的服务模式,在视频领域更积极地承担社会责任等。"平台在远离具体生产与消费中,通过数据实现对劳动力的有效组织与分配、生产利润的多层剥离与分配、运行权力的虚拟与分散,从而实现了平台自我发展、自我强化的目的,直接而非间接地表征了建构平台的资本调动资源、影响政治、塑造规范的能力。"②平台机制的作用方式能够使视频网站的运营和发展具有更高的效率,统筹平台生态中不同主体之间的互动,优化资本、技术、运营模式等不同要素间的关系等,是驱动视频网站生态及各类企业主体高效、健康发展的重要条件。

视频网站在平台化发展过程中也出现了一些问题,"在算法局限、商业竞争、过度娱乐化与极端化内容泛滥的情况下,平台型媒体的信息内容生态势必向失衡、无序的方向发展"③。这些问题体现了目前大部分平台型媒体发展过程中面临的共性问题,也是限制视频网站平台积极作用得到有

---

① 王世强.平台化、平台反垄断与我国数字经济[J].经济学家,2022(3):89.
② 涂良川.平台资本主义技术逻辑的政治叙事[J].南京社会科学,2022(2):4.
③ 邹军,柳力文.平台型媒体内容生态的失衡、无序及治理[J].传媒观察,2022(1):22.

效发挥的症结。结合视频网站媒介生态发展历程的梳理,特别是不同要素间的相互作用,笔者发现视频网站在平台化进程中出现诸多问题的原因。视频网站平台若要发挥积极的作用,应以自身的客观发展和主动积极地承担公共责任为基础。然而,在实际的发展过程中,我国民营综合视频网站的代表性主体都是资本驱动的,以追求资本收益为目标的企业主体。而且,在监管宽松甚至某些环节缺失法律规制的背景下,资本要素的诉求或意志被放大,"平台资本化不是消解了资本运动过程的必然问题,而是放大了资本增值对人与社会的控制力"[1],所以必然会出现诸多问题与乱象。在后续的章节中,笔者基于对视频网站发展阶段的梳理,结合对媒介生态不同要素关系的把握,对上述问题展开进一步的深入分析与思考。

二、多层面要素的互动推动视频平台的发展

视频网站媒介生态中的多要素在本阶段呈现出交织互动的状态。一方面,内生态的各个要素之间相互影响,如内容自制对营收多元化有明显的促进关系;另一方面,内外部生态要素之间存在跨层的互动与作用,如平台化的媒介市场格局变化对用户群体细分产生了重要影响,而资本力量直接驱动着内容生产的模式创新。因此,从要素互动的角度进行总结和提炼有利于厘清视频网站平台化发展的基本逻辑及特征。

(一)内容聚合与用户规模增长、营收方式多元化的互动

在这个阶段,各平台的视频内容由版权购买转向自制为主,广告不再是民营综合视频网站的唯一收入来源。由此,各平台的内容具备了独有性,有些内容甚至仅在唯一渠道播出。同时,高质量的独有内容渐渐可以与电视内容的质量相提并论,这是民营综合视频网站用户数量持续增长和营收多元化的核心动因。民营综合视频网站的民营性质决定了它更强烈、敏锐地受到市场的支配,所以它会更多地关注用户的需求,更快、更好地生产用户真正喜欢的内容,推动用户数量的不断增长。这也是头部视频网站

---

[1] 吴正刚.知识产权、技术标准与平台生态系统竞争力研究[J].科技进步与对策,2022(7):23.

在用户规模和营收规模上逐步超越传统电视频道的一个核心原因。同时，内容自制化和用户规模的增长也反过来推动视频网站在广告业务、会员收费业务、版权分销业务等营收方面的多元化发展。自制的方式提升了视频网站对内容的把控力，可以有效地控制成本并充分地"收割"内容IP的全方位价值。因此，内容的自制化是民营综合视频网站在此阶段实现用户爆发性增长和营收多元化的前提条件。不过，在用户和营收这两个要素中，前者决定着后者的规模，"内容—用户—营收"是一条正相关的因果关系链。

（二）内容要素在产业竞合中的作用

视频网站的产业格局有所调整，经过激烈的市场整合，市场竞争主体减少，集中化趋势明显，中国网络视频市场出现了巨头割据的现象，为中国网络视频行业建立了很高的行业竞争壁垒。无论是民营综合视频网站之间的竞争与合作，还是民营综合视频网站与电视等其他媒介种群的竞争与合作，都是围绕着媒介内生态中的内容要素展开的。以内容为焦点，作为中国视频内容市场新贵的民营综合视频网站从上游的IP版权，到编剧、导演等制作力量，再到明星、艺人资源，以及项目融资、广告植入等，开始全方位地参与市场角逐。民营综合视频网站与电视媒体种群除了是竞争关系，也因彼此的自制内容的版权而形成了分销合作的关系。宣传职能更为突出的电视媒体与在政策许可范围内最大化迎合用户需求的民营综合视频网站，两者的竞争力量对比在悄悄地发生逆转。

此外，基于4G的普及，网络直播与短视频在这一阶段得到快速发展。一方面，网络视频行业出现了新的业务形态与营收模式；另一方面，以快手、抖音等为代表的一批新企业入局并快速成长，有利于冲击、"搅动"逐步固化的视频网站格局，激发行业竞争活力与创造力。由此，综合视频网站及其客户端、网络直播平台、短视频平台等逐步成为网络视频领域的主要形态与竞争主体，成为视频网站媒介生态中的重要内容。

（三）4G技术是网络视频平台化发展的最大推动力量

首先，4G技术对于中国网络视频乃至整个互联网来说都意义重大，它标志着中国从PC互联网时代开始转向移动互联网时代。其次,4G技术的商用加速了中国网络视频行业的移动化趋势,极大地拓展了行业的成长空间,移动互联网几何级数地放大了中国网络视频的商业价值。最后,4G技术的应用也大幅提升了资本对中国网络视频行业的关注度和估值水平,资本的"意志"及其趋利性在它与不同要素的互动中得到了凸显,成为延伸网络视频产业链条,加速平台化进程和市场竞争,不断提升市场集中度的主要推手。

同时,行业管控与监管政策也相应地出现了新的变化,相关监管部门由对网站和运营主体的监管,逐渐过渡到对平台的监管。互联网平台的发展成为国家战略层面的重要内容,习近平总书记多次发表重要讲话并作出针对性的部署,对视频网站的健康和有序发展提出了更高的要求。随后,各部门出台的管控政策更为具体,对行业不同层面、不同类型问题的管控也更加有力。

本章小结

综观中国民营综合视频网站的快速成长期,从外生态环境来看,4G技术的商用驱动视频开始具有移动化特征,表现在以下三个方面:第一,用户的网络视频收看习惯大大改变,手机逐渐成为最主要的接收终端;第二,视频网站的商业空间在短时间内得到了极大的拓展,加之移动网民数量激增,视频与用户接触的便捷度大幅提升;第三,新兴的网络视频业态开始出现,如视频直播平台、短视频平台快速发展,客观上分流了用户的数量与时间。同时,资本与政策的博弈开始进入"深水区",资本盲目逐利带来的失速、失控、失范、失法问题都得到了监管部门的纠偏,对自制内容的规制成为本阶段政策要素发挥影响力的主要着力点;网络视听节目要坚持与广电节目"同一标准、同一尺度",这个口号的提出意味着网络视频行业"政策红利期"的彻底完结。

从中国民营综合视频网站快速成长期的内部生态来看,内容的自制化转向成为此阶段的核心影响因子。优质的独有内容带动了视频网站营收的多元化,推动了平台化的发展趋势。此外,用户要素则在视频移动化的浪潮中有所变化并产生了分流。

中国民营综合视频网站的快速成长期与电视媒介种群的生态位竞争可谓硝烟弥漫。首先,传统电视媒介种群逐步感受到来自民营综合视频网站种群的竞争压力,并在实力对比上产生逆转;其次,电视媒介种群无法摆脱民营视频网站在资本助力下的影响,依然出售手中的节目版权,不断消耗着自身内容的"独有"价值;最后,媒介种群内的生态位竞争呈现为"几家独大"的市场格局,强者愈强、弱者愈弱的"马太效应"彰显。

第五章

平台管控与生态化发展：中国民营综合视频网站发展稳定期的媒介生态（2019—2021 年）

2019 年，5G 通信技术开始陆续商用，媒介外生态的技术要素再次进入热门研究领域，智能传播时代来临。这一年，泛网络视频媒介生态重启调整态势。中国网络视听节目服务协会的数据显示，2019 年，在网络视听行业市场规模构成中，短视频以 1 302.4 亿元（占比 29%）历史性地第一次超越在线视频（以长视频为主的综合视频网站集群）的 1 023.4 亿元（占比 22%），成为网络视听行业的新霸主[①]。因此，笔者将 2019 年及之后称为"后网络视频时代"，这也是本章将 2019 年作为民营综合视频网站发展稳定期起始之年的核心原因。

2019 年后，民营综合视频网站发展的重要特征是平台化逻辑向更广泛连接的生态化逻辑发展。在民营综合视频网站的快速成长期，一些头部公司逐步形成了网络平台化效应，"通过与以政府、用户为代表的多元社会力量互动，互联网平台公司实现了向数字平台之外多元市场的扩张，最终发展成综合性的头部企业。互联网平台作为新的数字经济流通形式，重塑了经济权力关系结构，并成为国家间争夺的新关键领域"[②]。可见，平台化效应已经在民营综合视频网站发展的多个层面得到体现并产生影响，平台的逻辑开始影响网络视听行业的发展模式。国内一部分极具代表性的综合视频网站逐步具备平台影响力，不仅成为网络视频领域中各种视频内容

---

① 2020 中国网络视听发展研究报告[EB/OL]. 中国网络视听节目服务协会[2020-10]. http://www.cnsa.cn/uploads/20210708/250dad61be7ce18ef949de4a61568fbc.pdf.

② 李彪，高琳轩. 平台资本主义视域下互联网平台治理的理论依归与路径选择[J]. 新闻与写作，2021（12）：5.

的主要传播渠道,在探索自身发展机制、稳定用户群体等基础上还形成了一定的生态效应。视频网站的平台化在一定程度上成为视频网站媒介生态成熟的重要标志,不同主体在各个平台上形成了比较稳定的关系,整个行业的发展呈现出平稳、成熟的态势。

如果说民营综合视频网站的快速成长期主要关注内部生态发展,进入新的发展阶段之后,视频网站迫切地需要进行更为开放的外部生态建构。随着物联网和人工智能技术的发展,以往媒介与人、人与人之间的连接逐渐演化为"人—机—人"的泛连接,互联网的发展进入"万物互联"的"下半场"[①]——从催生单一的媒介内部生态建构转向媒介与不同行业乃至整个社会生态的深度融合,并由此带来内容生产、运营模式的广泛变革。在这一阶段,民营综合视频网站如何通过外部生态的建构实现持久、健康的发展成为重要的核心内容,包括民营综合视频网站与网络直播、短视频平台之间的竞合关系,平台内容与平台治理、资本意志的管控之间的关系,平台对用户数字劳动的"剥削",新技术应用对网络视听生态的影响等。以上问题仅依靠民营综合视频网站媒介的系统内部是难以解决的,必须通过更广泛的生态化路径综合应对并时刻调整。

具体来看,第一,本阶段的综合视频网站之间的竞争格局趋于稳定,基本的内容形式、用户习惯等已经在快速成长期形成了比较固定的模式,在产业层面形成了以头部公司为代表的行业集中格局,主管部门针对行业发展问题的管控与引导也更加全面、具体、深入。第二,本阶段视频网站的内容逻辑向关系逻辑转变,内容作为营销的中介和催化剂在组织关系、建立圈层等方面发挥作用,为媒体提升资源整合力和价值创造力积累社会资本[②]。第三,除了综合视频网站,新的行业竞争主体出现了,以网络直播、短视频等为代表的新兴业态借助移动互联网的普及迅速崛起,丰富了网络视频的内容和呈现形态,培养受众形成了新的视频观看习惯,并导致视频网站用户群体的分流与转化。此外,与网络直播和短视频相关的内容在资本布局和政策管控层面得到了越来越多的体现,成为推动视频网站媒介生

---

① 喻国明.主流媒体与互联网平台的关系[N].中国社会科学报,2021-05-06(7).
② 喻国明.有的放矢:论未来媒体的核心价值逻辑——以内容服务为"本",以关系构建为"矢",以社会的媒介化为"的"[J].新闻界,2021(4):13—17,36.

态发展的新要素。

本章将从不同层面梳理民营综合视频网站在这一阶段的发展历程,对于涉及网络直播与短视频的部分,笔者将从视频网站发展的层面予以分析,不再具体针对网络直播与短视频展开论述。

第一节 日渐成熟的运营模式

在视频网站媒介的内生态方面,网络自制已经成为民营综合视频网站最主要的内容来源,专门为视频网站生产内容的企业也成长为中国视频内容市场的重要势力。同时,视频网站的用户数量与人均使用时长见顶,由此导致营收层面的两大支柱,即广告业务与会员收费业务均出现了滞胀甚至下滑的情形。与整体互联网行业的平台化发展相比,视频网站在本阶段也体现出一定的问题。例如,很多互联网平台在进入成熟阶段后,在用户规模逐步形成的基础上,盈利模式也趋于稳定并持续产生新的收益。然而,视频网站在内容生产模式稳定且形成一定用户规模的基础上,却陷入了盈利困局,这背后的原因是值得审视与反思的。

一、自制内容呈现生态效应

在各类互联网平台中,内容始终是平台健康发展的重要基础,"平台生态系统竞争的本质在于创新,以创新为基础的知识产权成为决定平台竞争力的关键要素之一"[①]。这在以视频网站为代表的新兴媒体平台上也有鲜明的体现。进入成熟阶段之后,视频网站自制内容生产模式的优势和影响力更为凸显,其内容的独有性进一步提升,即更多内容通过自制、定制的形式生成,视频网站更深地介入了视频内容的制作市场,网络自制呈现出规模化、精品化、类型化、系列化的新特点。当然,内容要素在媒介生态演化及与其他要素的互动过程中也出现了新的问题。"面对

---

① 吴正刚.知识产权、技术标准与平台生态系统竞争力研究[J].科技进步与对策,2022(7):23.

传播主体日趋复杂、内容版权争议持续出现、低俗内容影响社会风气、平台数据侵犯用户权益等现实问题,平台型媒体的信息内容生态治理也必须被纳入到总体的网络信息内容治理框架中来。"[1]具体涉及以下三个方面。

(一) 视频网站的内容议价能力大幅提升

在内容市场上,议价能力主要取决于交易双方对市场稀缺资源的掌控力。在视频网站的探索、整合阶段,它们在内容议价能力方面整体上弱于传统的电视媒体和影视制作机构,但随着网络视频生态的演化和视频网站地位的提升,作为买方的网络视频平台与渠道成为稀缺资源。支付能力较强的综合视频网站有爱奇艺、腾讯视频、优酷、芒果 TV 等,其中,芒果 TV 以自制内容和与湖南卫视联合采购的内容为主,整体来看还是"爱优腾"等综合视频网站的议价能力更强。但是,也有例外情况,比如当市场对某个类型的特定内容一致看好且同档期的类似作品稀缺时,制作方便会掌握更大的议价主动权。因此,视频网站在内容议价能力方面的提升也是在市场评估形成共识的复杂过程中形成的,是动态的。其中,内容评估主要是参考相关的历史数据。例如,电视剧的要素主要有编剧、导演、演员和制作公司等。上述四个要素的背后都有历史作品及具体数据可供参考,可以借助这些信息推测新剧的市场表现。但是,这一评估逻辑在不同的公司和人员执行中会呈现出较大的差异。当然,制片方也会采取多种策略辅助提升议价能力,如在内容制作期间便通过新闻公关、口碑传播等手段引起购买方的关注和用户期待。曾在安徽电视台参与购片决策的查道存在深度访谈中说道:"以前台里购剧,除了建立编剧、导演、演员、制作公司的作品收视数据库之外,我们还会结合观众评片会和专家评片会来综合考量,以避免采购的盲目性。"[2]视频网站在这种议价博弈中的地位与话语权不断提升,强大的传播渠道、用户规模与稳定的运营模式为它们在议价过程中提供了强有力的支撑。

---

[1] 邹军,柳力文.平台型媒体内容生态的失衡、无序及治理[J].传媒观察,2022(1):24.
[2] 此部分内容来自 2021 年 12 月 14 日笔者对剧星传媒董事长查道存的当面采访。

（二）视频内容的主要供应商与竞争格局

视频网站上最受用户欢迎的内容类型主要是电视剧和综艺节目，它们也是视频平台主要的流量来源。近年来，网络大电影也成为重要的补充节目类型。围绕这些内容形式，不同类型的内容供应商展开了激烈的竞争，并在本阶段逐步形成了比较稳定的格局，电视剧制作公司、综艺节目制作公司、网络大电影制作公司等共同与视频网站等平台和渠道方构成内容供应与分发的产业链条。笔者在此结合这三类内容制作与供应方的竞争格局展开简要分析。

第一，电视剧制作公司。中国的电视剧制作市场逐步向有代表性的头部企业集中，时任好剧影视公司总经理的苏降雨在深度访谈中说："最近几年，中国电视剧市场的马太效应非常明显，2019年之后主要就是三大平台、六大制片公司的格局。市场上优秀的制作资源，如优秀的内容IP、制片人、导演和演员，都在不断地向它们靠拢。"①这里他提到的三大平台分别是爱奇艺、腾讯视频、优酷，六大制片公司则指正午阳光、柠萌影业、华策影视、新丽传媒、耀客传媒、慈文传媒。其中，正午阳光影视公司的导演资源优质，爆款剧集频出，打造出了"正午出品，必属精品"的品牌；柠萌影业自创立之初便采用合伙人制，擅长制作现实题材的剧集，如《小别离》《小欢喜》《小舍得》等"小"字系列的剧集广受关注；有"电视剧第一股"之称的华策影视产量大，建有强大的中台数据系统，能为剧集创作提供科学参考，在"甜宠剧"赛道独占鳌头；新丽传媒在2014年、2015年、2017年三次冲击A股，折戟后被阅文集团并购，打造出《庆余年》《赘婿》《流金岁月》《斗罗大陆》《青簪行》等精品；耀客传媒基于"编剧+制片人"的模式推出了《离婚律师》《安家》等现实主义话题剧，但它作品的积压率和失败率也相对较高；慈文传媒是六大制片公司中成立最早的（1999年），初期作品多为武侠、仙侠、悬疑探险类题材，2014年凭借《暗黑者》率先入局网剧，之后相继播出了《花千骨》《老九门》《楚乔传》。

三大平台、六大制片公司作为中国影视剧市场的中坚力量，于2018年

---

① 此部分内容来自2021年4月20日笔者对时任好剧影视总经理苏降雨的电话采访。

8月联合发布了《关于抑制不合理片酬,抵制行业不正之风的联合声明》,2019年10月再次共同发布《关于加强行业自律,促进影视行业健康发展的联合倡议》,联合抵制演员高片酬、浪费、贪腐等不正之风,倡导行业自律,以推动影视行业向健康、有序、高质量的方向发展。此举赢得了政府主管部门、从业人员和观众的多方认同。与此同时,"爱优腾"三大平台向上游产业链延伸,逐步成长为中国电视剧市场中的重要制作力量,有利于增加平台对内容的控制力和议价能力。制片人钮继新在深度访谈中说道:"爱奇艺、腾讯视频即便作为电视剧制作公司,也已经进入了中国市场的前八名。"[①]三大平台除了通过股份参投、买断、定制等方式介入制作,也注重自建团队或收编成熟制作团队来提升自制能力。

第二,综艺节目制作公司。中国的综艺节目较之电视剧在市场容量方面存在一定的差距,具体表现在视频播放量、覆盖用户数、播出时长等指标上。以播出时长为例,艾瑞综合爱奇艺、腾讯视频、优酷、芒果TV四大平台的数据显示,2021年1月、2月、3月,电视剧频道的播放时长分别是综艺频道的4.19倍、4.11倍、4.44倍。另外,综艺节目在中国的起步也远远滞后于电视剧。中国的综艺节目市场相较于电视剧市场的集中程度也更低,但"续集现象"愈演愈烈,反映出制作公司与播出平台之间的紧密联系。在具体综艺节目的生产过程中,双方大多会共同组建团队,但节目策划、流量运营和商业化变现等多由平台主导。例如,灿星制作(隶属于上海灿星文化传播有限公司)是国内领先的综艺节目制作商,有《中国好声音》《这!就是街舞》《蒙面唱将猜猜猜》《追光吧!哥哥》等代表性综艺;笑果文化专注于脱口秀,借助《吐槽大会》《脱口秀大会》强势出圈;合心传媒聚焦观察类真人秀节目,《向往的生活》《幸福三重奏》等均引发业界的强烈关注。其他颇具代表性的选秀节目制造商和作品还有鱼子酱文化的《青春有你》、好枫青芸的《创造营》、哇唧唧哇的《明日之子》等。此外,米未传媒的《奇葩说》《乐队的夏天》、银河酷娱的《火星情报局》、欢乐传媒的《欢乐喜剧人》、聚仁小美的《新相亲大会》、视盐文化的《拜托了冰箱》、唯众传媒的《心动的信号》、远景影视的《最强大脑》、春田影视的《上新了·故宫》、恒顿传媒的《忘不了餐厅》、实力文

[①] 此部分内容来自2021年4月20日笔者对制片人钮继新的电话采访。

化的《见字如面》等均是近年来涌现出的品牌节目，赢得了一定的口碑。

第三，网络大电影制作公司。网络大电影是爱奇艺在2014年提出的一个概念，是以视频网站为首发平台，时长超过60分钟，制作专业、故事完整且符合国家相关政策法规的新型电影。同时，网络大电影不依靠广告变现，而是通过向会员收费来获取收益。2015年4月在爱奇艺上线的《道士出山》以28万元的制作成本获得了2 400万元的分账票房。2016年，网络大电影成为热门形式，上线数量多达2 271部。当然，网络大电影的发展过程中存在诸多"蹭热点""打擦边球"的现象，如《道士出山》"蹭"《道士下山》的热度，有些网络大电影还打软色情的"擦边球"，为业内诟病。主管部门也及时地针对业内出现的多种问题进行了监管，使网络大电影的上线数量逐步回落(截至2020年底，共上线746部)，但单部网络大电影的投资额度和制作质量持续提升。据骨朵数据统计，2020年度票房前三的《奇门遁甲》《鬼吹灯之湘西密藏》《倩女幽魂：人间情》均突破5 000万元大关，以淘梦、奇树有鱼、新片场为代表的一批新制作公司开始成长起来。网络大电影的制片方和平台方通过票房分成分配收益，制作方的议价空间有限，大多限于对影片的评级和配置的推广资源等方面，平台方的话语权比较大。以爱奇艺为例，它首先将内容区分为独播和拼播两种模式：在独播模式下，平台会根据有效付费点播量将影片评为A、B、C三等，按照不同的标准支付费用；大多数头部的网络大电影倾向于采用多平台拼播模式，如《奇门遁甲》《龙虎山张天师》《陈翔六点半之民间高手》等，因为制作方在这种模式下能从中把握更多的议价主动权，即便在影片付费期结束后，依然可以通过贴片广告的分成获得收益。

(三) 网络视频内容制作市场的新特征

随着用户养成通过网络观看视频的习惯，网络视频平台逐步摆脱了"电视从属"的地位，成为影视剧的重要播出渠道，"先网后台""网络独播"等模式屡见不鲜，专门的网络视频内容(网剧、网络综艺等)的生产也如火如荼地展开。在这一阶段，中国网络视频内容制作领域逐步呈现出新的特征，笔者具体从以下四个方面予以分析和解读。

第一，规模化。这一时期，网剧、网络综艺的生产和播出数量均超过电视剧和电视综艺。2018年12月,国家广电总局办公厅发文要求,自2019年2月15日起,重点网络影视剧须在制作前向广电行政部门备案、审核。据国家广播电视总局的公告数据统计,2019年获得规划备案号的网剧有1 056部,已经超过了同期的电视剧备案数905部。2020年,受新冠肺炎疫情的影响,电视剧的备案数量下降至670部,但同期的网剧备案数量则逆势增长至1 083部。这一特点也在网络综艺与电视综艺的播出数量对比中得到了体现。艺恩视频智库的统计数据显示,2020年电视综艺播出数量较之2019年下滑了17%,但网络综艺的播出数量增长了30%。随着视频网站平台变现能力的增强,越来越多的制片方加入了网络视频内容的生产队伍,包括影视剧制作公司、网络文学企业甚至传统的广电集团等。例如,《长安十二时辰》(2019)的出品方除了平台方优酷之外,还有微影时代、留白影视、娱跃影业、仨仁传媒、十间传媒等影视制作公司;《庆余年》(2019)的出品方除了腾讯影业,还有阅文集团和海南广电。在上市公司中,华策影视、慈文传媒、完美世界、北京文化、光线传媒、华谊兄弟等均布局了网剧、网综项目。此外,还出现了一批聚焦网综生产的新晋公司,如哇唧唧哇(腾讯视频《创造101》系列的联合制作方)、鱼子酱文化(爱奇艺《青春有你》系列的联合制作方)、米未传媒(爱奇艺《奇葩说》系列、《乐队的夏天》系列的联合制作方)、笑果文化(腾讯视频《吐槽大会》系列、《脱口秀大会》系列的联合制作方)等均在短期内得到了受众与市场的认可。

第二,精品化。这一时期的网剧、网综往往有巨资投入,制作精良,综艺大片、"脱水"短剧风行。早期的网络自制内容因为质量粗糙曾为电视专业人士诟病,但本阶段网络自制内容逐步呈现出高投入、大制作、精品化的特征。高投入让网络自制的资源聚集效应凸显,越来越多经验丰富的制作团队、主持人等"转战"网综、网剧,网络自制内容的"大片时代"来临。优酷原总裁杨伟东把网综的升级过程划分为两个阶段:2015年制作费达到六七千万元,是第一次升级;2018年,一档季播综艺的制作成本至少达到1.5亿元的规模,这是第二次升级①。升级后的网络自制综艺大片频出,如爱

---

① 荀超.网综开启"大片时代"投入成本普遍超1.5亿[EB/OL].封面新闻[2018-01-31]. https://www.thecover.cn/news/589744.

奇艺的《青春有你》和《乐队的夏天》，以及腾讯视频的《创造营》等。网络自制综艺的大片化特征具体表现为大明星、大制作、大宣发三个层面。在这一阶段，明星得到受众极大的追捧，成为网络自制内容的"法宝"。不过，明星艺人的片酬虚高，后被国家广电总局严格管控。印发于 2018 年 10 月的《关于进一步加强广播电视和网络视听文艺节目管理的通知》明确指出，"全部嘉宾、演员片酬不得超过节目总成本的 40%，主要嘉宾片酬不得超过嘉宾总片酬的 70%"①。大片还体现为高标准的制作，包括场景（舞台）、灯光、特效等方面的表现均得到大幅提升，如《创造营》选择在封闭的小岛上录制，现场机位有 150 个，同时最多收录的音频信号达 200 多路。此外，随着平台在内容方面的竞争日趋激烈，宣发的重要性得到凸显，网综、网剧的宣发成本也不断攀升。

精品化特征在网剧的制作中也得到了鲜明的体现。这一阶段，网剧在题材、内容品质、形态和传播等方面均取得了较大的突破，文学 IP 加持、精良的制作和实力派（而非流量型）演员的加盟成为支撑一部"超级网剧"的重要条件。在广电总局的调控下，2019 年，现实题材的网络剧比例超过 80%，青春校园题材、悬疑题材的剧集持续高产，《全职高手》《乡村爱情 11》《怒晴湘西》《独家记忆》等作品受到了网民的喜欢。《破冰行动》《长安十二时辰》《庆余年》虽然拿的是电视剧发行许可证，但均在网络平台首播，热度与口碑俱佳。2020 年，网络短剧渐成主流，《我是余欢水》《隐秘的角落》《沉默的真相》等一批 12 集的短剧集火遍全网。当年网剧中数量最多的是 12 集的短剧，达 80 部（占整体的 35%）；24 集的剧集 46 部，占 20%；40 集以上的剧集只有 6 部，占整体的 2%。

在这一阶段，主管部门针对短剧盛行的现象进行了引导。2020 年 2 月，国家广电总局《关于进一步加强电视剧网络剧创作生产管理有关工作的通知》规定，"电视剧和网络剧提倡不超过 40 集，鼓励 30 集以内短剧创作"。2020 年 5 月，三大播出平台联合六家头部制片公司发布倡议书，反对网剧"注水"，鼓励 24 集以内的精品短剧创作，比电视剧制作更加严格。

---

① 《国家广播电影电视总局关于进一步加强广播电视和网络视听文艺节目管理的通知》[EB/OL]. 国家广播电视总局官网[2018 - 11 - 09]. http://www.nrta.gov.cn/art/2018/11/9/art_113_39686.html.

这也为打造精品网剧创造了条件:一方面,短剧的剧情较之长剧更加集中、精练,叙事节奏更快,符合碎片化阅读背景下的收视习惯与需求;另一方面,短剧的"试错"成本更低,制作方可以根据用户的反馈调整续集的创作思路,也可以给新导演、新演员更多的机会,促进了行业人才梯度的建设。因此,制作方能够制作出更加多元化、垂直化的精品内容,满足更多用户的多样性收视需求,吸引更多的付费用户。

第三,类型化。这一阶段的平台深耕垂直题材,推出了剧场化运营模式。受众的注意力资源在移动互联网时代呈现碎片化、多元化趋势,除了大片化的头部内容,大量垂直化、细分化的网络自制内容也开始蓬勃发展。在网络综艺方面,制作方深挖细分题材,创新视觉表现形式,力求从传统文化、代际沟通、价值观等维度与受众形成共鸣,如嘻哈音乐类节目《中国新说唱》、角色竞演类真人秀节目《演员请就位》、脱口秀类节目《吐槽大会》、时尚真人秀节目《潮流合伙人》、体育类节目《超新星运动会》、观察类婚恋真人秀节目《喜欢你我也是》、关注老年人生活状态的节目《忘不了餐厅》等均是制作方聚焦细分领域与题材打造出的精品内容。民营综合视频网站通过对垂直内容的布局,能够在作品中融入思考与理念,探索有创新内涵的表达,"推动网络综艺从'娱乐话语'向'主流话语'、从'青年亚文化'向'主流文化'、从追逐'市场价值'到'社会价值与市场价值并重'的变迁与转型"[①]。

在网剧方面,逐渐形成了悬疑/刑侦(如《庆余年》《破冰行动》)、青春偶像(如《全职高手》《我只喜欢你》)、古装玄幻/仙侠(如《陈情令》《三生三世枕上书》)这三类题材为主的剧集。同时,视频网站平台也纷纷推出了主题剧场,集束式编排、播出同类型的电视剧,为目标受众提供优质内容,为广告主提供优质广告位。王湘君在深度访谈中评价道:"同类题材网剧集约式编排,并以特色剧场的形式播出,这是聚拢类型化用户,塑造内容和剧场品牌的过程。特别是短剧流行之后,它播出的时间周期短,再加上题材各异、用户特征不同等,都给品牌方投放广告带来了困扰。剧场模式很好地

---

① 文卫华.网络综艺正在实现精品化、主流化[N].光明日报,2019-06-05(15).

解决了这个问题,所以继迷雾剧场之后,我们又推出了恋恋剧场、小逗剧场等。"①其他有代表性的剧场还有优酷的悬疑剧场、宠爱剧场,芒果 TV 的季风剧场等。各平台通过建立高品质、系列化的剧场品牌,发挥了规模经济效应和协同效应,有效地降低了单部剧的宣发成本,而且可以面向垂直、细分化用户群体,并与企业品牌方开展针对性的合作。例如,迷雾剧场就曾与肯德基推出联名款产品,拓展了剧集的商业附加值。不过,龚宇也指出,"将同题材剧作集中于同一剧场时,如何持续推陈出新、缓解审美疲劳、规避套路陷阱、构建创作环节机制灵活的'创新一条龙'是'剧场精品化'不可回避的课题"②。

  第四,系列化。在这一阶段,中国视频网站爆款内容的"综 N 代""续集"现象突出,占据着整个播出市场的主要份额,娱乐工业化趋势与特征更为凸显。在网综层面,一定程度上可以说有影响力的节目都以"系列"的形式不断推出"综 N 代",如《明日之子》系列、《奇葩说》系列、《中国新说唱》系列等。网剧层面也是续集不断,如《灵魂摆渡》系列、《无心法师》系列、《法医秦明》系列、《鬼吹灯》系列等。网络精品剧集或综艺的成功说明它们的价值观、题材、叙事方式和演职人员等已经通过了市场的检验,开发续集能够极大地降低市场上的不确定性。"'综 N 代'家谱中每一季作品均能为母品牌的社会反响和商业价值提供正向牵引力,确保其在较长时间跨度和同类竞争中口碑不'打滑'。"③因此,延续产出同类型的续集是较为安全的策略,这也是视频网站娱乐工业化程度提升的标志。

  娱乐工业化或影视工业化是文化(娱乐)产业化发展生态调整阶段的一个标志,指内容生产的专业化、规模化,并且依靠精细化的分工形成了一条标准化的流水线,带动了整体效率与品质的提升。这种说法具体到文化(娱乐)行业,意味着研发、融资、制片、宣发、版权交易、衍生品开发等各司其职,基于标准化流程建立文化(娱乐)内容产业链;再具体到网络自制内容生产领域,则意味着服、化、道、摄、录、美、编、导、演均要在工业化流程的

---

① 此部分内容来自 2021 年 12 月 7 日笔者对时任爱奇艺首席营销官王湘君的书面访谈。
② 陈沫,刘娜,张新阳.2021 年中国网络视频精品研究报告[J].传媒,2021(13):18—22.
③ 同上。

制约下得到统筹，并高效地完成内容制作任务。龚宇在"2021爱奇艺世界·大会"上重申了影视工业化的理念，作为一家以科技驱动的娱乐公司，爱奇艺将5G、人工智能和云计算等技术应用于内容创作、生产、分发、推荐、变现等产业链上的每一个环节，推出制作商业智能系统（PBIS）、智能集成制作系统（IIPS）和智能制作工具集（IPTS）三大系统，提升了视频内容生产流程的智能化与运行效率。王湘君解释道："在线娱乐产业将进入精耕细作的新阶段。基于技术积累，爱奇艺搭建了从场地、制作到播出的一体化系统作为支撑，推动内容制作方面的工业化升级。作为其中关键的一环，智能制作正在成为提升内容品质的'新生产力'。通过剧本评估系统、智能选角系统、在线审片系统等，爱奇艺已经实现了智能开发、智能生产、智能标注和智能宣发。影视项目从立项到成片的全周期逐步纳入规范化、体系化运作系统，成为爱奇艺推进影视工业化的关键一步。"①

二、用户规模见顶与盈利困局

中国的综合视频网站经过了15年左右的发展，已经成为一个相当普及的互联网应用。QuestMobile TRUTH 中国移动互联网数据库数据显示，新冠肺炎疫情的背景下，在线视频的用户数量在2020年1月达到最高峰的9.91亿人，网民渗透率为86.5%，其余时间基本维持在用户数为9亿人，渗透率为80%左右②。整体来看，中国网络视频的用户使用率已经见顶，后续增长空间有限。在线视频月人均使用时长指标在2019年、2020年、2021年的数据分别是867.7分钟、851.4分钟和828.7分钟③，也是一路走低。用户数量和人均使用时长是视频网站作为媒介平台的主要价值评估指标，它们双双进入下行通道，必然给视频网站的营收带来负面影响。

当前的综合视频网站种群以民营的视频网站为主体（国有视频网站仅有芒果TV进入头部梯队），而民营综合视频网站即使进入了发展稳定期，

---

① 此部分内容来自2021年12月7日笔者对时任爱奇艺首席营销官王湘君的书面采访。
② QuestMobile2020中国移动互联网年度大报告·下［EB/OL］. QuestMobile官网［2021-02-02］. https://www.questmobile.com.cn/research/report-new/143.
③ 同上.

它们的盈利状况也不容乐观。优酷土豆被阿里合并后长期未披露单独的财报数据，腾讯视频的营收、成本数据也一直隐藏在大腾讯的财务数据中，语焉不详，而只有爱奇艺作为独立的上市主体，每季度都会公布清晰的运营数据。依据市场的竞争状况，由爱奇艺的财务数据和其他市场公开的相关数据，笔者推测优酷与腾讯视频也难逃多年亏损的现状。总结而言，笔者认为导致中国民营综合视频网站陷入集体亏损的原因有以下两点。

第一，内容与带宽成本居高不下。民营综合视频网站最大的成本是内容生产，如爱奇艺在 2016—2020 年的内容成本及其在运营成本中的占比分别为 75 亿元（53.6%）、126 亿元（59%）、211 亿元（63.4%）、222 亿元（58%）和 209 亿元（58.5%）①，而"明星艺人高片酬成为视频网站自制内容成本居高不下的重要原因"②。明星的天价片酬给影视制作行业带来了不良的影响，制作公司不得不加长集数、缩短周期、压缩制作成本，降低影视作品的质量以确保项目利润。民营综合视频网站的第二大成本是带宽成本，单价高且无法互联互通。搜狐创始人张朝阳曾公开吐槽："我们赚着人民币，但是付着比美国高好几倍的带宽成本，我认为是电信（运营商）之间竞争不充分造成的。"③

第二，广告与会员付费的收入难以有所突破。首先，视频网站进入发展稳定期之后，用户数量、使用时长等关键价值指标都出现了滞胀甚至下滑，而且中国视频网站的广告单价与发达国家相比处于较低水平。市场公开的数据显示，美国著名的长视频网站 Hulu 的千次曝光成本为 20—60 美元，而爱奇艺的千次曝光成本单价为 20—60 元人民币，仅为前者的 1/6 左右，可见广告营收短期内难有所突破。其次，会员付费收入是视频网站的最大收入来源，但当前已出现增长乏力之象。各大平台的会员规模过亿后几乎不再增长，而且会员收费单价也处在全球相对较低的水平。排除新用户首月优惠，爱奇艺、腾讯视频、优酷的连续付费会员每月的会费分别是 19 元、20 元、15 元，而 Netflix 和 Hulu 每月的基础订阅套餐分别是 8.99

---

① 以上数据均来自爱奇艺公开的 2016—2020 年财报。
② 此部分内容来自 2021 年 12 月 7 日笔者对时任爱奇艺首席营销官王湘君的书面采访。
③ 宽带"垄断"让视频企业亏本？[EB/OL]. 人民网[2014 - 08 - 01]. http://mobile.people.com.cn/n/2014/0801/c183175-25386516.html.

美元(约合人民币 58 元)和 5.99 美元(约合人民币 38.7 元),每月的标准订阅套餐则分别高达 12.99 美元(约合人民币 84 元)和 11.99 美元(约合人民币 77.5 元),比中国的视频网站高出 2—4 倍。

面对网络视频行业成本高企而收入难突破的经营困局,不同的视频网站在对盈利模式的探索中也逐步打造出个性化的方式,笔者在此结合搜狐视频、优酷、腾讯视频等案例予以解读。

首先,搜狐视频走的是"小而美"的盈利之路。2018 年 5 月,张朝阳公开表示:"我们向投资人承诺不再疯狂烧钱了,头部剧价格天价不再买了。"[1]自此,搜狐视频专注于低成本、轻体量的"小而美"的内容。2018 年财报显示,搜狐视频亏损 1.4 亿美元,与 2017 年 3 亿美元的亏损额相比已经大幅减少。张朝阳称这得益于搜狐对投入成本的控制。2019 年,搜狐视频提出"自制视频+PGC 自媒体短视频"的双引擎策略,并发力千帆直播。搜狐视频全国销售总经理陆那宁表示,"PGC 自媒体短视频已经承载了搜狐 40%的流量,直播板块主要在娱乐、知识、民生三大领域发力,而且一直都是张朝阳亲自下场参与直播,所以用户增长很快"[2]。搜狐公开的财报显示,2020 年,搜狐公司盈利 5 100 万美元,结束了长达六年的亏损。随后,搜狐通过合并畅游,卖掉搜狗,实现了"瘦身",并于 2021 年第一至三季度分别获得 3 200 万美元、2 200 万美元、1 200 万美元的盈利[3]。

其次,优酷基于数据技术发力 IP 营销,充分利用阿里巴巴强大的电商大数据技术,依靠数据可监测、可回流、可沉淀、可运营的优势有效地提高了品牌参与 IP 营销的销售转化。这样一来,品牌借助优质 IP 内容实现了破圈获客,建立了品牌形象,通过标签数据连接了内容场与电商场。同时,优酷助力品牌通过 IP 协同阿里平台的会员体系,包括饿了么、盒马、淘菜菜等多元化的新零售渠道,整合传播品牌信息,直接带动了销售额的提升。当前,大文娱与阿里数字经济体生态协同已经成为常态,正如阿里文娱总

---

[1] 任晓宁.搜狐挥别"屌丝男士"大鹏 同时发布 Q3 财报减亏近 66%[EB/OL].经济观察网[2018-11-06]http://www.eeo.com.cn/2018/1106/340473.shtml.
[2] 此部分内容来自 2021 年 11 月 19 日笔者对搜狐视频营销副总裁陆那宁的电话采访。
[3] 搜狐公布 2020 全年及 Q4 财报:全年净利润 5 100 万美元,同比扭亏[EB/OL].金融界[2021-02-04].https://baijiahao.baidu.com/s?id=16907442617534803948&wfr=spider&for=pc.

裁樊路远所说:"我们打造的规模化、多元化的娱乐平台,不论是对用户还是商家,都具有不可替代的价值。"①

再次,是腾讯在长、中、短视频领域的协同发力。腾讯整合腾讯视频和微视等成立了腾讯视频网站事业部,力求构建长、中、短视频共生共荣的视频生态。在长视频方面,"注重腾讯视频与阅文游戏、腾讯音乐、腾讯影业以及腾讯新闻、微信等大腾讯生态内平台的协同,打通电视剧、电影、动漫、游戏、音乐等各种娱乐样态,更广泛、更充分地挖掘IP的价值"②。在中、短视频方面,腾讯为内容提供基于算法的精准分发,提供更多的视频制作工具,向创作者开放文学、动漫、影视、游戏等领域的IP和在播的长视频内容,以PGC打造的精品短视频内容(包括娱乐、游戏、知识、融媒体等)和剧情向"微剧品类"中视频内容为突破口,通过付费点播分账和内容电商等模式帮助创作者实现商业化变现。

最后,是爱奇艺依托头部IP的全场景延伸。如果说优酷的探索是阿里体系内资源与数据的整合,腾讯的探索是网络视频行业内长、中、短视频的协同发力,爱奇艺的探索则是围绕着头部IP的跨界延伸。例如,爱奇艺借助《潮流合伙人》孵化自有潮牌FOURTRY,联名品牌超过60个,涉及服饰、珠宝等不同行业;借助《中国新说唱》《少年说唱企划》等系列说唱节目在上海落地说唱酒吧WHYFRI,线上节目学员入驻线下表演嘉宾团队;借助"迷综"赛道的《萌探探探案》《最后的赢家》《奇异剧本鲨》等节目,将陆续落地全国性的"剧本杀"线下体验空间(密室);借助IP《风气洛阳》,不仅线上电视剧、电影、游戏、动漫等全面开花,线下文旅项目、全感官电影和VR体验馆也在开发计划之中。基于对平台用户消费偏好的洞察,爱奇艺还投资了一些新锐品牌,兼有媒体资源的加持,"帮它们创造与消费者沟通的渠道、语言,以及能共情的价值观,建立产品与消费者的内在情感连接",如助力巧克力品牌每日黑巧的成长。对比,王湘君认为,"投资和孵化品牌

---

① 翟继茹. 阿里文娱总裁樊路远:大文娱已是商家精准营销的重要阵地[EB/OL]. DoNews[2019-09-24]. https://baijiahao.baidu.com/s?id=1645515405944229 32&wfr=spider&for=pc.

② 此部分内容来自2021年11月29日笔者对时任腾讯媒体事业群渠道业务部副总经理焦阳的电话采访。

都不是重点,爱奇艺未来还是会专注于创作好的内容和做好平台的角色,后端的消费品运营、线下体验空间的运营都会交由专业的团队负责"①。

第二节 民营综合视频网站面临的种群竞争

本阶段的中国综合视频网站市场竞争激烈,商家数量有限,产品也有一定的差异化,但彼此间有很强的相互取代性。此外,市场资源的流动性很强,但行业进入门槛较高。在这种基础上,互联网生态化发展的逻辑在视频网站竞争格局中得到体现,随着互联网平台巨头化格局的形成,信息、数据、关系等资源在互联网资源的社会化配置中高度集中②。行业格局在这种发展趋势下逐步形成生态化格局。这也是以视频网站为代表的诸多互联网新媒体平台与传统产业的一个重要差异。"平台生态系统的出现正在改变市场竞争方式和市场竞争要素,市场竞争逐渐从产品竞争、企业竞争、供应链竞争向平台竞争转变。"③视频网站的市场运营中也出现了这种转变。经过十余年的竞争,中国民营综合视频网站形成了有限的竞争主体和三个层级分明的梯队:爱奇艺和腾讯视频稳居第一梯队,优酷、芒果TV和哔哩哔哩(B站)在第二梯队,咪咕视频、搜狐视频、PP视频等属于第三梯队。在这些有代表性的视频网站企业中,前两个梯队的成员均在发展中具备了一定的平台化效应,形成了具有自身特色与风格的视频生态,如哔哩哔哩基于UP主模式和弹幕互动特点成为国内二次元文化视频内容的聚集地。

市场的竞争状况可以用市场集中度指标来加以衡量。媒介的行业集中度(concentration ratio,简称CR)指某一特定媒介市场中少数几个排名靠前的竞争主体所占的市场份额,用以描述市场的寡占程度,即市场话语权的集中程度。具体的影响因素是整个市场的体量和单个企业的规模,通

---

① 此部分内容来自2021年12月7日笔者对时任爱奇艺首席营销官王湘君的书面采访。
② 李彪.平台资本主义视域下的社交平台:价值本质、社会劳动和公共治理[J].社会科学,2021(6):171.
③ 吴正刚.知识产权、技术标准与平台生态系统竞争力研究[J].科技进步与对策,2022(7):23.

常使用市场排名前四的份额(CR4)和排名前八的份额(CR8)这两个指标。根据相关的统计标准,如果 CR4≥50% 或 CR8≥75%,市场是高度集中的;如果 CR4≤33% 或 CR8≤50%,市场是低度集中的;如果数据处于两者之间,市场是中度集中的。由表 5.1 可见,中国视频网站行业营业收入的 CR4=55.8%,表明当前视频网站行业已经是一个高度集中的市场。视频平台的高集中度导致视频网站行业的三个梯队之间的层级差距较为显著,也使市场寡头群体在与上游、下游的价格谈判中处于有利的位置。

表 5.1　2020 年中国视频网站行业的市场集中度测算①

市场排名	网站名称	月活跃用户数(亿人)	总营业收入(亿元)	市场份额
1	腾讯视频	5.62	310	19.8%
2	爱奇艺	6.5	297	19%
3	芒果 TV	1.9	140	9%
4	优酷	2.39	125	8%

一、民营综合视频网站之间的竞争格局趋于稳定

2019 年后,综合视频网站的竞争格局已趋于稳定。"最近几年各大视频网站'默契'地停下了激进竞争的脚步,过去那样盲目、混乱的竞争没有未来,行业需要更加健康、良性、有序、着眼于长远未来的发展模式。"②艾瑞 iUserTracker 的移动端数据显示:"两强"中爱奇艺一直领先,腾讯视频紧随其后,月度覆盖独立设备数都保持在 5.5 亿台以上;优酷独处第二阵营,月度覆盖独立设备数在 4 亿台左右;作为国有视频网站代表者的芒果

---

① 第三方数据公司易观分析(analysys.cn)的数据显示,2020 年,中国视频网站行业的总营收约为 1566 亿元;爱奇艺、芒果 TV 的营收数据来自它们公开的财报;腾讯视频、优酷的营收数据来自业内人士依据它们的母公司财报和市场表现的预估。此外,月活跃用户数采用的是易观分析公布的 2021 年 1 月的数据,作为 2020 年腾讯视频、优酷营业收入预估的一个参考依据。
② 毕媛媛.孙忠怀与腾讯视频的 7 年[EB/OL].每日经济新闻网[2020-07-09]. https://baijiahao.baidu.com/s?id=1671723784391358807&wfr=spider&for=pc.

TV 的月度覆盖设备数从 1.6 亿台上涨到 1.8 亿台；紧随其后的是同为国有视频网站阵营的风行视频（SMG 控股）和老牌民营综合视频网站搜狐视频，但它们的月度覆盖独立设备数均在 5 000 万台左右，与前四名相比已经不在一个量级上了。在 PC 端也存在类似的竞争局面。PC 作为传统的上网终端，月度覆盖设备数出现了比较明显的下降趋势，但市场主体月度覆盖设备数的差异相对较小。以 2021 年 6 月的数据为例，前四强（爱奇艺、腾讯视频、优酷、芒果 TV）的设备数量均为 1—2 亿台，第五至七名分别是风行网（6 607 万台）、搜狐视频（5 142 万台）和 PPTV（5 069 万台）[①]。

从竞争手段上看，中国的民营综合视频网站已经基本上脱离了简单的价格竞争，付费会员和商业广告的单价都维持在相对稳定的水平上。同时，各平台在内容生态位上也几乎一致，均以网络综艺、网剧、网络大电影为主，以电视剧和电视综艺等版权内容为补充。不同视频网站在小品类布局上会有不同的侧重点，但生态位重叠的问题已经比较突出，各个视频网站之间针对同类型节目展开了激烈竞争。例如，腾讯视频的《创造营》与爱奇艺的《青春有你》，优酷的《这！就是街舞》与爱奇艺的《热血街舞团》，腾讯视频的《演员请就位》与优酷的《演技派》，爱奇艺的《中国新说唱》与芒果 TV 的《说唱听我的》等，再加上部分版权内容的全网通发，视频网站平台之间产品同质化的现象比较明显，也反映出视频网站行业中相对稳定的竞争格局。

二、民营综合视频网站与传统电视台在竞争中互利共生

在中国民营视频网站的成长发展历程中，传统电视台制作的高质量综艺节目、电视剧、纪录片和民生新闻等都是民营综合视频网站的重要内容来源。而且，民营综合视频网站从制片公司采购电视剧等内容时，也会以剧目在电视平台的播出预期作为一个重要的定价标准。民营综合视频网站在发展的过程中曾在较长的时间内对传统电视内容存在比较严重的内容依赖，但随着民营综合视频网站变现、议价能力逐渐增强，它们与电视的

---

① 数据来源：艾瑞 iUserTracker，2019 年 1 月—2021 年 6 月。

竞争态势、话语权等方面的力量对比均产生逆转,特别是电视内容版权价格飞涨,网络自制内容渐成气候之后,民营综合视频网站与传统电视台在节目制作资源、广告客户和用户关注度等方面的竞争更加激烈。查道存在深度访谈中评价道:"《奇葩说》《来自星星的你》等网综、网剧没有借助电视平台就火了起来,并引发全社会的关注和热议,体现了中国媒介格局权力的更迭。"①这种更迭同样引起了传统电视媒体的警觉,以中央电视台、湖南卫视等为代表的电视阵营开始收缩与民营综合视频网站的合作规模,转而布局自建视频网络平台,与民营综合视频网站在同一"阵地"展开正面竞争。与此同时,随着民营综合视频网站越来越多地介入内容制作市场,抖音、西瓜、快手、B站等网络视频阵营的新生力量开始崭露头角,民营综合视频网站与电视台之间的关系开始逐渐向互利共生的竞合关系转变,具体表现在多个层面。例如,视频网站与电视台互为内容的生产供应商,通过发行在对方的渠道播出节目,扩大内容IP的影响力。此外,视频网站作为电视节目的联合制作(采购)合作伙伴开始常态化地联合招商,视频网站成为电视内容的合作宣推平台,或电视成为网络视频平台的用户获取渠道等,如抖音奇妙夜、B站跨年晚会等都曾在卫视频道同步播出。

三、民营综合视频网站与国有视频网站的"不对等"态势

国有视频网站主要是传统电视台等媒体为了应对互联网化的挑战,在与民营视频网站的竞争中落于下风的背景,基于"跟随"战略而部署并逐步发展起来的。受众对国有视频网站的定位认知、内容选择等在很大程度上仍受到传统媒体的影响,再加上民营视频网站经过数年的积累迅速形成了巨头化市场格局和平台化效应。所以,尽管国有视频网站作出了大量尝试,但在与民营视频网站的竞争中整体上仍处于劣势。特别是在民营综合视频网站形成平台效应之后,基本上主导了视频网站行业的市场格局与竞争规则,国有视频网站要在趋于稳定的市场格局中取得突破会面临比在自由竞争市场中更大的阻力。

---

① 此部分内容来自2021年12月14日笔者对剧星传媒董事长查道存的当面采访。

脱胎于传统电视媒体的芒果TV曾是国有视频网站的代表，主要股东有阿里巴巴、中移资本、中欧基金、兴证全球基金等。它虽然是国资控股，但股权结构较之其他国有视频网站相对复杂，带有一定的民营视频网站运营的特色，它具有代表性的发展模式在一定程度上不能完全代表国有视频网站。此外，各大电视媒体创办的视频网站，除了央视网等中央级媒体依托中央电视台等优质的内容资源形成了一定的规模，很多省级电视台创办的视频网站均面临不同程度的运营困境。咪咕视频是其中的佼佼者，近年来实现了较快的增长，特别是依托优质的体育资源实现了单点突破，经过对世界杯、奥运会等多次大赛的直播，提升了品牌影响力，获得了一批用户的认可。但是，咪咕视频的产生与发展也具有一定的特殊性，它是由中国移动孵化、培育的视频网站，并非传统电视媒体打造出来的视频网站，它快速发展的路径、所依托的平台、可整合的资源均与传统电视媒体存在一定的差异，也与优酷、腾讯视频等民营视频网站有鲜明的不同。

国有视频网站的市场运营逻辑与民营视频网站有所不同，在一定程度上仍然受到传统媒体的影响。同时，"现代企业之间的竞争逐渐演化成商业生态系统之间的竞争，而平台生态系统是应用最为普遍的一种商业生态系统"①。民营视频网站是以不断扩大受众规模、探索营收、构建生态平台为目标而成长起来的，最终逐步形成具有自身特色的平台系统逻辑，几个主要的民营视频网站企业之间的竞争在很大程度上体现为各自生态逻辑的竞争。但是，国有视频网站大多是传统媒体为了扩展传播渠道而成立的，上面的内容主要是从自己的母体电视媒体"迁移"过来的，力求借助电视节目内容通过视频网站渠道实现观众的"跨屏"观看。这是不同于民营视频网站平台生态系统发展的逻辑的。"网络平台的崛起带来互联网的'再中心化'，作为网络平台的重要组成部分，平台型媒体是社会连接和资讯传播的枢纽，其运行既遵循商业逻辑，又有公共性的一面。"②互联网的发展打破了传统媒体中心化的竞争格局，民营综合视频网站在"再中心化"的过程中，借助新的运营模式迅速得到用户认可，逐步形成新的视频内容

---

① 吴正刚.知识产权、技术标准与平台生态系统竞争力研究[J].科技进步与对策，2022(7):23.
② 邹军，柳力文.平台型媒体内容生态的失衡、无序及治理[J].传媒观察，2022(1):22.

传播中心和产业格局中心,而传统电视媒体和国有视频网站在很大程度上被挤出了视频内容传播中心的位置。在平台化的视频网站竞争格局中,围绕流量重塑中心的逻辑得到凸显,"这种'流量战争'并不只是在用户之间发生,平台型媒体之间围绕'流量'的商业竞争更加激烈、影响也更大"①。在这方面,民营综合视频网站带有"流量运营"的基因,而国有视频网站还需要努力转型,面对的竞争压力是较大的。

四、民营综合视频网站与中短视频、网络视频直播平台的竞争加剧

以长视频为主的综合视频网站先行发展,逐步形成了一定的产业规模。同时,随着移动互联网环境下的视频创作者生态逐步建成和大数据、AI算法越来越多地运用于视频分发,短视频、中视频和网络视频直播媒介种群的规模从小到大,开始占据越来越多的市场份额。这四种媒介类型具备一定的可互相替代性:首先,四者的媒介形态类似,即均主打网络视听产品内容;其次,四者在不同程度上均能满足用户"便捷地消遣和娱乐、便捷地获取有用信息、便捷地参与社交"②的需求;最后,它们经常互用相同的内容要素,体现出共通性,如热点话题、明星、经典桥段等通常会以视频网站为内容(话题)源头,再在短视频平台、中视频社区或网络视频直播平台上发酵、扩大传播。栾娜在深度访谈中说道:"(用户)现在在短视频平台上可以三分钟看完一部电影,三集短视频看完一部电视剧。以前看完短视频后感兴趣的用户还会去找原片看,现在甚至都不会了,觉得已经了解(影视剧)全貌就足够了。"可见,四者之间既可以相互导流,也因可以相互替代而存在竞争。对此,栾娜认为,"五年后长视频平台的时长份额会更少,大部分会被短视频平台等占据"③。不过,短视频平台也存在一定的问题,腾讯视频首席执行官孙忠怀曾批评道:"以低俗糟粕博取关注的短视频内容消

---

① 邹军,柳力文.平台型媒体内容生态的失衡、无序及治理[J].传媒观察,2022(1):23.
② 俞湘华.在线视频平台与短视频平台的比较研究——基于技术环境、用户发展和商业变现分析[J].传媒,2021(3):61—63.
③ 此部分内容来自2021年12月13日笔者对腾讯副总裁栾娜的电话采访。

第五章　平台管控与生态化发展:中国民营综合视频网站发展稳定期的媒介生态(2019—2021年)

耗了用户的大量时间。"①此外,四者在使用场景和满足用户的需求侧重上有所不同:用户通常在具备相对较长的闲暇时间时才会访问以长视频为主的综合视频网站,比较重视内容的故事性、情节性等;用户通常在碎片化的时间场景下使用其他三个媒介类型,大多是抱着快速浏览的心态去探寻感兴趣的内容,追求直接、短暂的刺激与满足。

与互动相比,民营综合视频网站与短视频平台的冲突更为显著。例如,"爱优腾"的掌门人在2021年6月召开的第九届网络视听大会上一起声讨短视频平台盗版,矛头直指抖音、快手、B站等。龚宇指出:"分段式的盗版短视频播出总时长已经和长视频行业播出的时长基本在同一个量级,……盗版视频已经严重危害到我国文化产业的发展。"②腾讯视频首席执行官孙忠怀也表示:"切条搬运式的短视频内容……既侵犯了影视作品的著作权,又消解了影视作品的艺术价值。这不仅打击了头部创作者的创作热情,更是破坏了市场的秩序。"③樊路远的评论则直指B站:"全社会要像打击酒驾一样打击侵权,希望B站一直把原创短视频当成自己的发展目标。"④民营综合视频网站与短视频平台甚至直接对簿公堂。例如,2021年6月,腾讯视频起诉抖音侵权自制动画《斗罗大陆》,索赔超过6 000万元,重庆市第一中级人民法院作出诉前禁令,责令抖音立刻删除相关作品;随后,字节跳动反诉腾讯视频平台长期存在自己独家版权电视剧《亮剑》的短视频剪辑侵权视频,并索赔1 000万元。再如,2021年8月,电视剧《扫黑风暴》热播期间,腾讯视频将抖音诉至北京知识产权法院,要求立即删除、过滤、拦截抖音平台上的相关侵权视频,并索赔1亿元,抖音随后回应此前已与《扫黑风暴》建立合作,发布内容的是该剧承制方在抖音开通的官方账号。

---

① 丁舟洋.腾讯公司副总裁孙忠怀:切条搬运内容　破坏市场政策秩序[N].每日经济新闻,2021-06-04(3).
② 杜蔚,李佳宁.爱奇艺创始人龚宇:网剧分化是趋势　饭圈恶习要根除[N].每日经济新闻,2021-06-04(3).
③ 丁舟洋.腾讯公司副总裁孙忠怀:切条搬运内容　破坏市场政策秩序[N].每日经济新闻,2021-06-04(3).
④ 丁舟洋.优酷总裁樊路远:全社会应该像打击酒驾一样痛打侵权[N].每日经济新闻,2021-06-04(3).

五、新冠肺炎疫情对视频网站媒介生态的影响

2020年,新冠肺炎疫情逐步影响到人们工作和生活的方方面面,基于互联网的诸多线上业务形态因此出现了较高的增速,这也对中国民营综合视频网站的发展带来了复杂的影响。"新冠肺炎疫情期间,居民文娱消费线下受阻,需求转向线上释放,以网络游戏、网络视频为代表的数字文化产业逆势上扬,热度攀升,疫情倒逼传统文化产业数字化转型升级,催生'云端'新业态。"[①]可见,新冠肺炎疫情不仅提升了用户对视频网站内容的大量需求,也驱动视频网站运营理念与策略的创新与发展,作为突发因素的新冠肺炎疫情对视频网站的内容生产和营收带来了直接的影响。

从内部生态看,首先,疫情和防疫政策使用户将更长的时间投入对视频网站的浏览上,用户为获得更多的安全感,对新闻资讯、在线社交、在线娱乐的需求爆发性增长。同时,人们的线下娱乐、外出社交受限,导致居家的"整块"闲暇时间增加,带来了线上长视频内容消费的增长。爱奇艺财报显示,2020年第一季度订阅会员净增长1 200万人,同比增长率为23%,会员规模达到1.19亿人[②]。QuestMobile的数据显示,2020年春节期间,全网用户每日使用互联网的总时长大幅度增长,在线视频日均活跃用户的规模和日人均使用时长也都有明显的增长[③]。

其次,新冠肺炎疫情给视频网站的广告营收带来了负面影响。许多广告主在新冠肺炎疫情的影响下对市场消费力产生了悲观预期,不看好产品销售,进而压缩广告等市场营销预算,持币观望,乃至预备"过冬"。这对包括视频网站在内的几乎所有传媒行业的广告营收都产生了负面影响。查道存说:"受疫情影响,爱奇艺等综合视频网站的广告收入均增长缓慢,甚至出现下滑。由此也会影响资本市场对在线视频行业的估值水平和再投

---

① 朱静雯,姚俊汛. 后疫情时代数字文化产业新业态探析[J]. 出版广角,2021(3):16.
② 孙磊. 爱奇艺单季会员净增1 200万[N]. 重庆商报,2020-05-20(4).
③ QuestMobile:2020年春节后移动互联网单日人均时长增至7.3小时[EB/OL]. 站长之家[2020-02-18]. https://www.chinaz.com/2020/0218/1110517.shtml.

入的积极性,以及市场主体自身的造血能力,给综合视频网站的运营、发展带来不确定因素。"①

最后,新冠肺炎疫情导致视频内容的生产受限,特别是线下摄制几乎停滞。优质 PGC 的"断供"为综合视频网站的中长期发展带来隐患,即用户最终会因为内容的贫乏而选择离开,他们只会对优质且符合自己趣味的内容表现出忠诚度。包括视频网站在内的播出平台积极地采用"云录制"等手段,以消解疫情对内容制作的影响。但是,由于服装、化妆、道具、灯光、音响、舞美等舞台要素的专业缺位,艺术呈现方式的受限(以语言类为主)等,视频内容的播出效果并不尽如人意。

新冠肺炎疫情也极大地影响了视频内容(尤其是院线电影)的发行。疫情期间,线下影院大面积地关闭歇业。与大部分电影纷纷宣布退出春节档不同,以《囧妈》为代表的少数电影选择了不在线下院线体系上映,而是以直接卖给线上视频平台的方式,实现了成本的快速回收,完成"自救"。对于视频平台来说,这种新的首映方式颇具新闻价值,并且在疫情这个特殊时期收获了具有稀缺性的优质内容。此外,平台还可以用"免费+广告"的方式或单片收费的方式变现,实现对巨额购片成本的综合收益。

新冠肺炎疫情期间,视频网站在内容方面也呈现出新的特点,即驱动了视频网站内容形态的更新。以教育方面的内容为例,"新冠疫情的意外暴发打乱了教育活动的日常秩序,但催发了在线教育的热潮,同时也暴露出现阶段在线教育存在的诸多问题"②。在线教育视频内容的需求在疫情背景下得到激发,大量相关人员因无法参加线下培训与学习转而在线上寻求优质的教育内容资源,驱动了教育类视频内容的增长。大量优质教育视频内容生产者还通过不同的视频网站平台吸引用户群体,实现了不同程度的盈利。

从产业竞争层面来看,第一,综合视频网站之间的竞争实质上比的是内容储备和运营效率,要在各平台的相持阶段赢得更好的发展资源和机

---

① 此部分内容来自 2021 年 12 月 14 日笔者对剧星传媒董事长查道存的当面采访。
② 宋吉述.疫情期间的在线教育热潮及其对教育出版数字化的启发[J].编辑之友,2020(6):22.

遇，"活下去"成为当前阶段各主体的主要竞争诉求。第二，较之综合视频网站全部倚重 PGC，短视频、直播等新媒介种群对 PUC 的"轻依赖"反而使它们更好地吃到了当前阶段用户和时长双增长的红利。第三，传统电视媒体因为自身新闻节目的权威性和公信力在新冠肺炎疫情期间获得了更多的关注。CSM 全国网数据显示，传统电视在 2020 年春节较之去年春节的总收视率上涨 18.1％，人均收视时长增加了 30 分钟。其中，特别是新闻类节目，2020 年春节期间的人均收视时长将近 135 分钟，比去年同期(81.62 分钟)增长了 153％[1]。

从媒介外部生态看，首先，新冠肺炎疫情导致用户的生活、工作、学习、社交等全面"线上化"，网络数字技术得到了更加成熟和广泛的运用。其次，资本的"趋利避害"使其削减了对在线视频内容生产的再投入，给综合视频网站的发展带来了负面影响。最后，在政策层面，国家以"审批从简"和"减免+补贴"作为总基调，不断出台扶持举措。2020 年 3 月 13 日，国家广播电视总局要求统筹广播电视和网络视听媒体，做好疫情防控和复工复产的舆论宣传工作；指导创作生产一批优秀的电视剧、纪录片、动画片、网络影视剧、电视节目、公益广告、MV、短视频等，优先列入重点选题和资金扶持范围；加快推进"不见面审批"，为"抗疫"题材的影视剧开辟绿色通道等[2]。北京、上海、江苏、云南等省(市)也纷纷出台政策，扶持影视业发展。

视频网站平台，"作为全媒体时代网上战'疫'的主要战场，视频在传递抗疫正能量、阻止疫情谣言扩散、助力师生宅家教育等方面发挥了非常重要的作用"[3]。视频网站不仅在疫情期间提供了内容产品，也成为受众沟通交流、传递"抗疫"信息、凝塑"抗疫"记忆的平台，这为创新视频网站的内容生产方式和运营方式，体现视频网站的社会责任感，提升社会效益等方面提供了有益的思路。

---

[1] 受疫情影响，春节期间电视收视大幅提升[EB/OL]. 搜狐网[2020-02-07]. https://www.sohu.com/a/371328819_613537.

[2] 徐美琳. 广电总局发布 12 条措施，推动广播电视行业平稳发展[EB/OL]. 新京报网[2020-03-13]. https://www.bjnews.com.cn/detail/158408697315212.html.

[3] 李勇图. 疫情防控中"小"视频的"大"能量[J]. 思想理论教育导刊，2020(7):155.

第三节　智能化趋势、资本转向与"饭圈文化"管控

从媒介外部生态来看,技术、资本等要素是驱动生态化发展的重要基础,而且在生态化发展的过程中重构了诸多层面的形式与关系结构。具体而言,"以互联网平台为基础的平台公司利用资本与技术的合谋,重塑了社会底层基础设施和经济样态,构建出新的经济权力关系结构。"①视频网站在内容、用户、行业竞争等方面出现的问题也需要结合技术、资本等要素的作用予以审视。"互联网平台通常具有开放与垄断的双重逻辑。开放作为平台的价值逻辑,通过提供互用性技术支持为互联网平台提供了'开放式创新'的动力及源源不断的用户数据作为生产原始资料。"②这是由于我国民营综合视频网站主要是在资本驱动下基于代表性企业的创新实践发展起来的,所以腾讯视频、爱奇艺等代表性企业之间的竞争逻辑体现得更为明显,而开放、互通的逻辑相对较弱,甚至互相之间还存在"数据孤岛"、链接壁垒等诸多问题。

具体来看,在视频网站的发展稳定期,我国传媒生态的整体环境发生了巨大的变化。智能时代的到来正在改写各种传媒形态的运营机制,引发多个层面出现新内容、新动向和新问题。一方面,视频网站进入了比较稳定的发展阶段;另一方面,在视频网站自身模式、格局成熟之后,面对整体生态的变化,它们在调整和创新布局方面与新兴的短视频平台相比则缺乏足够的灵活性,这也是视频网站生态演化所面临的新困境。上述新兴动向与问题均能在视频网站发展的技术、资本、政策管控等层面得到体现,本节将从这三个方面对视频网站发展稳定期的媒介外部生态进行分析。

一、5G 技术驱动智能传播新机遇

2014 年,大规模商用的 4G 网络建设推动媒介生态进入移动互联网时

---

① 李彪,高琳轩.平台资本主义视域下互联网平台治理的理论依归与路径选择[J].新闻与写作,2021(12):5.
② 同上.

代,由此催生出大量移动化的媒体应用与服务形式。到了 2019 年,5G 商用落地给传媒生态的影响不仅仅体现在移动化上,它还成为智能传播时代到来与发展的基础条件。"5G 是对现有无线接入技术(包括 2G、3G、4G 和 Wi-Fi)的技术演进,以及一些新增的补充性无线接入技术集成后解决方案的总称。"①5G 的主要优势在于数据传输速率快,比先前的 4G LTE 蜂窝网络快 100 倍,将"以融合和统一的标准,提供人与人、人与物以及物与物之间高速、安全和自由的联通"②。5G 商用的推广正处于云计算、大数据经过多年积累逐步成熟,以及 AI 技术兴起并在多个社会领域得到应用的阶段,多种创新性的数字技术能够形成相互支撑的态势。由此,以 5G、大数据、云计算、人工智能等为代表的新一轮信息技术的更迭浪潮共同推动着技术路线的革命性变化和生产范式的突破性创新——智能传播的时代到来了。各种媒介类型在智能传播时代的形态、场景和权重对比逐渐发生了改变,互联网媒介群落的结构也将迎来新的激荡,并走向新的平衡。

二、资本布局转向,寻求新的增长点

在视频网站整体格局趋于稳定之后,投资基本上依据视频网站发展的梯队结构而稳定下来。与新兴传媒形态相比,进入发展稳定期的视频网站在投资回报方面相对不占优势,所以,很多追求快速增长的投资方开始逐步将目标转向市场格局还处于发展与调整阶段且获利空间较大的网络直播、短视频等新兴细分赛道。当然,"爱优腾"的母公司 BAT 作为互联网巨头在这一过程中也扮演了积极角色,力求抢先抓住新的媒体形态的发展契机。例如,腾讯在 2017—2019 年分别领投快手 D 轮、E 轮、F 轮融资,前后投资总额超过 40 亿美元,共持有快手 21.57% 的股份,成为快手的第一大股东,在一定程度上弥补了旗下短视频产品微视未取得短视频赛道发展先机的遗憾,降低了腾讯在短视频时代掉队的风险。此外,腾讯还分别连续投资并控股斗鱼和虎牙两个游戏直播平台,通过资本运营实现了在网络直

---

① 黄刚.能量采集无线通信系统的功率分配算法研究[D].南京:南京邮电大学,硕士学位论文,2019:2.
② 杨振东.5G 移动通信技术的特点及应用探讨[J].通讯世界,2017(9):43.

播领域的布局。在视频网站的发展过程中，BAT三家因竞争激烈，很少会共同投资一个项目，由此逐步形成了不同的阵营。但是，在短视频领域的投资中出现了例外，如腾讯领投的快手的C轮融资投资者里便有百度；在中视频社区B站的股东名单上，腾讯与阿里也比较罕见地同时在列。这反映出投资方在视频网站进入发展稳定期之后急于寻找新的高增长点、抢占短视频时代发展先机的急迫性。

三、对"饭圈文化"等行业乱象的管控

在这个阶段，视频网站的内容频繁"出圈"。其一，视频网站内容在生产与传播的过程中出现了大量"非理性"现象，引发了广泛的舆论关注。例如，为业内和观众所诟病的剧集"注水"，以及网民质疑和声讨的明星不敬业、高片酬等现象。这些问题在网络上不断发酵、升温，一度引发了社会公众针对视频网站行业发展的讨论。其二，随着视频网站用户规模不断扩大，用户黏性不断提升，很多网络自制内容中呈现的人物行为、价值观念等在网络亚文化甚至社会文化构建方面产生影响，引发了更为广泛的探讨。对此，学术界、知识界也纷纷予以回应，成为近年来比较有代表性的文化现象。

对于第一种现象，主管部门及时制定了相关的管理规定，整治业内乱象。例如，2019年7月3日，聂辰席到广电总局电视剧司调研时提出，"针对注水剧、宫斗剧、翻拍剧、演员高片酬等问题，要深入挖掘瓶颈症结，始终保持高压"[1]。2020年2月，广电总局颁发《关于进一步加强电视剧网络剧创作生产管理有关工作的通知》，要求"已经基本完成剧作创作才能申报备案公示，杜绝利用题材'跑马圈地'……电视剧、网络剧原则上不得超过40集，鼓励30集以内的短剧创作……演员总片酬不得超过剧作总成本的40%，主要演员片酬不得超过总片酬的70%"[2]。

---

[1] 聂辰席到电视剧司开展"不忘初心、牢记使命"主题调研[EB/OL]. 国家广播电视总局官网[2019-07-08]. http://www.nrta.gov.cn/art/2019/7/8/art_112_46602.html.
[2] 国家广播电视总局关于进一步加强电视剧网络剧创作生产管理有关工作的通知[EB/OL]. 国家广播电视总局官网[2020-03-02]. http://gdj.jl.gov.cn/zwgk/tzgg/202003/P020200302330363132498.pdf.

视频网站在进入发展稳定期之后,已经在内容生产、播放模式、定价等方面具备了足够的话语权,所以在一些环节中忽视了对用户利益和基本运营原则的尊重,这是出现大量行业乱象的一个重要原因。同时,随着这些问题引发用户、行业甚至是社会层面的不满,很多主体也开始通过维权、诉讼等途径维护自身利益。以视频网站的"超前点播"为例,这个模式最早于2019年6月腾讯视频上线《陈情令》时得到应用,即用户可选择以每集6元的价格提前观看最后5集内容,腾讯视频由此获得1.56亿元收益。2019年12月11日,爱奇艺、腾讯视频携手宣布,VIP会员再支付50元可始终比其他会员超前观看6集《庆余年》,引发VIP会员不满,并被《人民日报》、央视新闻等权威媒体批评。对此,腾讯视频副总裁王娟在2019年12月17日回应:"我们对会员的告知以及消费心理的把握上还是不够体贴,……将进一步提升会员的服务体验。"①爱奇艺也作出了类似的回应。同时,两个平台调整了超前点播的规则,即VIP会员能够提前看6集,但可额外以3元/集的价格再享受6集的超前点播权。这意味着平台虽然更改了规则,但并未放弃超前点播的模式。此后,律师林建、吴声威分别将腾讯视频、爱奇艺告上法庭,认为超前点播侵犯了大众的利益。两位律师先后胜诉,并各自获得1500元的经济损失赔偿,但法院认为超前点播模式并无不妥。2021年9月9日,中消协针对会员服务和超前点播问题发文表示,超前点播虽重自愿,但逐集限制"有损消费者自主选择",要求取消超前点播模式,并希望各视频平台"少一些套路、多一些真诚,认真自查,主动整改"②。随后,爱奇艺、腾讯视频、优酷等先后取消了剧集超前点播模式。

视频网站内容在文化层面的负面影响主要体现于"饭圈"③现象,比较有代表性的事件是爱奇艺《青春有你》第三季的粉丝"打榜投票倒奶事件"。2021年5月,《青春有你》第三季节目的粉丝"为偶像打榜投票倒牛奶"的

---

① 杨莲洁.腾讯视频回应付费超前点播《庆余年》:不够体贴,会优化[N].新京报,2019-12-17(C02).
② 李姝.视频平台超前点播惹争议,中消协喊话各平台:自查整改,少点套路![N].潇湘晨报,2021-09-09(B01).
③ "饭圈"是粉丝(fans)圈子的简称,"饭圈文化"是一群由特定粉丝组成的有明确分工且自发为偶像宣传助威的文化。近年来,"饭圈"通过在网络上"控评""屠版""互撕""人肉"等方式粗暴追星,形成社会乱象,成为国家网信办、广电总局、教育部等多个部委的重点整治对象。

视频曝光后受到热议,《人民日报》、新华社、央视新闻、《新京报》等众多主流媒体也纷纷关注并发表评论,迅速成为热点事件并引发公众对网络综艺节目、粉丝文化、青少年教育等方面的争论与思考。同年5月4日,北京市广电局约谈爱奇艺,要求暂停节目录制、整改节目机制,节目组表示"诚恳接受,坚决服从",并发长文公开道歉,取消了《青春有你》第三季"成团之夜"的录制和直播,关闭《青春有你》第三季的所有助力通道。2021年8月,爱奇艺宣布取消未来几年的偶像养成类节目和任何场外投票环节。2021年9月2日,《国家广播电视总局办公厅关于进一步加强文艺节目及其人员管理的通知》发布,提出要从严整治艺人违法失德、"饭圈"乱象等问题,坚决抵制泛娱乐化,坚决抵制高片酬,反对唯流量论,规定"不得播出偶像养成类节目,选秀节目不得设置场外投票、打榜、助力等环节和通道,严禁引导、鼓励粉丝以购物、充会员等物质化手段变现花钱投票,坚决抵制不良'饭圈'文化"①,这是从政策层面对"饭圈"乱象等问题作出的回应。

第四节 由平台化向生态化发展逻辑的转变

VUCA时代的不稳定性、不确定性、复杂性和模糊性②正在推动全球的传统媒体加速转型③,从互联网技术提效,丰富人与人的连接和(基于搜索技术的)人与物的连接,转换到基于人工智能算法技术的信息找人、物找人,以及人与场景的连接,媒介在社会运转中承担着越来越多的功能。这意味着媒介的内涵和外延得到了极大的延伸,必将催生新的媒介形态、业态和生态,也需要从业者用新的逻辑去把握。未来媒体运行的逻辑将朝向更多地满足人们的日常生活需求,基于社交网络关系及发挥生态效应的方

---

① 国家广播电视总局办公厅关于进一步加强文艺节目及其人员管理的通知[EB/OL]. 国家广播电视总局官网[2021-09-02]. http://www.nrta.gov.cn/art/2021/9/2/art_113_57756.html.
② 严三九. 融合生态、价值共创与深度赋能——未来媒体发展的核心逻辑[J]. 新闻与传播研究, 2019(6): 5—15, 126.
③ 杭敏, 周长城. 竞合与博弈: 数字时代的传媒经济与传媒管理——第十二届世界传媒经济大会的议题与启示[J]. 新闻与写作, 2019(5): 36—42.

向演进。首先，媒介深度嵌入社会生活，可以满足人类社会对于异质性和个性化的新生产特征的追求，各种媒介倾向于将自身建立在对用户的精确测量和对内容的精准分发上，人与媒介的一体化也将促进人人平台、人物平台的有效融通。其次，内容与关系的高度融合。人工智能时代，基于网络社交关系的个性化内容生产和分发为社会资本带来无限可能，内容的呈现形态和媒介营收也更为丰富，在与多元主体、不同的关系网络和纷繁的社会行业的互动与融合中，可以实现更强的开放性和渗透性。最后，传媒业逐步介入社会生活的其他领域，在更多的社会场景中发挥自身在信息传播领域的价值，成为社会信息生活赖以发展的基因，能够让各个主体的交互、交易成本更低、更便利，为社会生活的提效发挥更大的作用。总结而言，智能传播时代的媒体俨然成为整个社会的操作系统。

在本阶段，视频网站媒介生态于调整中不断地走向成熟，市场竞争格局得到强化并呈现出生态化的特点，"伴随数字技术发展与数字经济扩张……数据资源的开发应用、营收创新的利润空间、技术创新愈发增大的难度等，都使生态化运行逻辑区别于传统经济模式"[①]。生态化发展在一定程度上强化了上一阶段形成的巨头化市场格局，市场运营层面的竞争逻辑开始深化到媒介生态的诸多层面，平台运营者、资本方不仅能够决定视频网站平台的模式与规则，而且还通过内容、互动、会员等各种方式影响着用户的信息消费行为。因此，对视频网站平台的合理规制成为媒介生态健康发展过程中一个迫切需要解决的问题。

从内部生态看，视频网站的用户规模触顶，广告收入占总营收的比例越来越低，内容生态中网络自制内容的影响力越来越大，专业化的网络视频内容生产已具备规模效应，很多爆款产品的影响力已经超越传统电视的内容，网剧、网络综艺已经开始引领中国的内容制作市场。从种间关系看，民营综合视频网站的生态位处于动态的稳定结构，民营综合视频网站与传统电视媒体的互动转向互利共生，与短视频等新入局的主体展开了新的竞争。从外部生态看，技术要素的最大变量是 5G 的正式商用。这也是本阶段的标志性事件，"以 5G 为代表的新基建是数字经济发展的重要内容，也

---

① 王世强.平台化、平台反垄断与我国数字经济[J].经济学家，2022(3):89.

第五章　平台管控与生态化发展:中国民营综合视频网站发展稳定期的媒介生态(2019—2021年)

是数字经济发展的根基"①,推动我国传媒业进入 5G 时代。从政策方面看,相关部门的管控也出现了新动向与新内容,着重治理行业发展中出现的问题。在资本方面,投资方关注的焦点开始转向网络视频衍生的短视频、中视频和网络直播等新兴形态,导致网络视频生态的整体格局面临改变。

平台化是基于媒介生态内部的提效,即更充分的资源整合和价值连接;生态化就是重新构建媒介在社会中的功用,即借此激活跨行业的社会资源,打造高度复杂和现代化的智能社会结构系统②。2020 年 9 月,中共中央办公厅、国务院办公厅联合印发《关于加快推进媒体深度融合发展的意见》,将主流媒体经营融入更多的行政、商业和服务资源③。与此同时,传播将成为流通于各社会要素和价值之间的新逻辑和新范式,进而促使整个社会发挥巨大的联动效应。例如,在品牌推广场域中,流量、圈层、身份认同和算法就成了新的传播要素④。

因此,"平台+生态"正成为视频网站发展和转型的逻辑起点,除了传播的功能,更要加强服务功能,尤其是在与大众日常生活相关的信息流、物质流、知识流的运转方面进行创新改造,以内容为纽带,助力社会资源的市场化配置,创新业态,创造产业附加值。例如,背靠阿里生态的优酷将用户的收视兴趣与淘宝、天猫的购买数据进行匹配,完善与用户相关的标签体系,实现对用户从文娱消费到实体商品消费的全链路数据覆盖,最终更高效地实现用户变现。再如,腾讯视频通过打通更为丰富的内生态数据,如社交、游戏、音乐、在线支付、新闻资讯、小程序等,精确而全面地认知用户,为更多元的商业模式拓展空间。除了大数据链接带来的效益,爱奇艺还通过推出特制玩偶、线下嘻哈酒吧、线上同名游戏和潮流服装、配饰的品牌等,实现了 IP 的多重变现,做实粉丝经济。民营视频网站通过数据赋能,

---

① 赵超.5G 商用一年　中国交出漂亮"成绩单"[EB/OL].人民网[2020-10-17].http://tc.people.com.cn/n1/2020/1017/c183008-31895424.html.
② 王虎.逻辑转变与维度构建:智能媒体参与社会治理的机制研究[J].现代传播(中国传媒大学学报),2021(9):7—11.
③ 喻国明.有的放矢:论未来媒体的核心价值逻辑——以内容服务为"本",以关系构建为"矢",以社会的媒介化为"的"[J].新闻界,2021(4):13—17,36.
④ 同上.

从经营节目、打造垂直平台到经营用户,高效地整合内外部生态潜能,全方面地激发、满足用户各方面的不同需求,实现了生态化发展和闭环式变现。

本章小结

中国民营综合视频网站的发展进入稳定期后,其生态化发展离不开不同要素相互交织下的驱动,它们的作用特点及相互关系可概括为以下三点。

第一,内部生态趋于成熟,但依然面临困境。在本阶段,中国民营综合视频网站媒介种群的内部生态趋于稳定,内容的生产模式、用户规模、营收模式都已经形成稳定、清晰的价值传导链。市场总体容量见顶,但大部分视频网站依然面临亏损的尴尬局面,这在根本上质疑着中国民营综合视频网站内部生态系统的合理性。内容、带宽等成本的高企,会员费、广告收入等难有突破,加之以短视频为代表的媒介种群的兴起,进一步挤压着民营综合视频网站作为一种媒介平台的商业空间,如何打破亏损的魔咒是摆在民营综合视频网站运营者面前的一个难题。

第二,生态竞争格局的突变。这一阶段生态竞争格局的突出特点是在几家视频网站独大的基础上,平台化进一步向着生态化的方向发展,"以数字平台作为行业中心整合供需关系并统筹行业发展的平台化趋势,是平台经济的突出表现形式"[①],生态化发展驱动着网络视频领域各类主体之间竞争关系的调整。具体来看,在产业竞争生态中,民营综合视频网站之间及它们与传统电视媒体和新闻门户等原有的互联网媒介种群之间的竞合关系趋于稳定。但是,以短视频为代表的新的媒介种群的快速崛起给泛网络视频行业带来了变量。作为决定媒介商业价值的用户数量、用户使用时长和广告主的预算等在一个阶段内都是相对固定的(不会无限增长),短视频、中视频和网络直播虽然与长视频在媒介形态上存在一定的差异,但它

---

① 王世强.平台化、平台反垄断与我国数字经济[J].经济学家,2022(3):88.

们"都是在抢用户时长和客户的广告预算,是在抢同一个池子里的东西"①。因此,各媒介形态之间存在着较强的竞争关系。值得一提的是,在2019年网络视听行业市场规模的构成中,短视频历史性地首次超越在线视频,成为泛网络视频行业的新霸主②。

第三,民营综合视频网站开始进入下行通道。从外部生态层面看,在短视频生产全民化的大背景下,技术要素中的5G、大数据、AI算法等推动了智能传播时代的兴起与发展,用户的需求与内容题材得到了高效且精准的匹配,极大地提升了用户的使用满意度。这意味着更好的口碑、更高的使用频次和更长的使用时间乃至令人成瘾(这也是短视频快速超越长视频的核心原因)。同时,急速增长的用户规模和商业变现规模更大力度地反哺平台优质内容作者生态的构建和算法的完善、精进,从而形成良性循环。对此,资本首先敏锐地洞察了这一市场变化,进而转向对短视频等新兴媒介种群的投资。从管控层面看,国家政策对长视频内容的监管逐步完善,渐渐地与电视内容的监管尺度看齐,在引导行业健康成长的同时,客观上影响了民营综合视频网站的内容布局、营收增长和它们在网络媒介群落中的地位。

---

① 此部分内容来自2021年12月26日笔者对时任B站全国渠道总经理杨悦的电话采访。
② 2020年中国网络视听发展研究报告[EB/OL].中国网络视听节目服务协会官网[2020-10]. http://www.cnsa.cn/uploads/20210708/250dad61be7ce18ef949de4a61568fbc.pdf.

第六章

中国民营综合视频网站的媒介生态变迁

前文对视频网站媒介生态中诸多要素的分析，基本上是对每个阶段的多种要素的横向把握与解读。本章将以前文的分析作为基础，通过纵向把握视频网站媒介生态不同层面之间的关联，审视各要素在媒介内部和外部生态发展中的变化，在动态演化过程中把握它们的作用与影响。

第一节 民营综合视频网站外部生态的演变

从民营综合视频网站发展的外部生态看，体现为技术、资本、政策等不同要素作用的交织发展，从初期技术创新驱动下的视频网站行业的诞生，到之后资本驱动下行业格局的高速扩张，其间伴随着政策的不断纠偏与管理，视频网站媒介的外生态环境得以逐步完善。通过对外部生态中多个要素及其相互关系的纵向把握，笔者提炼出三大要素之间的互动机制：在技术驱动和资本助力下，视频网站不断争夺在市场竞争中的有利地位，一些尝试已经处于政策监管的边界；政策监管针对视频网站在发展中出现的各种问题不断丰富、调整、优化管理思路，颁布了一系列规章制度，以保证视频网站行业的有序发展。从整体来看，在视频网站的发展历程中，政策的发布存在一定的滞后性。

一、技术生态：数字化促进视频网站的融合创新

"新技术是媒体融合发展不可或缺的推进器。每一次技术革命，都相

应地带来媒体行业的变革。"[1]数字媒体技术的发展是视频网站发展的重要基础条件。在中国民营综合视频网站媒介的生态演进过程中,共经历了三代移动通信技术的更迭,分别是 2008 年开始普及的 3G、2014 年大规模推开的 4G,以及 2019 年逐步商用的 5G。可以说,每一次移动通信技术的更迭都几何级地增强了移动数据的传输能力,对视频网站特别是移动视频的崛起起到了决定性、基础性的作用。为了更为全面地把握技术因素在视频网站外部生态中的定位,笔者在此分别对技术与视频网站不同生态要素之间的互动关系进行分析。

(一) 技术与内容

"技术与内容深度融合是媒体深度融合的重要组成部分,传统主流媒体在技术与内容'双轮驱动'的形势下,创新内容表达方式,延展媒体未来发展空间。"[2]从视频网站发展的纵向维度来看,技术对创新视频内容呈现形式、内容生产方式的推动作用鲜明地体现在视频网站发展的多个阶段,是视频网站在内容层面实现专业化、多元化发展的基础。从横向的维度审视,技术与内容的互动体现在视频网站生产的各个环节,"重点将新技术嵌入内容生产的选题策划、调度采集、编辑加工、分发供稿等流程环节"[3]。无论是纵向维度还是横向维度,技术与内容之间均呈现为深层融合、深度影响的状态,"技术的发展带来诸多创新的内容呈现形式、内容生产模式、内容传播机制,而内容的发展同样激活了新技术的创新应用、切实应用、良性应用"[4]。

不过,技术与视频网站内容在互动中出现了一些不和谐之处。例如,"面临着理念更新迟滞、内容技术错配等突出问题,需要对此进行充分梳

---

① 成鹏.推动技术与内容深度融合 实现媒体技术工作高质量发展[J].中国传媒科技,2021(12):15.
② 黄楚新,陈智睿.技术与内容深度融合的现实基础、问题难点与实践路径[J].中国传媒科技,2021(12):9.
③ 成鹏.推动技术与内容深度融合 实现媒体技术工作高质量发展[J].中国传媒科技,2021(12):15.
④ 黄楚新,陈智睿.技术与内容深度融合的现实基础、问题难点与实践路径[J].中国传媒科技,2021(12):9.

理,并在未来导向、机制革新、生态构筑等方面提出解决问题的方式与深度融合的实践路径"[1]。同时,这也是视频网站内容运营过程中出现多种困境的重要原因。破解技术与内容互动困境的一个有效方式,是积极应用更为先进的新兴技术,基于新技术创新内容运营新模式,加速媒体格局的更替,进而推动传播生态的变化[2]。在这种背景下,积极关注智能生产领域,将智能技术创造性地应用于视频网站内容采、编、播、存、管全流程的生产传播架构,是提升内容生产效率、创新营收模式的突破口。

(二) 技术与用户

"基于新技术的赋权,受众在接收媒介信息的同时,也在积极地提供反馈并参与媒介内容生产。在这个过程中,受众从被动走向主动,从个体走向社群,动摇了传统的传播权力关系,形成了全新的媒介景观。"[3]因此,在新技术的支持下,用户成为各大视频网站积极争取与维护的核心资源,围绕用户也形成了考核视频网站运营业绩的各种指标。在具体的运营过程中,通过数据技术能够深入了解用户群体及其需求,"投入大量资源系统化分析资源,利用文本挖掘技术实现用户画像的创建,大部分实力强的网站也都积累了大量用户消费信息资源。可以基于文本挖掘技术优化用户画像设计"[4]。此外,技术赋予视频网站获取用户时间与劳动的能力,使大量用户成为视频网站的"劳动力"。"平台通过一系列的制度性安排,将用户整合到平台所操控的技术网络中,使用用户的免费劳动来获得利润。"[5]技术赋予用户更多的表达自由,但用户的观看记录和点赞、评论、吐槽的内容都可供视频平台编辑使用。同时,这也是平台接下来进行内容再生产的重要参照依据,是视频平台"窥视"用户属性和需求的线索,可以帮助平台更

---

[1] 黄楚新,陈智睿. 技术与内容深度融合的现实基础、问题难点与实践路径[J]. 中国传媒科技,2021(12):9.
[2] 高坡,章劲松,徐航. "内容+技术"推动主流媒体深度融合——以新华报业传媒集团的探索为例[J]. 中国传媒科技,2021(12):22.
[3] 杜娟. 从文本消费到内容生产:参与式视频网站的受众参与研究——以 Bilibili 为例[J]. 传媒 2020(13):52.
[4] 张昊. 基于文本挖掘技术的用户画像设计分析[J]. 电子制作,2021(24):52.
[5] 刘锐. 计算机中介传播视野下网络视频直播的技术可供性分析[J]. 新闻与传播评论,2022(1):32.

有针对性地给用户推送广告(或收费内容),提高营收效率。视频网站"数字劳工"的现象与问题近年来广受关注,引发了学界和业界的反思与争议。

(三) 技术与营收

技术是视频网站创新营收方式的法宝,"从智能化内容生产外包到智慧直播场景营销,再到分层培养视频会员,智能化的生存形态创新了视频媒体的盈利模式"[①]。首先,技术的创新成为视频网站吸引广告客户并为之提供创新服务的前提。平台通过大数据技术与算法,可以实现客户广告投放的精准化,即提升广告内容与目标受众需求的匹配精度和抵达成功率,由此提高广告投放效率,让广告主获得更高的投资回报率。如此一来,广告主会更愿意在视频平台进行长久的投入。其次,视频网站在推出内容付费的过程中,"利用大数据了解受众体验,做到内容优质差异化、体验震撼高效化、互动参与个性化、会员权益丰富化"[②]。这正是民营综合视频网站会员付费模式的发展方向。最后,技术可以帮助各平台建立视频内容的客观评价系统,形成对特定内容所具备价值的认知共识,为视听媒介种群内有关内容的变现带来便利。

(四) 技术与资本运营

先进技术的研发与应用成本较高,资本的支持(以及它对市场价值的预判)是技术得以出现并持续发展的一个重要原因。在中国视频网站的发展历程中,存在很多规模较小、实力有限的视频网站由于资本方面的劣势而错失应用先进技术时机的案例,这也导致网站的命运完全被改写。可以明确的是,视频网站在融资时,技术创新与应用是投资方着重考量的一个因素。例如,2013 年 11 月,小米以 3 亿美元战略入股爱奇艺,面向移动传播的技术创新是这场资本运作的主要内容,爱奇艺由此获得了小米生态链中多重技术的支撑。又如,2019 年 11 月,贝信资本 A 轮领投爱奇艺内部孵化的智能科技公司,认为"其团队在内容与硬件两端具备核心壁垒,……

---

① 刘鸣筝,梅凯. 智能化生存:视频媒体发展的新趋势及其盈利模式初探[J]. 当代电视,2021(9):86.
② 曹新伟. 大数据背景下视频网站的付费模式——以爱奇艺为例[J]. 青年记者,2017(5):82.

VR/AR 行业的潜在价值有待进一步释放"①,体现出通过融资支撑技术研发、抢占未来竞争先机的战略布局。"数字技术……服务于资本的逐利逻辑,并逐步强化了依循商品本性和商业原则建立起来的剥削体系,并将其正当化、普遍化、全球化。"②在资本的驱动下,技术在支撑视频网站巨头化格局出现和平台化发展的过程中发挥了关键作用。"技术标准不断迭代创新,尤其是平台接口规则演化升级能够在平台生态系统稳定性与适应性之间创造平衡,充分发挥网络外部性优势,扩大平台生态系统规模"③可见,技术与资本的合力成为视频网站不断扩大生态系统规模的重要基础。

二、政策生态:多维度规制视频网站的发展方向

民营综合视频网站的发展是一个技术应用和运营模式等不断变化的动态过程,这也推动行业管控的规则不断变化,以更好地引导视频网站的发展方向。在这个过程中,政策生态日渐趋向成熟。例如,在视频网站发展初期,三网(电信网、广播电视网、互联网)融合正蓄势待发。当时,电信网由国家工信部和发改委负责监管;有线电视网归原国家广电部和中宣部管理;互联网则由国家网信办牵头,文化部、公安部、广电总局等多部委均有管辖职权。新技术、新模式的发展和变化给传统的行业监管提出了巨大的挑战。

此外,技术模式的发展还经常会打破行业管理格局和市场格局的稳定。例如,在视频网站发展整合期中出现的各种互联网电视盒子,它的技术开发难度不大、成本不高,但这种模式却突破了传统视听行业管控的边界,一度造成行业发展的乱象。智能传播时代的到来进一步增加了行业管控的复杂性,"5G 技术的出现更是使短视频呈现出海量性、即时性等特征,使得短视频内容监管工作颇具挑战"④。算法技术的应用在助推短视频平

---

① 爱奇艺智能完成亿级 A 轮融资　将在技术研发等方面投入[EB/OL].新浪网[2019 - 11 - 12]. https://tech.sina.com.cn/i/2019-11-12/doc-iihnzhfy8651369.shtml.
② 付英娜.透视与反思:数字资本主义的生成及三重悖论[J].天府新论,2021(4):29.
③ 吴正刚.知识产权、技术标准与平台生态系统竞争力研究[J].科技进步与对策,2022(7):23.
④ 冯宇霄.短视频内容监管研究[D].北京:北京印刷学院,硕士学位论文,2021:4.

台高速发展的同时,也带来了信息茧房等诸多问题,"短视频的反馈周期机制以及优秀的推送算法满足了广大受众碎片化的生活娱乐需求,使得短视频行业飞速发展并抢占了大部分市场流量"[1]。这一过程中出现的各种内容、运营层面的乱象不停地对行业层面的监管与引导提出新的要求。

国家广电总局是我国视频网站的主要监管部门,它对网络视频的监管主要围绕四个维度展开,即主体资质、业务分类许可、内容审查和传播渠道监管。对视频网站的管理体现着国家对视频网站内外生态中不同要素之间的关系和各个市场主体生态位的整体要求,是对意识形态、社会效益和正常商业秩序的维护。特别是要注重管理、协调各种要素之间的矛盾与冲突,必要时对失衡关系要进行纠偏。平台为了使企业的整体运营在法律允许的范围内,要不断根据法律法规进行内部的严格管理,约束企业与用户在平台上的行为。其中,尤其要注意UGC模式的视频网站,作为平台用户的企业或个体生产者是生产内容的主体,具有较大的自主性,一旦管理不到位,很容易产生盗版、抄袭、内容低俗等问题。此外,平台的内部管理要兼顾一系列合理的机制安排,建立一个包括内容生产者、用户、广告主和其他视频播出平台在内的、具备自动创新迭代力量的良性生态,并保证这个生态持续健康地发展,这样才能在未来的商业浪潮中具备强大的竞争力。与此同时,行业的监管与优化、各种主体之间关系的调整不能仅仅依靠政策的管理,还要在政策引导下激发各种主体的参与意识,共同维护视频网站健康发展的基本环境。"不管是国家层面的控制还是公司层面的控制,都会有其局限性。一个视频网站内容的净化和过滤,既需要外部的机制约束,也需要每一个用户自发的基于道德的自我控制。"[2]这强调了提升用户媒介素养的必要性。用户主体作为一个巨大的"变量",在视频网站内容生态中能够发挥两方面的作用:一方面,如果用户能够遵守基本的内容生产、传播、评论等原则,就有利于维护良好的内容环境;另一方面,如果用户违背媒介素养的基本要求,便会成为内容乱象的助推者。因此,不管是平台

---

[1] 梁春雨.以抖音为例浅议社交短视频平台的内容监管[J].传播力研究,2019(19):109.
[2] 梁嘉琳,詹琦.国外主流视频网站的内容净化机制[J].中国传媒科技,2016(Z1):62.

还是监管部门，都需要从多方面加强用户层面的管理。当然，视频网站自身也是行业管理的重要主体，"一般承担视频内容审核的主力工作的是各家视频网站自己的审核团队"①。因此，丰富平台自身的审核方式，加大审核力度，做到内容生产与运营的基本规范，是行业管理对视频网站的内在要求。

三、资本生态：逐利本质推动视频网站产业的整合

笔者通过概括资本要素在中国民营综合视频网站发展历程中的作用，发现资本的合理、有效运营是推动行业发展、整合升级的有效方式。资本的逐利性注定它一定会向社会资源产出效率更高的区域流动，并且在整个过程中有所助力，加速市场主体获得更强的市场议价能力。因此，资本运营成为民营综合视频网站这种具备较高资本壁垒的企业最重要的工作内容。"有以规模效应为目标的横向并购，以产业链整合为目标的纵向并购，以及混合并购等……有以追求经营协同效应为目的，有以追求财务协同效应为目的等"②，不同的资本运营方式针对的是解决视频网站发展过程中遇到的不同问题。

资本在中国民营综合视频网站发展历程中有着不可忽视的作用，而且在不同的阶段有着不同的表现，在探索期，资本为规避风险从市场大面积撤离，而更加聚焦于优酷、土豆这样的头部民营综合视频网站；在整合期，资本推动了市场主体的整合，进一步提升市场集中度；在快速成长期，资本策动了PGC版权价格大战和网络自制"大片化"的激烈竞争；在发展稳定期，资本既渴望综合视频网站盈利，也将关注的热点转向短视频、中视频和网络直播等新兴形态。

以整合期为例，资本成为本阶段视频网站外部生态的主导要素，从百度和腾讯入局到内容版权的争夺，再到兼并与上市整合的兴起，无不体现着资本的驱动作用。资本的逐利性在一定程度上导致了行业在发展中出

---

① 梁嘉琳，詹琦. 国外主流视频网站的内容净化机制[J]. 中国传媒科技，2016(Z1)：58.
② 王诚诚. 文化传媒产业资本运营浅析——从第一视频案例实证分析说起[D]. 上海：上海交通大学，硕士学位论文，2012：4.

现一些问题,主管部门通过政策手段对行业乱象进行了及时的管理与整治,体现出外部生态方面资本与政策管理之间的摩擦。资本运营策略的运用也直接影响着平台内容资源的积累和变现模式的创新。为了生产更高质量的内容吸引用户,"视频行业回归到了内容、用户体验以及营收的竞争维度"①,采购内容的精细运营、内容的自制出品和内容的社交化融合,逐步成为视频网站运营的主要策略。

  在资本的强力推动与政策监管的不断调适下,中国民营综合视频网站的生态经历了整合、成形、再调整的过程。其中,众多不规范甚至不合法的竞争主体被淘汰出局,大量运营策略与模式在实践中得到了丰富与优化,行业的发展态势日益明朗。视频网站作为一种新兴媒介,它的形态逐步得到更多用户和广告主的认可,以百度和腾讯的入局为标志性事件,代表着视频网站作为一个全民性、平台级赛道已经得到市场的认可。在生态调整的过程中,视频网站领域经历了国内传媒业尚未有过的集体性、快节奏资本运作,在政策调整与商业逻辑的共同作用下实现了行业格局的重组,视频网站的市场集中度、规范程度均得到了大幅提升,为后续视频网站生态的不断成熟打下了坚实的基础。

  网络视频行业对资金和技术的要求都很高,"需要人才、内容、带宽的持续投入,技术、营收、营销手段的持续创新,而这一切都需要大量资本的支撑……要想成为视频行业的领军者,就必须加入到资本洪流中"②。可以说,没有资本的助力,便不会有视频网站生态的迅速崛起与成熟。视频网站的发展前景是它受到资本青睐的重要原因,资本是改变民营综合视频网站与电视媒体的竞合关系的核心原因——从"寄生"于电视媒体,到与电视媒体分庭抗礼,乃至在竞争力方面实现逆转,再到与电视媒体的合作共生,资本都起到了重要作用。资本对市场有着极高的敏感度,天然地就会追逐新技术的浪潮,而且拥有支撑新兴产业主体快速成长的丰富经验,这些恰恰是处于初创与发展阶段的视频网站所缺乏的。在视频网站进入成熟期,开始面临创新与增长的瓶颈之后,资本在帮助视频网站寻找新赛道、

---

① 张禢心.视频大战:腾讯来了![J].新民周刊,2011(43):62—65.
② 孙志宏,熊莉,谢园.开启新"视"界　资本市场拉开视频营销大幕[J].成功营销,2011(1):38.

打造新增长点等方面起到了决定性的作用。例如,资本推动了视频网站与电商这两个热门领域的融合,它们"结成利益均衡体、转化用户价值,将成为评估这条产业价值链延伸成效的关键考量"①,为实现运营模式的创新与突破创造了新的条件。

逐利是资本的基本属性,高增长、高回报是其追求的终极目标。当然,资本为了止损而适时退出的现象也是十分常见的。可见,资本的"短视"与社会效益存在天然的冲突。网络视频领域的投资方具有来源多样、数量众多、诉求多元等特点,投资方对社会效益的忽视、不同投资方之间存有矛盾、投资理念发生转变等情况均会对视频网站的正常运营产生影响甚至冲击。资本对网站运营产生负面影响的案例在中国民营综合视频网站的发展过程中不少,当热潮退去,资本失去耐心,被资本"催熟"的虚假繁荣的网络视频市场"尸横遍野"。另外,资本的逐利性也会对年轻的网络视频用户的健康成长产生不良影响,可能会导致"青年秀文化具有了交互性、多元化、草根化、功利性等新的特征,这些青年秀文化背后体现着这一群体复杂多元的社会心态"②。因此,在重视资本的巨大推动作用的同时,也要注意对资本负面作用的警惕,对资本的介入有所约束,避免资本的负面作用影响了平台的运营和成长。

第二节　民营综合视频网站的生态位及生态关系

除了外部生态,民营综合视频网站的生态位优劣同样影响着它们的生存与发展。作为视听媒介生态系统中新晋的重要一员,较之电视等传统媒体和国有视频网站等,民营综合视频网站呈现出更加明显的阶段性进化特点。

---

① 黄艳.中国视频网站的融合价值构建——基于产业融合的价值链延伸策略[J].编辑之友,2017(6):51.
② 刘胜枝.商业资本推动下直播、短视频中的青年秀文化及其背后的社会心态[J].中国青年研究,2018(12):5.

一、基本生态位：作为视听媒介生态的"新物种"

生态位是"物种在生物群落或生态系统中的位置和状况"[1]，包含两个层次的内涵：其一是一个种群在生态环境中的地位和角色，强调的是它的功能属性；其二是它占用的资源，在一定程度上构成与第一个意涵的因果关系。这个因果关系"由该生物的适应能力、生理反应和特有的行为所决定"[2]。在稳定的生态中，不同生物种群占据的生态位各不相同。

与此类似，媒介种群也在更大的媒介群落里占据特定的位置。由此，邵培仁将媒介生态位定义为"媒介在媒介生态系统中的特殊的时间与空间上的位置和状况"。这个被人为建构出来的解释媒介种群之间各种类型竞争关系的理论指出，在稳定的媒介群落里，不同的媒介具有不同的生态位，彼此间既相互竞争又相互合作，影响势力此消彼长，是一个不断进行"失衡—平衡"的动态调节的过程。相对于其他视听媒介而言，民营综合视频网站的媒介生态位的优劣直接影响着视频网站的生存状况和生长态势。

（一）民营综合视频网站是视听媒介生态的重要组成部分

物种的多样性有利于生态系统的健康、良性发展。当前，民营综合视频网站经过多年的发展日益壮大，已经成为视听媒介生态系统中的重要组成部分，甚至在整个媒介生态系统的"再平衡"方面起到重要作用。首先，丰富的网络视频内容和不受时空限制的网络呈现方式满足了更多用户在内容、题材和收视方式上的多样化需求。因此，一大批视频网站依靠多元的视频内容发展了起来。其次，民营综合视频网站丰富了媒介生态系统在社会精神文化生活领域的功能。在近二十年的发展历程中，我国民营综合视频网站经历了多次改革与转型，从内容到形式，从单一的娱乐功能到信息服务、舆论引导、教育等功能，全方位得到了强化。同时，民营综合视频网站在传播的形式上具有灵活性，所传播的内容具有大众性，并且高度数

---

[1] 邵培仁，等. 媒介生态学：媒介作为绿色生态的研究[M]. 北京：中国传媒大学出版社，2008：82—83.
[2] 尚玉昌. 普通生态学（第二版）[M]. 北京：北京大学出版社，2002：284.

字化带来了更高的商业效率,这些特征都帮助它们实现了转型和升级。因此,媒介生态系统中的民营综合视频网站是一股实现社会价值、发挥各项功能的关键力量。

(二)民营综合视频网站的发展对传媒产业的整合与重构

融合发展是互联网新媒体发展的重要内涵,而视频网站的发展对推动媒体融合起到了重要作用。例如,基于视频网站运营的核心内容能够通过 IP 化的经营模式打通传媒产业链的上下游,"对每一个 IP 进行多维度开发,进而形成以 IP 开发为核心的全产业链经营,在产品、服务、收费模式三方面构建起视频网站多重结构业务矩阵"①。视频网站在近年来的大量 IP 化经营案例中具备较大的话语权,并且通过 IP 运作探索出高效整合传媒资源、贯通产业链条的方式。视频网站在传媒产业整合过程中也面临着问题与困境,如"高昂的带宽以及版权采购成本、内容的审查与管制,均使得上市之后的视频网站仍不得不负重前行"②。

(三)民营综合视频网站成为媒介内容产业创新发展的激励因素

当视频网站形成一定的平台效应与生态效应之后,便很大程度上改变了视听内容生产与传播的基础渠道,以一种具有"破坏性"的姿态重塑了视听内容的运营逻辑。例如,视频网站有助于电影产业领域的竞争更为公平,它的"异军突起解决了电影产品在推广与普及方面的表层问题,而且在其文本生产形式、文化产业布局等多个方面加以革新,以极强的生命力冲击着传统电影产业的非公平固有格局"③。再以纪录片为例,因为传统纪录片的传播渠道相当有限,影响了它的有效传播,但视频网站的出现与发展壮大为纪录片提供了良好的机遇④,通过搜索、智能推送等手段,为喜欢纪录片的受众(包括这一受众群体的聚集),以及通过社会媒体形成网络社

---

① 李刚,李珊.视频网站打通 IP 全产业链[J].互联网经济,2017(7):17.
② 莫非.视频网站扎堆上市 互联网泡沫催化产业转型[J].企业观察家,2011(2):83.
③ 田义贵,丁阳.论视频网站对我国电影产业文化公平的促进[J].北京电影学院学报,2019(11):41.
④ 卫萌.视频网站助力中国纪录片产业发展[J].视听,2014(12):18.

区和社会话题提供了便利。此外,民营视频网站的崛起对电视剧(网剧)的发展具有相当重要的意义。它们撼动了国有电视台的固有地位,打破了制度僵局,极大地推动了电视剧产业在制度方面的创新[①],甚至提升了国内整个内容制作产业的市场化程度,增强了电视剧(网剧)内容的国际竞争力。

二、现实生态位:视频网站自身的进化改良

现实生态位指民营综合视频网站在媒介生态系统中的现实处境,主要体现为产业发展与市场竞争格局的持续变动。在中国视频网站行业中,有300余[②]位"选手"起步于2005年左右,到现在只剩下10家左右,可见民营综合视频网站在资本、内容、用户、广告客户等层面的竞争有多么激烈和残酷。在这个市场中,资本鉴于市场主体的现状和未来的发展前景进行选择和淘汰各个企业;内容供应商用标价与苛刻的商务条件进行选择和淘汰各个平台;用户从自身体验的角度用鼠标选择和淘汰各种平台;广告客户通过预算选择和淘汰项目承接方。内容的影响力和稀缺性综合影响着民营综合视频网站与各利益相关方的议价主动权。从媒介生态的整个发展进程来看,民营综合视频网站总体上一直处于被选择的状态。至此,民营综合视频网站与电视媒体的互动重新实现了一种平衡状态,与网络视频群落内的其他主体则一直保持着互通、互助又互竞的关系。综合视频网站在网络视频媒介群落内的霸主地位于2019年被短视频替代,两者的差距随着时间的推移越来越大。

(一) 民营综合视频网站产业呈现出鲜明的阶段性特征

民营视频网站最初只是辅助性、补充性的互联网应用形态,经过市场整合与政策规制,在技术与资本的助力下,逐步发展成具备完整生态系统的成熟类型。它的"产业链也从当时的短小简单发展到目前涉及上下游的

---

① 谢晨静,朱春阳.新媒体对中国电视剧产业制度创新影响研究——以视频网站为例[J].新闻大学,2017(4):110.
② 张颖颖.我国视频网站自制节目发展研究[D].乌鲁木齐:新疆大学,硕士学位论文,2014:9.

协同一体化局面"①,而且在很多方面体现出对整个视听产业的整合与重塑功能。随着视频网站在行业中的地位与影响力有所提升,视频网站的内容、用户、营收方式等在视听产业中的权重也不断增加,呈现出鲜明的阶段性特征:"第一阶段,视频网站通过纵向扩展发展为多边市场;第二阶段,视频网站利用平台嵌套策略打造了以自身平台为中心的在线视频生态系统;第三阶段,视频网站通过实施平台包络,开始进入并整合线下的视频内容产业链,建立全视频产业的平台生态系统。"②上述发展阶段恰恰体现了视频网站的规模从小到大、从初创型互联网公司到平台型企业发展的历程。

(二)民营综合视频网站种群的进化与改良

视频网站在发展过程中经历了规模化、集中化的过程,在进入成熟期之后,形成了几个具有代表性的平台型企业,市场呈现出一定的巨头化特征,具备了一定的生态效应。一方面,视频网站的平台化发展在推动产业进化中有一定的积极作用;另一方面,平台化带来了极端化发展和创新动力不足等负面问题。在平台整体发展的同时,视频网站运营者也在努力探索视频网站形态方面的创新,"通过不断的资本兼并,视频网站通过纵向整合,实现对视频产业链在垂直领域的控制与垄断,同时通过不断跨越行业边界,寻求与电商行业的横向整合,有效地延伸产业价值链"③,丰富视频网站的运营模式,拓展它的功能,更直接地实现用户价值的转化,以适应媒体深度融合发展带来的冲击与挑战。

三、媒介种群的种间关系:从竞争排斥到互利共生

互利共生指两个或两个以上的生物种群经过一段时间的磨合后,呈现

---

① 林津津.视频网站产业链延伸路径[J].青年记者,2015(3):82.
② 万兴,杨晶.从多边市场到产业平台——基于中国视频网站演化升级的研究[J].经济与管理研究,2015(11):81.
③ 黄艳.中国视频网站的融合价值构建——基于产业融合的价值链延伸策略[J].编辑之友,2017(6):51.

出相互依存、合作发展的种群关系。这样的关系也存在于民营综合视频网站的媒介生态中,具体体现在它与电视媒体、中短视频和网络视频直播等不同形态的媒介在内容、用户、市场和版权等领域的竞合关系上。

不同媒介种群之间的互动和产生的媒介种群关系的变化与资本运营、政策管控有着直接的关联,也会对民营综合视频网站的内容运营、用户互动等产生影响。例如,视频网站在资本的驱动下介入长视频内容生产与运营领域,这就直接与传统电视媒体产生了竞争。正如优酷总编辑朱向阳在评价民营综合视频网站介入正版长视频时说:"民营综合视频网站转向正版长视频的发展方向之后,其实做的是互联网领域中非常传统的媒体业务,而媒体竞争的杀手锏就是'头部内容+独播'。不能算当下的财务账,单个项目的投产比肯定不划算,但这对媒体有可沉淀的长远价值,是媒体竞争中的有效利器。"[①]风行 CEO 罗江春在谈论高成本购买电视节目版权的意义时说:"把优质内容卖给新媒体其实就是在挖掘电视媒体的坟墓,虽然看起来电视媒体一两个亿把内容卖给了视频网站,但是实际上是迅速缩短了互联网和电视的差距。"[②]

中国民营综合视频网站在近二十年的发展历程中,与传统电视媒体的关系其实是动态调整的,即从初期的"寄生"到整合期的竞争,再到快速成长期两者更为复杂的竞合状态,把握不同阶段关系的核心便是从宏观层面审视不同市场主体运营策略的驱动机制。

四、媒介种群的种内关系:从自由竞争到巨头格局

种内关系指同一种群内部成员之间的互助或竞争的行为模式和各成员的生态关系。同一种群内的生物往往共享生存空间,由此便会引发激烈的资源争夺。媒介种群的内生态环境也是如此。民营综合视频网站种群的种内竞争是从用户、广告主、资本等方面展开的,具体表现为掠夺性竞争。种内竞争可以促使民营视频网站对差异化生态位进行探索,并在实践

---

① 此部分内容来自 2021 年 10 月 4 日笔者对优酷副总裁、总编辑朱向阳的电话采访。
② 视频网站版权争夺战放倒了谁? [EB/OL]. 人民网[2014-05-06]. http://ip.people.com.cn/n/2014/0506/c136655-24981332.html.

中落实，形成不同的风格，有助于形成具有物种多样化特征的较为稳定的生态格局。

在视频网站媒介生态的诞生阶段，行业格局还呈现为自由竞争的状态，大量基于先进技术与创新模式的创业者通过自身的实践使视频网站的市场呈现出百花齐放的状态。但是，在后期的发展过程中，市场格局不断集中，并且形成了巨头化的格局。这虽然在一定程度上代表着视频网站媒介生态的成长与成熟，但也对行业的创新形成了限制性力量。特别是进入平台化发展阶段之后，"若能成为平台化中的少数巨头或垄断者，便能形成强大的控制力，可以有效地掌控盈利渠道。因此，平台化不仅催生了新业态发展，还衍生出平台间角力，而业务综合性与供需广义性加剧了平台博弈"①。因此，很多具备平台影响力的头部企业的发展逻辑在很大程度上影响着行业发展逻辑。此外，随着视频网站行业影响力的提升，视频平台也"在网络信息传播中扮演着关键角色，自然也是信息内容生态治理主体责任的承担者。商业逻辑是网络企业运行的核心逻辑，如何在此基础上体现平台的公共性，是治理的主要目标"②。这就要求视频网站企业在追求市场竞争优势的同时，思考自身的公共属性，但这一点目前在诸多视频网站平台的发展中仍有所欠缺。

第三节　民营综合视频网站的内部生态变革

民营综合视频网站的内部生态建构，主要指以用户为中心的视听内容的产制理念推动的生态建构，涉及从生产、播出到商业变现等环节，是视频网站内部的运营与增值系统，是衡量民营综合视频网站发展质量的重要指标，也是区分中国民营综合视频网站发展的不同阶段、构成各阶段主要特征的重要依据。本节将整体性地分析内部生态要素及其关系在中国民营综合视频网站发展历程中的变化与作用。

---

① 王世强.平台化、平台反垄断与我国数字经济[J].经济学家,2022(3):92.
② 邹军,柳力文.平台型媒体内容生态的失衡、无序及治理[J].传媒观察,2022(1):25.

一、民营综合视频网站在内容方面的变革

在一定程度上可以说,内容是中国民营综合视频网站发展的核心要素,"内容为王"的传媒定律在视频网站的发展历程中同样得到了鲜明的体现。与视频网站自身从辅助性、从属性的互联网页面逐步发展为具有强大影响力的主流媒体形态一样,民营综合视频网站内容的质量、规模、影响力等均经历了从起步到成熟的历程。内容对于视频网站而言至关重要,是它们运营理念与逻辑的集中体现,因为"内容产品化的竞争逻辑,背后是内容生产用户本位的必然要求。"①具体而言,内容要素在中国民营综合视频网站发展历程中的演化具有以下两个特点。

(一)从业余到专业

在中国视频网站的发展过程中,内容要素呈现出比较明显的从业余到专业的发展趋势。视频网站从最初依靠聚合用户个体生产、上传的 UGC 素材到逐步投入较高的成本追求精品自制内容,用户对视频网站的认知、主管部门对视频网站的定位、市场对视频网站的回报等均在这一过程中有所改变。"与初期粗制滥造和内容略显低俗化的网络自制剧不同,在国家管理部门意在提升网络自制剧的品质不断加强审核之下,大制作精品网剧开始显露头角,大众对此反应不俗,因此各视频网站意识到以质取胜的重要性,逐渐出现现象级品牌自制网剧。在这种高质量'自制'的竞争下,自制剧寻求突破和创新成为具备核心竞争力的关键。"②经过多年的积累,中国民营综合视频网站的内容生态已经具备成熟、专业的特征,不仅能够满足受众获取信息和娱乐的需求,还能够在社会文化的发展中发挥重要作用。"视频网站节目以其内容的时代感和实时性强,紧扣社会热点问题……灵活性大、互动性强等特点赢得更为庞大的受众群体,也更受人

---

① 段乐川,李新亚. 主流媒体深度融合的方向和路径:基于内容产品的视角[J]. 中国编辑,2021(11):72.
② 吴雨晴. 视频网站网剧的生存之道——"自制"生态圈的内容创意传播[J]. 电视指南,2018(14):268.

们的喜爱和追捧。"①在视频网站内容专业化程度不断提升的过程中,与媒介内生态中的其他要素(如用户、营收)乃至外生态的资本、技术、政策的因素关系也发生了变化。

(二) 从作品到商品

民营综合视频网站的民营性质决定了它是一个自负盈亏的市场主体,也决定了视频平台上的节目具有商品化属性。这与国有电视媒体存在较大的差异。电视媒体强调的是宣传功能、教育功能和监督功能,发挥着"喉舌"的作用,事业属性和公益属性大于产业属性。民营视频网站恰好相反,它首先要在符合国家各项政策的前提下求得市场化生存,即得到用户、广告主和资本的认可;其次才是在发展过程中承担一定的社会功能,如推动文化良性发展等。因此,民营视频网站在发展过程中始终强调高效的资源配置,最大化地满足用户的在线娱乐需求,增强自身在市场中的竞争实力。可以说,产业属性较强的民营视频网站的出现,是对中国视频节目内容制作力量转向市场化的有力推动。特别是对于电视节目的制作人而言,由作品意识(更多地强调自我的表达,是以创作者为中心的精英文化)向商品意识(更多地满足市场需求,是以用户为中心的大众文化)的转化是一个痛苦的过程。借助大数据等技术工具,创作者可以更好地探究用户的需求与兴趣偏好,进而生产出更有市场号召力的视频内容,以搭建更完善的商业转化链路。电视媒体与民营视频网站分别从具有公益性质的文化事业与商业属性较强的文化产业出发,一起朝着社会效益与经济效益平衡的最佳状态进发。"同一标准、同一尺度"的准则也正是为了使两者在发展中达到一个健康、和谐的状态。

内容是视频网站实现营收的重要基础。商业盈利模式的突破是视频网站运营中面临的一个难题,而综合视频网站有关营收的探索都与内容的创新密切相关,围绕着内容 IP 的开发展开。目前,综合视频网站的营收来源主要有会员收费、广告、内容发行和衍生品销售四个方面。首先,作为综

---

① 谢斯予.视频网站自制综艺节目内容运营的优势特点对传统电视综艺节目的冲击和借鉴意义[J].新媒体研究,2018(10):49.

合视频网站最大的收入来源,会员收费是用户基于对平台 IP 内容的高收视意愿而进行的直接付费,是为了抢先获取稀缺的优质资源或"免广告"、更愉悦地消费内容而进行的额外支出。无论是平台的月费模式,还是单个视频收费的模式,会员收费的核心是用户对某类特定优质内容的喜好和对平台系列优质内容产出的较高的预期。例如,"爱奇艺的品牌锚定……分割成以系列视频为单位的、多重品牌联合的复合品牌形象,系列视频譬如综艺节目、热播网剧电视剧、热播动漫、自媒体账号"[1],不同的内容形态对用户的消费心理与消费行为会产生直接的影响。其次,内容是平台与广告主的核心连接点,广告模式也需要探索如何通过内容来吸引更多用户的注意力。从本质上来看,这个过程是平台将用户的注意力和关注度转售给广告主,实现在广告方面的销售收入。再次,内容发行方面的收入是基于自制内容在其他播出平台的版权分发而获取的。一般而言,这是先在自家平台播出的基础上,为了最大程度地挖掘自制内容的商业价值而进行的播映权的部分让渡。除了少数在媒介种群内的交易,更多的交易产生在跨媒介种群(如视频网站与电视媒体)之间,包括跨国的视频播出机构(如 Netflix)。最后,衍生品销售、IP 形象授权等业务带来的收入也是以优质内容的影响力为基础的。所以,对于以长视频为主的综合视频网站来说,绝大部分营收都是基于 IP 内容设计实现的。

  内容的同质化存在于中国民营综合视频网站发展的各个阶段,是一个会影响视频网站企业竞争、盈利的行业难题。在经历了探索期、整合期的以购买为主的内容架构后,中国民营综合视频网站在高速成长期、发展稳定期借助差异化的自制内容来稳固各自相对有利的生态位。以自制剧为例,各大视频网站平台应该在题材、主题、叙事、人物塑造等方面进行差异化选择,"并从专业化精品战略、依托大数据以及与传统电视媒体差异化竞争等方面探讨自制剧的发展之路"[2]。

  近年来,社交平台、智能算法兴起,网络视频内容在整体上可以分为两类:"第一类是非结构化的信息流内容,它是碎片式的,千人千面的海量内

---

[1] 马竞爽.浅析内容流动性的延伸意义——以爱奇艺视频网站为例[J].中国报业,2018(14):61.
[2] 王玉玮.内容差异化:我国视频网站自制剧的突围之路[J].现代传播(中国传媒大学学报),2014(8):87.

容;第二类是结构化的 IP 内容"①,如影视剧等长视频。随着用户注意力碎片化、媒介碎片化的趋势越发明显,非结构化的内容,即信息流内容的增长速度远远高于结构化的内容②,给民营综合视频网站带来极大的挑战。

内容生态发展能助力视频网站运营效能的提升。内容对视频网站的内生态、外生态和生态位都有直接的影响,内容生态是生态位的基础,两者之间存在内在的紧密互动关系,内容模式的优化是视频网站提升运营效能的必要条件。"互联网技术的不断发展,使得人们传统的内容消费习惯发生了变化,各类新媒体平台应运而生,构筑起一个全新的参与式内容消费的模式体系,互联网的传播手段和接收方式也在不断演进。"③笔者通过对中国民营视频网站发展历程的分析发现,视频网站内容呈现形态、用户在内容方面的消费习惯和视频网站的盈利模式三者间存在着内在的互动。特别是在视频网站媒介内生态层面,若三者之间有一个要素发生改变,往往也会驱动其他两个要素发生相应的改变。在这个变化过程中,上述三个要素会与外生态的技术、资本等要素产生呼应,共同驱动我国视频网站甚至整个传媒产业的发展。例如,B 站立足个性化、细分化的二次元内容,深刻地把握了"90 后""95 后"青少年群体的内容消费习惯,通过独特的交互方式吸引了大量的用户,在内容与用户高度匹配与高效互动的前提下,逐步形成了自己的运营特色和盈利模式,即"利用 PUGC(专业客户生产)的方式,集结了 PGC(专业生产内容)和 UGC(客户生产内容)的优点,既有生产内容的专业性,也有生产内容时的互动性"④。

随着视频网站巨头化、平台化等特征的出现,各大平台的内容不仅要满足用户的观看需求、支撑相关衍生品的商业变现,还成为视频网站实现平台化效应的重要工具,它的作用在内容与用户、内容与技术、内容与资本的互动中均得到体现。例如,内容产品的传播与消费成为收集用户数据的有效手段,导致视频网站平台在数据安全、隐私安全等方面的问题凸显出

---

① 孙旭.内容生态助力融合媒体运营效能提升[J].视听界,2021(6):23.
② 同上.
③ 飘摇.内忧外困下,视频网站为何还要苦苦构建"内容品牌"?[J].中国广播,2020(9):80.
④ 鲁仪,吴雨馨.亚文化视频网站商业盈利模式分析——以哔哩哔哩弹幕视频网站为例[J].财务与金融,2021(3):72.

来,因为"提取个人数据并利用其销售广告是平台的主导性营收。用户数据、隐私让渡与数据垄断成为平台经济的重要基础。用户监管个人数据使用也变得可望而不可即"①。又如,在视频网站内容 IP 的创作与衍生过程中,技术要素的作用越发明显,超高清、5G、VR 等新技术开始成为内容创新的突破口。此外,"知识产权和技术标准是形成平台竞争力的源泉,影响平台网络的外部性,其中,知识产权是建立技术标准的基础,技术标准是推动知识产权创造的动力,二者之间的互动和演进构成平台生态系统外部竞争力"②。同时,随着视频网站的发展,一部分头部平台的社会影响力得到了极大提升,它们所生产内容的影响力也跃出传媒领域,在算法局限、商业竞争、过度娱乐化与极端化内容泛滥等问题的影响下,平台型媒体的信息内容生态开始向着失衡、无序的方向发展③。近年来,诸多视频网站的自制综艺内容引发了许多社会文化现象甚至是乱象,这些都是值得关注并反思的问题。

二、中国民营综合视频网站用户的变化

视频网站的用户变化具体体现在以下四个方面:第一,传播技术的革新促使信息的接收者由受众转变为更具主动权的"用户";第二,民营综合视频网站长视频内容的用户增长与分流呼应着媒介外生态的变化,以及与此相关的用户需求的变化;第三,用户的消费心理、习惯、行为日渐成为视频网站长期关注与研究的核心问题;第四,无论是在广告模式还是会员收费方面,视频网站一直都尝试着与用户建立起更加稳固的关系(但这个过程正变得越发困难)。

(一) 从受众转变为用户

在传统媒体时代,传者在传受关系中占据主导地位,掌握着信息的主

---

① 郭小平,杨洁茹.传播在云端:平台媒体化与基础设施化的风险及其治理[J].现代出版,2021(6):33.
② 吴正刚.知识产权、技术标准与平台生态系统竞争力研究[J].科技进步与对策,2022(7):23.
③ 邹军,柳力文.平台型媒体内容生态的失衡、无序及治理[J].传媒观察,2022(1):24.

导权,即决定信息的生产与发布。同时,信息的传播是单向的,受者只能被动地接受信息的内容、形态与传播渠道(因此被称为受众)。随着中国传媒产业化进程的不断深入,可供受众选择的信息越来越多,受众的地位日益提升。到了互联网时代,尤其是在社交网络日益发达的背景下,信息的爆炸式增长促使传者与受者的关系发生逆转,受众逐渐成为信息传播的主导者,即信息的生产者、传播者只有去探究、迎合受众的需求才能生存。由此,受众转变为用户。媒体与用户之间"你播我看"式的传统关系被消解,用户在使用手机等智能终端接受信息时,也不再止于"看"信息,而是可以便捷地参与点赞、评论、转发等互动。这些数字化的"劳动"意味着用户实际上参与了内容生产、发布、社交化传播扩散的整个过程。大数据等技术工具为视频网站运营者的高效工作提供了便利,也为媒体平台与用户、广告主甚至资本就某一特定内容的价值认知达成共识提供了通道。当技术的发展逐步改变社会资源的配置和运作模式,用户就成为信息传播网络中最关键的节点。

(二) 用户的增长与分流

中国民营综合视频网站用户规模演化的关键词是"增长"与"分流"。首先,视频网站用户规模随着网民数量的增长而增长;其次,视频网站的用户渐渐被日益崛起的短视频、中视频和直播平台分流。CNNIC 的数据显示,随着基础设施建设的不断深入,以及互联网作为一种技术的不断普及,我国的网民数量从 2004 年 12 月的 0.94 亿人上涨到 2020 年 12 月的 9.89 亿人,增长了近 10 倍;同期的网络视频用户数量则从 0.34 亿人增长到 9.27 亿人(含短视频),增长了 27 倍(见图 6.1)。不考虑数据统计口径的差异和新冠肺炎疫情的影响①,网络视频的网民使用率一直维持在 60%—75%,并且随着网民数步入增长乏力区,使视频网站与以短视频为代表的

---

① 图 6.1 中的网络视频用户数,在 2004 年 12 月 CNNIC 的报告中显示为"休闲娱乐"指标值;2005 年 12 月、2006 年 12 月均为"在线影视收看及下载"指标值替代;2007 年 12 月以"网络影视"指标值替代。此外,受新冠肺炎疫情的影响,2019 年底的调研报告未完成,故用 2020 年 3 月的数据替代。2020 年 3 月起,网络视频的网民使用率突然飙升到 90% 以上,是因为统计数据中加入了短视频的用户数。

新崛起的媒介种群在用户增长方面形成了强烈对比。

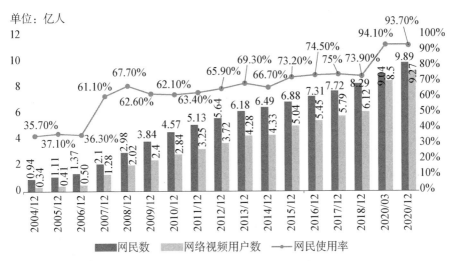

图 6.1　2004—2020 年网民数、网络视频用户数和网络视频使用率

（三）用户的消费心理、习惯与行为

"在信息粉尘化时代，用户获取信息的结构方式发生了改变，他们只关注跟自己兴趣、态度、爱好、价值观相关的信息，更愿意为具备个性、特色、创意的产品买单。"[①]这正是各视频网站加大投入打造个性化专业内容，并不断塑造品牌形象、提升辨识度的价值所在。同时，这也是综合视频网站积极探索、拥抱智能算法技术对行业进行革新的原因。视频网站不仅要打造个性化的品牌内容吸引用户，还要不断改善平台与用户的互动和交流方式，"新型媒介平台开始呈现出交互性、移动性、即时性、参与性等特点，深刻改变着受众与生产者、媒介内容以及其他用户之间的互动方式"[②]。

此外，视频网站与用户之间的互动也面临着新的挑战，"碎片化时代，信息的零散性和丰富性使受众接触单个信息的时间缩短……受众注意力

---

① 飘摇.内忧外困下，视频网站为何还要苦苦构建"内容品牌"？[J].中国广播，2020(9)：80.
② 同上.

被迫分散"①。"视频用户比较'健忘',很多情况下记住了内容,但是没有记住平台。"②这些现象在视频网站的运营中普遍存在,也是视频网站在长期运营过程中未能有效解决的问题。除了强化平台内容的"一致性"安排,加大平台整体品牌形象的传播力度,维护平台良好的社区氛围、增强用户的身份认同感也是提升用户忠诚度的有效途径,如"B站用户的高忠诚度与其准入以及社交机制带给用户的身份认同感密不可分"③。同时,由于视频网站内容与用户具有高度相关性,"视频网站在内容传播方面受到限制较少,也带来了一些问题和隐忧"④,内容层面出现的问题,如暴力、色情内容等给青少年用户甚至整个社会都带来了不良影响。这也是行业在发展中要始终重视并不断解决的问题。

(四) 用户付费模式的创新

用户付费模式是视频网站基于用户认可而实现变现的创新实践。用户基于对视频网站内容的认可改变了长期以来免费收视的习惯,通过自愿付费,由传统视频内容的观众转变为视频网站的用户,实现了视频网站与用户关系的突破,在媒体盈利模式的创新层面具有重要的开创价值。"国内视频网站在重新洗牌整合之后,其盈利模式的进一步发展遇到瓶颈。各大视频网站纷纷试水用户付费模式,引爆了用户付费市场。"⑤但是,这一模式的探索同样伴随着困难,主要体现在两个方面:一是视频网站自身内容层面的"创新性不足是网络视频产业面临的难题。……内容同质化严重,对付费用户的吸引力下降"⑥;二是会员生态层面的发展尚不完善,如"会员盗版现象严重,如不法分子重复低价租售和刷会员号来吸引大量客户"⑦等,给中国网络视频的IP内容会员收费市场带来了不和谐的声音。

---

① 李峤雪.碎片化时代视频网站的内容营销[J].新闻与写作,2014(6):96.
② 萧然.没有用户忠诚度是视频网站的致命伤[J].IT时代周刊,2014(2):70.
③ 李颖琪.身份认同对用户忠诚度的影响——以视频网站 bilibili 为例[J].视听,2020(6):25.
④ 王憬晶.国内视频网站自制娱乐节目的内容生产与价值取向[J].传媒,2017(24):48.
⑤ 朱喜洋.探析国内视频网站转型用户付费模式[J].新闻研究导刊,2017(8):43.
⑥ 何婉玲,王超群.商业视频网站付费会员制的用户体验与发展对策研究[J].西部广播电视,2019(22):32.
⑦ 同上.

"视频网站平台需要加强防范力度和提高技术保障,政府部门应提出相关法律法规和机制来对网络盗版行为进行约束。"[①]从整体来看,随着版权环境的改善,以及用户素养与消费能力的提升,内容付费的发展空间依然巨大,"用户付费将会成为一种趋势,完成从初期的量变到最后的质变"[②]。

三、中国民营综合视频网站在营收方面的变革

中国民营综合视频网站营收在发展初期的变现十分困难,又先后经历了以广告盈利为主要模式、广告与会员收费双引擎到以会员收费为主等阶段。总体而言,营收情况的变化是由内容生态和相应的用户生态的发展决定的,还受到视频网站媒介种群内的竞争和视频网站与其他媒介种群的替代关系的影响。目前,视频网站围绕着内容的营收主要来自三个主体:为内容付费的会员用户、购买用户注意力的广告主和购买内容播出版权的其他视频平台。虽然涉及的主体较多,各主体之间的关系也比较复杂,但基于媒介生态要素之间的互动情况,本节可以更为清晰地把握内容与视频网站营收的关系,具体可从三个方面进行简要分析。

首先,是视频网站营收与内容的互动。各平台通过内容吸引用户,实现了视频网站的多种营收方式,如由用户直接购买会员和衍生品销售,由广告主买单的广告投放和IP形象授权,以及由其他传媒机构买单的内容发行收入等。

其次,是视频网站营收与运营模式的互动。营收模式有限,收入难以覆盖成本,是中国民营综合视频网站在探索期、整合期面临的困扰问题,"单一的盈利模式已无法满足视频网站的发展需求"[③]。虽然各大视频网站进入快速成长期后都不断地探索多元化运营、营销方式,但想在激烈的市场竞争中实现有效突破,难度还是很大的。尤其是相较于内容制作成本

[①] 何婉玲,王超群.商业视频网站付费会员制的用户体验与发展对策研究[J].西部广播电视,2019(22):32.
[②] 朱喜洋.探析国内视频网站转型用户付费模式[J].新闻研究导刊,2017(8):179.
[③] 何慧梅,甄翰文.视频网站付费盈利困境及发展策略探析——以爱奇艺为例[J].视听,2021(4):110.

的持续攀升,现有的营收规模并不能使视频网站实现盈利。在当前以社交媒体为基础架构的去中心化浪潮下,平台的去中心化不仅体现在平台通过内容与用户的连接、平台内用户与用户的连接等方面,同样也适用于平台与广告主的连接模式。依据营收的中心化程度,综合视频网站可以分为三类。第一类是以爱奇艺为代表的爆款模式推崇者,将平台的营收押宝在有限的几个头部项目上,并举全平台之力整合营销,期望能实现高投入、高产出。但是,受制于文化类产品的市场评估体系和监管政策的不确定性,平台的营收并不是稳定的。第二类是以腾讯视频为代表的信奉长尾效应的平台,利用多元化的产品满足用户的多样化需求。不过,平台因此会面临单体项目投入产出比失衡的问题,无法实现规模经济,最终导致入不敷出。第三类是以 B 站为代表的网络社区,聚集 KOL(key opinion leader,即关键意见领袖)的 PUGC 内容已经实现了较高程度的去中心化,形成了个性化运营模式。但是,此类平台在营收方面也面临着困境,因为"很难确保头部 UP 主不被其他盈利能力更强的视频网站挖走"[1]。可见,视频网站在未来的运营过程中仍将长期面临运营模式创新与营收之间的矛盾和双重压力。

最后,是视频网站营收与整体社会背景、网络文化等要素的互动。视频网站的营收不仅受到自身内容生态、运营模式的影响,与整体的社会及行业发展背景、网络文化的动态也密切相关。例如,前文论及的 2008 年北京奥运会等大型赛事、活动的举办能够给视频网站提供阶段性的发展机会。又如,整体性的移动互联网的发展推动了网络视频的显示终端由 PC 转向智能手机,产业规模得到了极大的拓展等。当然,这种机会对于视频网站和电视媒体而言都是均等的。相对而言,互联网企业对网络文化的发展趋势更为敏感,所以面对网络亚文化的兴起和相关受众规模的增加,视频网站能够较快地形成商业化的运营模式,并为实现营收方式的创新提供条件。例如,重视 ACG(animation,comics,games 的简称)文化的 B 站开设的"日本游"项目聚集起一批经济状况较好的用户,提高了用户对网站的忠诚度[2]。

---

[1] 鲁仪,吴雨馨. 亚文化视频网站商业盈利模式分析——以哔哩哔哩弹幕视频网站为例[J]. 财务与金融,2021(3):72.
[2] 余柯. 弹幕视频网站的盈利模式——以哔哩哔哩弹幕网为例[J]. 青年记者,2016(14):98.

还要强调的是,视频网站的营收模式与管理政策的关系也是发展历程中的重要内容,而且在很多情形下,政策的调整与改变会给视频网站带来较大的运营压力。通过视频网站在发展历程中出现的内容低俗、差异化排播、盗版侵权等问题可以看出,在巨大的营收压力之下,平台的运营常常会出现偏差,虽然在短期内带来了收益的提升,却会对行业的长期健康发展造成危害。针对这类失范情况,我国的主管部门也多次介入,如对56网实施关停1个月整顿的处罚、对境外影视剧内容的限制、对劣迹艺人参演节目的播出限制、对选秀节目的限制等,对大量视频网站企业的营收甚至生存产生了巨大影响。

第四节　民营综合视频网站的价值迭变与生态化发展

当前,技术推动网络视频的传播呈现出更强的混合态、社区化、沉浸式等特性;智能算法的赋能使平台与不断变化的用户需求的匹配能力大大提升,有助于激发用户的深度价值;视频网站从最初的一种互联网新兴业态发展到平台化,再到具有完整的产业链条和跨媒介生态特点的媒介生态种群,其中需要审视与反思的问题颇多。

一、新技术推动下的网络视频形态创新

罗伯特·斯考伯等人从传播学的角度提出"场景五力"[①]原则,将移动场景时代以来的技术归纳为移动设备、社交媒体、大数据、传感器、定位系统五大要素。随着这些技术的成熟和普及,传播媒介和传播方式的变革不断孕育出新的产品形态。综合视频网站的产品形态变革,主要体现在多视频样态的混合呈现、社区化的运营和维护、沉浸式传播三个方面。

第一,综合视频网站开始在短视频和直播领域发力,整体呈现出视频

---

① [美]罗伯特·斯考伯,谢尔·伊斯雷尔. 即将到来的场景时代[M]. 赵乾坤,周宝曜,译. 北京:北京联合出版公司,2014:11.

的多元混合样态。例如,爱奇艺不仅积极地孵化专门的短视频App,还在主站App上融入更多的短视频、直播内容,具体内容有与长视频节目有关的花絮、专访、预告片和直播等,平台引入的自媒体账号的短视频和直播,以及每集10分钟左右的超短剧等。这是在互联网络移动化的大背景下,综合视频网站为了迎合用户日益碎片化的注意力和移动化的播放场景而进行的战略布局,也为大数据和智能算法融入平台内容的个性化分化创造了条件。这也是综合视频网站在应对来自抖音、快手等短视频App的强大竞争压力时的一种突围。

第二,除了完善长视频内容的弹幕、评论等功能,综合视频网站越来越重视网络社区的运营与维护,不断加强与用户的互动,增加用户的停留时长和使用黏性。例如,用户可以在爱奇艺手机端App的"会员社区"领取福利、购买联名商品、跨平台换会员等;腾讯视频手机端App的"热议"频道有类似朋友圈的"广场""动态""热门圈儿",用户可以即时了解、评论自己关注的KOL发布的文娱信息;优酷视频手机端App也设有"社区"频道。因此,社区化运营是综合视频网站从内容平台转向生态化发展的重要一环,不仅可以拓展商业转化的渠道,还能丰富内容在整个社会传播体系中的功用。

第三,5G、AR/VR等新技术的普及为综合视频网站的沉浸式内容的生产和传播创造了条件。有业内人士指出,用户通过VR等硬件终端消费沉浸式的长视频内容是网络视频行业近年来最重要的一种发展形态。沉浸式的传播形态在当下综合视频网站的创新广告形式研发方面已经得到了广泛应用。沉浸式内容一方面帮助各大视频网站拓展了更具想象力的市场空间,另一方面也对用户产生了更深层次的感官刺激,用户的情感卷入程度更高,大大增加了"在场"的真实感,使用户之间的网络社交感更加真切,拉近了虚拟世界与现实世界的关系。

二、内容创意和个性需求驱动的传播价值变化

民营综合视频网站在发展的初始阶段对传统媒体的内容有很强的依赖性,随着内外生态的日益完善,对用户需求反馈更为敏锐的网络自制内容成为民营视频网站的主要组成部分,并带动内生态的用户规模和营收的

发展,以及资本、政策等外生态要素的调整。但是,随之而来的是用户审美水平的提升,他们对内容的创新性、互动性、分享性和体验性的要求越来越高。在这种背景下,能够满足用户需求的高价值视听内容仍然是稀缺资源。要想解决这一问题,各大视频网站要把生产节目内容时的作品思维转变为商品思维,在题材的创意策划、内容的社会化生产,以及分发、营销、变现的每一个产业链环节,以大数据为依据,激发、创造、满足用户的个性化需求,挖掘用户的深度价值。

在网络视频发展的早期阶段,视频网站带有较为强烈的大众传播属性,平台对受众的认知有限,受众对网站而言是模糊、笼统、多元甚至杂乱的。随着移动互联网、数字技术的发展,尤其是社交网络时代的到来,用户逐渐变为相对具体的、可以被精细化分层的人群。同时,借助大数据技术,平台实现了对用户的精准画像,用户的兴趣、偏好、收视行为、习惯等一目了然,精准的"千人千面"的内容推送成为可能,契合了用户的个性化需求,最大化地释放了各类内容的效应。

多元视频形态的合流是网络视频行业发展的必然趋势。长视频平台基于对IP的多重开发,以及视频内容的生产、分发、商业变现等核心能力,在短视频平台基于大数据技术的智能算法能力推动下,必将会在未来的媒介种群竞合中产生融合。在这个潮流中,爆款模式的推崇者与长尾效应的信奉者终将走到一起,共同在内容的"高原"上打造爆款的"高峰",形成能持续产出好创意的机制,让视频平台在兼顾用户需求的同时,也具备更好的传播价值。

三、从单一平台到产业生态的迭代升级

视频网站媒介生态不仅实现了业内各主体之间的平台化互动,也在发展过程中与大量业外主体产生了关联,"其内容生态治理也应嵌入到社会综合治理体系中,同时促进社会综合治理体系向平台化治理方向迈进"[1]。迅速发展的视频网站开始具备较强的社会影响力,各平台上的视频内容时

---

[1] 邹军,柳力文.平台型媒体内容生态的失衡、无序及治理[J].传媒观察,2022(1):22.

而也会引发社会舆论,它们与社会发展的关联也更加深刻。

"作为连接用户和信息内容的枢纽,拥有数据和算法的平台型媒体,通过设计线上(乃至线下)的互动规则,通过对个人生活的深度卷入,连接起了市场、社会乃至国家,所建构起的信息内容生态具有显著的公共性特征。"[①]可见,视频网站基于自身的迅速发展产生了一定的媒介生态效应,它们不仅是视频内容的传播渠道,也是影响社会发展和公众生活的具备公共属性的重要平台。"作为社会连接和资讯传播的枢纽,平台型媒体既遵循商业逻辑,又有公共性的一面。技术、资本、用户是推动平台型媒体发展的主要因素,其相互关系也制约着围绕平台型媒体的网络社区向良性的数字化公共空间发展。"[②]由此,技术、资本、用户等要素开始在更为宏观的视频网站媒介生态中综合起来发挥作用。

随着视频网站媒介生态逐步走向成熟,借助强大的平台生态效应,视频网站能够更高效地调动、整合资源。"平台所有者利用掌握的知识产权和技术标准,设定开放式接口界面和规则,一方面能够激发互补者创新动力,给平台生态系统带来更为丰富的边界资源;另一方面能够降低参与者之间的协调成本,提高创新成功率。"[③]构建良好的媒介生态环境不仅能够助力视频网站自身实现进一步发展,也能使视频网站在整个传媒格局和社会发展中发挥更为积极的作用。

本章小结

本章从媒介生态的视角对中国民营综合视频网站的发展历程进行了综合性把握。首先,阐述了技术、政策、资本等要素在中国民营综合视频网站发展的不同阶段发挥的作用,以及各要素之间的互动关系,指出了媒介生态的诞生、发展、变革是技术、资本等要素合力推动的结果。其次,从生态位的角度阐述了中国民营综合视频网站在2004—2021年的发展脉络,

---

① 张志安,谭晓倩.互联网平台公共性的构成维度及现实挑战[J].新闻与写作,2020(5):74—81.
② 邹军,柳力文.平台型媒体内容生态的失衡、无序及治理[J].传媒观察,2022(1):26.
③ 吴正刚.知识产权、技术标准与平台生态系统竞争力研究[J].科技进步与对策,2022(7):23.

揭示了它们与传统电视等媒介种群和媒介种群内部的竞争与合作的动态变化过程。最后,从媒介内生态的视角就内容、用户、营收三个要素在中国民营综合视频网站发展历程中的变化,以及彼此之间的互动关系进行了梳理。

总结而言,在创新内容与用户个性化需求的双向驱动下,中国民营综合视频网站正在由单一化的平台转向产业生态的迭代升级,日渐成为主流媒介群体,甚至取代传统媒介成为中国民众日常使用率最高的媒介类型。当然,这也要求它们肩负起社会责任,积极利用新技术、新形态,在舆论引导、文化传承、服务大众等方面作出贡献。

第七章

中国民营综合视频网站的媒介生态危机与优化策略

邵培仁教授指出,"当代大众传播学关注的是微观的传播过程及其各传播要素之间的工作关系,而不太注重大众传播中微观、中观、宏观系统之间和它们各个组成部分之间的生态关系,更没有积极探索它们之间相互作用的生态规律"[①]。本书并非仅关注中国民营综合视频网站内部生态的内容形态或者产业运营,同样注重从外部生态的资本、技术背景之下思考各个层面特点、问题背后的机制。此外,笔者关注不同层面要素之间的相互关系,由此丰富了中国民营综合视频网站发展史的研究层次。

此外,"媒介产品的生命周期表现为一条S形曲线,是指某种媒介产品从开始进入市场,到被市场所淘汰的这一时间过程"[②]。在中国民营综合视频网站的发展历程中,作为个体的视频网站企业的发展存在固有的生命周期,作为整体的视频网站产业也有鲜明的周期阶段特征,从探索期面临诸多困境但前景宽广,到整合期整体产业结构不断优化,再到发展稳定期行业格局稳定但面临新兴力量的强势冲击。本书前文分析了中国民营综合视频网站近二十年的发展历程及其运行机制,本章以此为基础,对当前中国民营综合视频网站存在的问题进行总结和回应,继而对其媒介生态的建构进行深入的思考并提出相应的策略支持。

---

① 邵培仁.传播生态规律与媒介生存策略[J].新闻界,2001(5):26—27,29.
② 邵培仁.媒介管理学[M].北京:高等教育出版社,2003:256.

第一节　民营综合视频网站的生态结构

前文分别从媒介外生态的技术、政策、资本，以及媒介内生态的内容、用户和营收等方面切入，具体分析了各阶段不同的影响因素在推动视频网站的发展过程中的相互作用及强度，勾勒出各阶段的主要特征，全景式地考察了民营综合视频网站作为一种新的媒介种群的成长历史。表 7.1 是对民营综合视频网站在不同阶段中内、外生态两个层面的不同要素的整体把握，显示出不同要素在不同阶段在权重上的差异。这也是本章深刻剖析民营综合视频网站的生态结构及其产生的危机的依据。

表 7.1　民营综合视频网站发展的生态要素及其结构

	媒介外生态			媒介内生态		
	技术	政策	资本	内容	用户	营收
探索期	√	√		√	√	
整合期		√	√	√	√	√
快速成长期	√	√	√	√	√	
发展稳定期	√	√	√	√	√	√

一方面，视频网站媒介生态在发展中出现了不利于自身持久、健康发展的症结，如资本要素在视频网站媒介生态中的作用被放大，"平台资本化是通过开创不同的平台营收来完成的，这既没有在共享经济模式的表象中消灭资本逐利的本性，又没有改变平台作为资本对现实经济运行的支配与管控，更是创造了资本增殖的全新形态"[①]。这种现状在很大程度上限制了视频网站应有的社会责任的发挥，增加了网络视频行业的管控难度，一定程度上抑制了国有视频网站、电视媒体等主体发挥积极作用。另一方面，因为几家独大的竞争格局与平台化发展固化了视频网站行业的基础格

---

① 涂良川.平台资本主义技术逻辑的政治叙事[J].南京社会科学,2022(2):5.

局,在一定程度上也成为抑制行业创新发展的重要因素。此外,在更为宏观的泛网络视听媒介外部生态格局中,以移动短视频为代表的新种群迅速崛起,分流了视频网站的大量用户,成为视频网站的重要竞争者,使视频网站媒介生态呈现出更为复杂的状态,如行业增长乏力、整体发展下滑等。

第二节　民营综合视频网站面临的媒介生态危机

中国民营综合视频网站面临的媒介生态危机主要表现为外部生态向市场妥协、内部生态面临投入产出比的失衡和生态位高度重叠三个方面。

一、外部生态向市场妥协:资本的话语权过重

互联网的平台化发展使民营综合视频网站市场出现了几家巨头公司,电视媒体、国有视频网站等公益属性、话语权受到市场挤压,同时也为数字监管带来难题。

(一) 巨头化格局带来生态结构失衡的风险

在视频网站媒介生态的发展过程中,比较突出且需要重点关注的是巨头化的市场结构。"随着全球数字经济的兴起,互联网平台开始在社会经济生活中发挥越来越大的作用。一部分平台在各自的市场领域中获得了主导地位,形成了寡头垄断。从根源上看,这些垄断除了互联网平台的成本次可加性(subadditive cost function)之外,更是因为网络效应、多边市场效应、特定行为模式等。"[①]中国视频网站市场的巨头化格局是在互联网平台已经成形的基础上发展起来的。

巨头化市场格局在很大程度上改变了视频网站媒介生态的功能与定

---

① 李勇坚.互联网平台寡头垄断:根源、影响及对策[J].人民论坛,2021(Z1):12.在相关的学术研究中,许多学者倾向于认为视频网站平台具有垄断特征,但在国内的监管体制下,各大视频平台的不当竞争均受到了不同程度的行政处罚,以保障市场的健康发展。因此,为求严谨,本书认为"巨头化"的表述较之"垄断"更为准确。

位。在视频网站的探索与整合阶段,视频网站作为一种新兴平台,能够为各种类型的内容生产主体提供扩展渠道,能够在丰富用户的信息生活中发挥积极作用。巨头化格局形成之后,虽然代表性的视频网站企业能够掌握更多资源、为用户提供优质节目,但不同主体之间的互动也逐步固化。巨头化格局的出现是整体媒介生态结构失衡的一个表现,具有社会属性与价值的电视媒体以及承载着国家建设新兴主流媒体战略的国有视频网站,在其中的话语权与竞争力均受到进一步限制。需要强调的是,成熟的媒介生态应该是健康、繁荣的生态,不仅不同的市场主体能够在整体生态中有效互动,各自发挥积极作用,而且能够通过各种要素的作用为用户提供高质量的内容产品,打造优良的信息环境;但是,如果在整体媒介生态尚未完全成熟的成长阶段,单一要素作用过大、整体生态结构失衡,便会出现诸多负面效应与问题,这是需要在视频网站媒介生态发展过程中科学把握的问题。

此外,网络直播与短视频在这一阶段基于4G的普及得到快速发展,一方面,它们为网络视频行业带来了新的业务形态与营收;另一方面,以快手、抖音等为代表的一批新企业入局并迅速成长,有利于冲击、"搅动"逐步固化的视频网站格局,激发行业竞争活力与创造力。因此,传统视频网站及其客户端、网络直播平台、短视频平台等逐步成为网络视频领域的主要形态与竞争主体,这些形态与主体之间的互动与竞争逐步成为视频网站媒介生态中的重要内容,但本节聚焦综合视频网站,故此处不对网络直播、短视频的发展历程与内容展开论述。

(二)"平台资本主义"对媒介生态的重构

我们不仅要从积极的层面审视视频网站媒介生态发展的作用与影响,更要看到在内容、资本等方面出现的问题。在一定程度上,当前视频网站的媒介生态并非一种完全健康的媒介生态,"平台化除提升效率外还造就了平台强大的市场势力,对数字经济发展带来额外的负面效果,并随着数字经济深化发展,引发数字治理难题。"[①]这种困境在视频网站媒介生态发

---

① 王世强.平台化、平台反垄断与我国数字经济[J].经济学家,2022(3):92.

展进程中也有诸多体现,如平台化发展强化了资本要素在视频网站媒介生态中的影响力与话语权,"平台资本主义"[①]的问题急需得到重视与反思。"平台资本主义宣扬技术的中立性、数据的开放性、弱化占有权和直接支配权,本质上就是以技术逻辑重建了资本的政治本性,建构了监控与宰制体系。"[②]民营综合视频网站能够依托资本与技术的力量在一定程度上影响网络视频行业的发展逻辑,其他各类种群主体,如电视媒体、国有视频网站的地位、市场份额等均受到很大程度的挤压。

在缺乏有效管理与引导措施的前提下,视频网站媒介生态的平台化发展在一定程度上是存在潜在风险的。"当数字平台成为经济配置与社会运转的重要力量时,数据化和商品化的平台运作逻辑不但会侵害到个人隐私数据安全,还存在着垄断行业发展、危害公共领域和民主政治生态的风险。"[③]这些问题在视频网站发展历程中也逐步暴露出来,平台在发展过程中通过各类内容吸引用户和扩大规模的努力,在某种程度上体现了资本对用户的裹挟。"平台如何对机构用户、群体用户、个体用户进行复合性操控来完成对于社会生产、生活的商业性异化,表达了对于大规模民众参与过程中所存在的公共价值缺失的状况的忧虑。"[④]

视频网站对用户的"商品性异化"体现在诸多内容与互动模式的设置之中,由此引发的各种问题也激起了行业内外的诸多争议与探讨。有学者认为,"更高程度的商业化可能会进一步侵蚀视频平台的群体数字文化,从而使得视频平台在很大程度上成为一种纯粹资本操控的商业化产物"[⑤]。而且,"数字治理难题"是随着各种数字化平台的兴起而出现的新现象、新问题,各个领域均处于对它的探讨之中,尚无定论,对于视频网站来说还没

---

① "平台资本主义"(platform capitalism)是指平台借助庞大的用户群和先进的技术,能够轻而易举地进入原本不涉足的领域,它们进入任何一个领域,都可以对该领域的形态与规则进行改写甚至颠覆,其本质便是垄断与控制。
② 涂良川.平台资本主义技术逻辑的政治叙事[J].南京社会科学,2022(2):1.
③ 郭小平,杨洁茹.传播在云端:平台媒体化与基础设施化的风险及其治理[J].现代出版,2021(6):33.
④ 曾国华.公众参与、"双重"商业化与数字时代公共价值的生成与转移——以短视频平台为例[J].南京社会科学,2022(3):109.
⑤ 曾国华.公众参与、"双重"商业化与数字时代公共价值的生成与转移——以短视频平台为例[J].南京社会科学,2022(3):114.

有直接、系统的经验可资借鉴。

(三) 主流媒体的话语权和竞争力遭遇市场挤压

技术和资本驱动的民营综合视频网站近乎"野蛮增长"的态势,不仅抢夺了视听节目的市场和用户资源,也大幅挤压了电视媒体的生存空间。诚然,电视媒体传统的单向传播模式和节目内容形态在一定程度上尚与互联网时代传播与受众接受的要求有一定差距,但它们在体现社会属性、彰显社会价值等方面仍然有积极作用。

国有视频网站在起步阶段某种程度上便被"隔绝"在市场壁垒之外。当民营综合视频网站探索、整合时,它们看到视频网站的发展前景与巨大影响力,也在思考加紧在这一领域的布局。当然,起步阶段的国有视频网站存在互联网基因匮乏、管理运营理念落后等方面的不足,但民营综合视频网站在形成巨头化格局后已经形成了一定的市场门槛,自然将国有视频网站排斥在市场核心范围之外了。用户的主体性在一定程度上被视频网站主导,虽然视频网站在发展初期赋予了用户更强的内容选择权(与电视媒体相比),有条件的用户还能够生产、传播个性化视频。视频网站已经探索出了多元化的内容矩阵与业务体系,对用户群体与个体的需求有了深入把握,在与用户的对话中也具备了更大的话语权。由此,随着巨头化市场格局的出现与强化,视频网站的功能与定位在本阶段出现了新的特点。此外,头部公司间激烈的资源争夺有时"不仅严重约束市场竞争,导致企业不均衡发展,而且会减少消费者剩余,降低社会福利"①。这方面的问题值得关注与反思。

二、原创内容不足、经营困顿:内部生态面临投入产出比失衡

视频网站的竞争告别"跑马圈地"后开始进入深耕期,自制内容成为吸引用户、广告主和市场竞争的核心。但是,各平台在内容自制上面临成本高、创新力量不足、同质化严重等一系列问题。

---

① 冯然. 竞争约束、运行范式与网络平台寡头垄断治理[J]. 改革,2017(5):107.

（一）既有的经营框架与平台经济发展的新逻辑不适应

"经过近二十年的高速发展，民营综合视频网站不仅在视听市场站稳了阵脚，也普遍形成了流量至上、争取渠道资源的竞合形态，发展战略逐渐从外部差异化竞争转向业务多样化合作。"[①]国家广电总局的统计报告表明，版权收入、电商直播、IPTV平台分成、OTT集成服务多元渠道逐渐成为网络视听行业新的利润增长点[②]，多元化成为视听经济支持体系的新特点[③]。如果说中国互联网发展的"上半场"是以流量争夺为核心的规模竞争，一些头部民营综合视频网站凭借早期的技术优势和资本积累，以频繁的产业整合和兼并、重组占据了主动，在流量的争夺中取得了很大的优势，随着互联网开始转向生活化、关系化、生态化的"流量深耕"模式，面临来自中短视频、网络直播领域的挑战，以及主流媒体平台和其他社交媒体平台的跨媒介竞争，传统的民营综合性视频网站受制于技术、资本、连接渠道、营收等因素，将逐渐丧失在市场竞争中的先发优势，面临用户分流、使用时长缩短的困境，从而导致广告收入下滑，会员收入停滞，最终陷入亏损的尴尬境地。从民营综合视频网站内部的生态看，传统的内容产制模式不再适应万物皆媒、关系化生产和体验式消费的新需求、新市场环境，网站的运营过多依赖"押宝"头部内容的产出，导致生产能力有限，而且对自身的价值判断（目前仍主要靠经验）将与实际的市场接受度产生偏差，使市场价值大打折扣，继而丧失资本的认可。

对于当下的民营综合视频网站来说，如何形成稳定的自身"造血"机制，以及母体长期、持续的"输血"支持，是未来经营的关键着力点。前者需要平台在每一个项目上实现盈利，并据此确定是否立项；后者则需要给资本提供更大的想象空间，如持续的高速增长、竞争格局的变革，或者能衍生出更多维的市场空间等。综合视频网站需要实现以供给侧的内容生产革

---

① 杭敏,周长城.竞合与博弈：数字时代的传媒经济与传媒管理——第十二届世界传媒经济大会的议题与启示[J].新闻与写作,2019(5):36—42.
② 2021年全国广播电视行业统计公报[EB/OL].国家广播电视总局官网[2022-04-25]. http://www.nrta.gov.cn/art/2022/4/25/art_113_60195.html.
③ 陈国权.主流媒体经济支持体系的新构成——基于136家媒体的调研报告[J].现代传播（中国传媒大学学报）,2022(4):1—10.

命为基础,进行媒体生产流程的系统性重组和组织结构的重构[1],需要通过横向产业链的扩展、纵向产业关系的重塑和多中心的产业网络来架构新的竞合形态[2],尤其要在媒体运营逻辑上实现重大变革,推动媒介生态的建构从"局部破圈"到"整体跃升"[3]。

(二) 自制内容成本高且产能过剩

随着网络视频平台之间的竞争加剧,优质的独家内容成为吸引用户和广告主的杀手锏。但是,当前的网络自制市场严重缺乏原创力,面临着内容同质化严重、产能过剩等一系列严峻问题。此外,模仿海外的节目模式和快速跟进竞争对手较为成功的节目模式成了行业内通行的"捷径","拿来主义"大大降低了节目的研发成本,缩短了制作周期,拉低了市场推广的门槛。这并非一种健康的模式,长此以往,只会打击市场对原创内容的投入意愿。同时,各平台侵犯知识产权的情形屡见不鲜,对整体市场的发展无异于饮鸩止渴。千篇一律的节目模式和大同小异的制作理念也会令用户迅速地对同类题材生厌,乃至离开长视频种群的消费,转向其他更有趣、更富有创意的娱乐方式,最终会导致整个网络视听市场的萎缩。

当前,资本对网络视频市场价值的认知有回归理性的趋势,这主要是因为对视频网站主营业务盈利的渴求。以往明星的高片酬导致网络自制内容成本过高,凸显了整个市场在投入和产出方面的失衡,这是由于"大资本"依托的民营综合视频网站前期"烧钱"式的非理性竞争导致的。高成本带来的高风险和对营收的高预期会导致网络自制内容的价值异化,即过度地迎合用户的低级审美趣味。视频网站也一直努力地将高成本"转嫁"给用户和广告主,但提价意味着降低平台对用户和广告主的吸引力,从而打

---

[1] 刘珊,黄升民.5G时代中国传媒产业的解构与重构[J].现代传播(中国传媒大学学报),2020(5):1—6.
[2] 王芳.网络融合下数字电视产业的竞合形态与企业战略[J].西部广播电视,2017(11):250—251.
[3] 崔忠芳.一线调研:入选广电总局媒体融合典型案例,湖北台"POWER融媒大脑"凭什么?[EB/OL].搜狐网[2022 - 04 - 26]. https://www.sohu.com/a/541496685_613537?scm=&spm=smpc.channel_164.tpl-author-box-pc.100.1656207821777Fb2FM06_324.

破视频网站与其他媒介种群的力量对比——媒介外生态既有的均衡状态一旦被打破,就会产生行业性衰退的风险。视频网站因此陷入了左右为难的困局,只能默默吞下透支式超前发展带来的恶果,集体寻求对理性的回归,放弃激进做法,沉下心来打造优质内容,达到内容供求与内容价值认识的均衡,进而实现媒介生态的和谐与平衡。

三、生态位高度重叠:树立媒介品牌困难重重

从媒介生态学的角度看,生态位重叠指两个或两个以上生态位相同或相似的物种生活在同一空间时,彼此分享或竞争共同资源的现象①。所谓生态位高度重叠,就是指中国民营综合视频网站的同质化。同质化现象不仅会在整个社会层面带来浪费,也会引起内容生产资料的成本提升,并快速地消耗同类型内容对用户的吸引力,进而降低整个行业的投入产出比,影响创新活力甚至整个网络视频行业的健康发展,不利于媒介种群的整体发展。

在网络视频行业整体亏损,内容来源很大部分还依赖社会供给的前提下,资本主导的急功近利心态会导致热门内容扎堆,导致仅剩的几个视频网站在一致的大众化趋势下形成生态位的高度重叠。从本质上而言,用户对视频平台的品牌印象是流动的,他们更倾向于对优质的内容表现出忠诚度。作为视频网站两种最主要的节目形态,各平台的网络自制综艺和自制剧的题材接近、制作手法类似,就连明星资源也是通用的,这就使得视频网站以整体形象占据用户的心智资源变得困难重重。

第三节 民营综合视频网站媒介生态的优化策略

在中国民营综合视频网站生态的发展过程中,无论是外生态的技术、

---

① 王晓宇.融媒时代电视综艺的媒介生态建构[D].济南:山东师范大学,硕士学位论文,2020:101.

政策、资本因素,还是内生态的内容、用户、营收等因素,都切切实实地影响、引导着行业发展的方向与格局。破解中国民营综合视频网站面临的各种问题,需要运用生态化视角,形成内容、传播与平台品牌的合力,筑牢民营综合视频网站发展的传播生态和社交生态。同时,各平台要在技术驱动和关系重构的基础上,打造自主可控与价值共创相协调的开放内容生态。

一、打造以用户为核心的产制理念和以完整产业链路为基础的内生态结构

经过深度分析,笔者总结出四条路径:第一条,基于更大范围的资源整合,构建新的内容体系;第二条,基于社交关系与智能算法,构建新的运营模式;第三条,基于新的场景与体验,构建新的市场入口;第四条,基于 IP 的创作,构建新的内容供应商的角色。

(一) 新内容体系的建构

平台打造新的内容体系,首先要注重媒介生态内部的提效,在更好的资源层面实现整合,并深度挖掘内容的价值;其次是将视野延伸到媒介生态之外,在构建媒介社会一体化的过程中,通过"视频+"的模式激活非内容、跨行业的资源,带动经济社会的全盘发展,打造高度复杂和现代化的智能社会结构系统①。总结而言,就是从一个视频内容的整合平台转变为围绕着用户复杂需求构建起来的智能化综合服务平台,从一个特色的"专营店"(视频内容消费场)变成包罗万象的"商业中心",一站式地满足用户的多元化需求。作为主要提供长视频内容服务的信息集成平台,视频网站需要以大数据技术为基础,确立差异化的生态位,塑造独特的媒介品牌形象,通过调性一致的内容生产提升价值输出的效率。同时,作为基于"视频+"而延伸的更宽阔的用户社交、生活服务平台,信息的流转、关系的连接、需求的精准匹配与满足、虚拟世界与现实世界的融

---

① 王虎.逻辑转变与维度构建:智能媒体参与社会治理的机制研究[J].现代传播(中国传媒大学学报),2021(9):7—11.

合等方面将给整个社会带来巨大的价值与联动效应。因此,"内外兼修"成为未来民营综合视频网站功能转型,即构建多元复合营收框架的逻辑起点,激活传播和服务的双重属性,尤其要注重开发、连接媒介生态之外的价值流和商业流,提供更多维、高效的价值连接,推动更多业态的创新发展。

(二) 新运营模式的构建

基于网络技术提供的越发丰富的关系连接,去中心化的社交媒体平台蓬勃发展,日渐成为互联网媒介的主流,纵横交错的兴趣圈层也成为互联网络的主体结构。同时,兴趣圈层成为发展数字经济的最重要的一个抓手,改变了内容生产者与消费者的角色定势和单向信息传播关系,孕育、内生出无穷的共享内容与信任关系。这样一来,互动和交易的成本大幅降低,内容的效能得以实现最大化,用户"千人千面"的需求也得到了满足。对于视频网站来说,除了 IP 内容,社群氛围、创作者生态和智能分发都应是运营者的关注点。其中,内容是建立关系、推动关系进化的中介和催化剂[1],内容的影响力成为作为"超级节点"的 KOL 乃至媒介平台的资源整合力和价值创造力的"表征"与标尺。

在互联网流量的存量博弈和圈层关系的几何级增长中,基于大数据和智能算法精准把握用户的需求、掌握人心红利[2]才是媒体经营的新动能。平台通过培养忠诚的粉丝群体,依靠粉丝的口碑分享、社交裂变不仅可以快速扩大信息的传播范围,更能借助社交关系形成转化效率更高的营销模式[3](反过来也可以不断扩大粉丝规模)。此外,平台应重视与高忠诚度的粉丝保持通畅、充分的沟通、互动,积极地捕捉甚至预判他们的新需求、新动态。这将成为平台建立品牌信任、形成品牌势能的核心要素。民营综合视频网站要突破既有的传播路径依赖和经营范式,通过广泛多元的社群建构,发挥大数据、智能算法的优势,积累关系、洞察关系、磨合

---

[1] 喻国明. 有的放矢:论未来媒体的核心价值逻辑——以内容服务为"本",以关系构建为"矢",以社会的媒介化为"的"[J]. 新闻界,2021(4):13—17,36.
[2] 江南春. 人心红利:存量博弈下的企业增长方法论[M]. 北京:中信出版集团,2020:5.
[3] 江南春. 人心红利:存量博弈下的企业增长方法论[M]. 北京:中信出版集团,2020:7.

关系①,在信息的流转中把握用户关系,实现平台功能与社会生活的高度嵌入。

(三) 新市场入口的构建

场景是一个信息系统,是人们接触他人或社会信息的某种模式②。所谓的场景经济,就是媒体通过对时空、用户的状态和社交氛围的深刻洞察,将信息流、关系流和服务流编织进场景中并进行智能化匹配,为用户提供全场景链接的沉浸式体验③。例如,在室内客厅和户外的环境中,用户对视频消费的需求在题材、篇幅、叙事节奏等各个层面都会有不同(尽管很多时候用户并没有意识到这一点)。场景思维与人们常说的用户思维(建立多维的个体化的需求与供给的连接)不同,它强调通过智能计算与匹配,实时获得最有效的关系连接,以实现高效的交易。场景思维是一种更高维的媒体价值输出逻辑,正在成为媒体连接用户和商业变现的新入口。无论是元宇宙的虚拟场景(对现实的"孪生"),还是"万物互联"的物联网现实场景,都是时空、身体的信息接收状态(甚至情绪的匹配)在各个垂直领域的应用。对于视频网站而言,场景体验也可以成为内容生产的一种偏向,即内容的题材、形态等全方位的适配性会增加用户的满足感,进而提升用户黏性。当越来越多的内容与服务开始适应场景的变化时,场景本身就变成了组织信息、关系与服务的一种核心逻辑,成为连接媒体、平台、用户和市场之间的纽带,并以此成为信息流、关系流与服务流的新入口,强化、扩大自身传播的影响力④。

1998 年,《哈佛商业评论》的《欢迎进入体验经济》一文提出了"体验经济"这个概念,即以服务为舞台,以商品作道具,从生活与情境出发,塑造感官体验及思维认同,以此抓住顾客的注意力,改变消费行为,并为商品找到

---

① 马涛,黄升民. 直面百年变局:广告营销的旧限度与新动能[J]. 传媒,2022(2):9—13.
② [美]约书亚·梅罗维茨. 消失的地域:电子媒介对社会行为的影响[M]. 肖志军,译. 北京:清华大学出版社,2002:246.
③ 林梅. 场景适配:移动阅读时代新闻报道形态创新[J]. 中国出版,2020(8):52—56.
④ 金定海,徐进. 原生营销:再造生活场景[M]. 北京:中国传媒大学出版社,2016:54.

新的生存价值与空间①。"消费只是过程,……它所创造的'情感共振'体验最令人难忘。"②创造沉浸式的用户体验得益于技术与内容的情感共鸣两个层次。后者依赖内容创作者对社会心理、集体审美的精准把握,即创作者在锁定目标人群后制作出具备高卷入度的故事与情境,引发一个特定群体的共鸣;前者是技术上创造的沉浸式体验,在VR等技术日益成熟的当下正得以普及。这为民营综合视频网站的发展带来了新的想象空间,对于文化消费、传播,以及视频平台与用户的关系构建都是一个新的场域。

(四)新内容供应商角色的构建

在中国的长视频市场,视频内容整体上是供大于求的,这一现状将与优质视频内容的供不应求长期共存。内容创作的IP化、工业化逐渐成为行业共识。在数字技术的加持下,智能算法越来越广泛地渗透于内容的选题、立项评估、智能制作、排播、宣传推广、商业化变现等各环节。因此,对内容IP全链路的整合、掌控和开发的能力日益成为综合视频网站的核心竞争力。各个主要的视频平台也逐渐形成了各自特有的内容生态、用户生态和多元化的营收生态。为了解决当前全行业整体亏损的运营困局,基于内容的IP化,以及IP的全链路、多维度、多形式的"一鱼多吃"模式的变现成为主要的突破方向。各平台也许可以往前再拓展一步,以自身的平台为基础,借助IP的开发运营能力拓展播出渠道,扩大内容的影响力。视频网站成为数字化的内容输出平台,较之更为纯粹的内容制作公司,它们具备更大的"腾挪空间"、更强的内容整合能力和对优质内容元素的吸引力,能实现更高效的内容生产、传播和变现。在此基础上,各平台也可以衍生出更为丰富的全链路价值点,如IP的多维开发、艺人经济、跨国文化输出等。

---

① 后浪已来,体验经济崛起[EB/OL]. 人人都是产品经理[2020 - 06 - 06]. https://baijiahao.baidu.com/s?id=1668705328733055391&wfr=spider&for=pc.
② [美]B. 约瑟夫·派恩,詹姆斯·H. 吉尔摩. 体验经济[M]. 夏业良,鲁炜,等译. 北京:机械工业出版社,2002:12.

二、打造以媒介生态位的差异化和价值共创为基础的外生态结构

首先,各平台要通过政策赋能激发市场活力,纠正发展乱象;其次,通过技术赋能提升视频网站在满足用户需求方面的能力;再次,利用资本赋能,借助数字经济大背景,对接资本市场、建立开放生态;最后,利用国际化赋能,拓展行业发展空间。

(一) 政策赋能

资本与政策监管的矛盾在视频网站媒介生态发展过程中是长期存在的,资本为了不断扩大市场份额而常常作出突破政策监管边界的尝试。对此,主管部门会不断根据行业发展的新动态、新问题调整管控理念与方式。在视频网站行业快速发展的背景下,与资本驱动下行业快速扩张的态势相比,政策管控具有明显的滞后性。然而,在视频网站媒介生态进入成熟阶段后,行业格局趋于稳定,各种要素之间的相互作用机制也越发清晰,为各主管部门从政策层面入手,通过优化规制理念与思路实现对视频网站媒介生态的科学引导提供了机会。

第一,规制不健全的市场竞争格局带来的负面影响。互联网平台的恶性竞争已经受到国家各个主管部门的高度重视,"政府开始逐步深化互联网平台数据安全和隐私保护环节中法律和行政监督的影响力,以此制衡互联网平台与用户间越来越不平等的权力结构"[1]。"作为信息时代的数据枢纽,平台提供了便捷与高效的生产生活方式,也带来遮蔽公共议题、威胁个人数据安全、改写行业规则、形成新垄断等风险。面对平台时代的新社会风险,只有从基于规则的监管走向基于原则的监管,建构全面治理框架,才能营造多样性、开放性的互联网平台生态。"[2]因此,相关部门需要引导

---

[1] 李彪,高琳轩.平台资本主义视域下互联网平台治理的理论依归与路径选择[J].新闻与写作,2021(12):8.
[2] 郭小平,杨洁茹.传播在云端:平台媒体化与基础设施化的风险及其治理[J].现代出版,2021(6):30.

视频网站平台逐步开放、互通,有效抑制资本要素的负面作用,明确视频网站媒介生态发展的科学理念与原则。

第二,激发与协调多方规制的作用。有效规制视频网站媒介生态中存在的问题仅仅依靠政策是不够的,还需要多方生态主体的共同参与,统筹各种要素,"构建一个政府主导、网络运营商协同、平台企业承担主体责任、行业自律和用户参与的协作模式"①。通过对比视频网站媒介生态成熟期与前面几个阶段可以发现,在呈现出平台化的发展特征之后,视频网站与其他各种媒介种群之间的关系更为紧密,"传统的政府单一治理模式难以适应新的形势,必须充分发挥政府、平台、社会组织、用户等多元主体的作用和优势,建立多主体协商、对话的治理新模式"②。因此,即使从政策层面对视频网站进行规制,也要考虑如何调动多元主体的作用,仅从"政策—视频网站"的二元互动关系出发,是难以形成有效的规制理念与策略的,"应以法规制度为基础,建立政府、企业、个人等多元主体之间的生态联结关系"③。

第三,以视频网站媒介生态的社会影响为基础形成科学的理念与方式。在视频网站媒介生态形成平台效应之后,它们的影响力便不仅局限于网络视频行业内部,所以对它们的内容生态治理也应嵌入社会综合治理体系,成为社会综合治理的一部分④。例如,各平台视频内容低俗、泛娱乐化倾向突出等问题在社会文化、网络文化的发展中产生了一定的负面影响。针对这一问题,相关部门可以通过在互联网平台竞争格局中引入公共权力,进一步促进商业互联网平台在承担社会责任、创造公共价值方面的深入发展,号召它们将使用公共资源创造的价值返还给公众⑤,进而推动网络文化的可持续发展。

我国媒体主管部门时刻关注着业态发展的前沿趋势,通过各种政策为行业发展提供方向指引,在此结合5G背景下视听产业创新发展的相关政

---

① 邹军,柳力文.平台型媒体内容生态的失衡、无序及治理[J].传媒观察,2022(1):22.
② 李佳咪.多元互动视角下的平台治理[J].新闻与写作,2021(12):4.
③ 魏小雨.互联网平台信息管理主体责任的生态化治理模式[J].电子政务,2021(10):105.
④ 邹军,柳力文.平台型媒体内容生态的失衡、无序及治理[J].传媒观察,2022(1):26.
⑤ 李彪,高琳轩.平台资本主义视域下互联网平台治理的理论依归与路径选择[J].新闻与写作,2021(12):11.

策进行简要分析。2018年3月,时任国务院总理李克强在《政府工作报告》中要求推动5G产业发展;2018年12月,工信部发布《关于加快推进虚拟现实产业发展的指导意见》,要求"到2025年,我国虚拟现实产业整体实力进入全球前列,掌握虚拟现实关键核心专利和标准"[①];2019年2月,工信部、广电总局、中央广播电视总台印发《超高清视频产业发展行动计划(2019—2022年)》,称按照"4K先行,兼顾8K"的总体技术路线大力推进超高清电视终端设备的普及和超高清内容的生产,同时提升网络承载能力。

具体到网络视频(网络视听)行业,国家广电总局给出了更有针对性的指导意见。2019年8月,广电总局印发《关于推动广播电视和网络视听产业高质量发展的意见》,号召加快大数据、云计算、人工智能、IPv6、5G、VR、AR等技术的部署和应用;放宽市场准入条件,在允许社会资本进入的领域,支持国有资本和民营资本资源整合和交叉持股;开展基于用户收视行为深度分析的内容生产,创新视听内容呈现方式,引导产业向中高端价值链延伸[②]。2021年9月,国家广电总局公示告《广播电视和网络视听"十四五"发展规划》,再次明确了网络视听的产业属性,积极推动社会资本与广电网络视听产业资源相结合,促进市场要素合理流动和配置,鼓励公平竞争;要求在5G的大背景下,建设互动视频、沉浸式视频、VR视频、云游戏等应用系统,打通技术、标准、产品、系统、业务等产业链条;借助新兴媒介传播方式,推进节目内容跨终端、跨渠道的海外多元传播和社交化运营[③]。国家政策对民营资本进入网络视听新技术领域的积极态度,从传媒产业的视角为中国民营综合视频网站在5G时代的发展提供了相对宽松的政策环境,有助于各主体全方位、更充分地参与未来诸多新业态的传媒

---

① 工业和信息化部关于加快推进虚拟现实产业发展的指导意见[EB/OL].中华人民共和国工业和信息化部官网[2018-12-25]. https://www.miit.gov.cn/jgsj/dzs/wjfb/art/2020/art_1a514e4bb2e14b018802293d5b73de4b.html.
② 总局印发《关于推动广播电视和网络视听产业高质量发展的意见》的通知[EB/OL].国家广播电视总局官网[2019-08-19]. http://www.nrta.gov.cn/art/2019/8/19/art_113_47132.html.
③ 广播电视和网络视听"十四五"发展规划[EB/OL].国家广播电视总局官网[2021-10-08]. http://www.nrta.gov.cn/art/2021/10/8/art_113_58120.html.

内容消费市场的竞争。

（二）技术赋能

5G 技术的大带宽、低时延和可靠性特征为网络视频的发展带来了革命性的影响,进一步确定并稳固了移动互联网的优势地位,压缩了 PC 互联网的规模。"5G 将带来高速带宽的技术飞跃、娱乐消费场景的更新及内容的迭代,同时也将驱动视听产业内容生产模式与表现模式的升级。"①具体而言,5G 的传输速度可以达到 4G 的 100 倍,eMBB（enhanced mobile broadband,即增强移动宽带）会让已占最大份额的移动视频的流量占比更高,且都是超高清 4K/8K 内容,为用户带来更逼真、更震撼的使用体验,进一步压缩互联网中图文的信息占比。"5G 所带来的高清视频传播的突起,势必会使社会表达的核心表达、关键性的交流都会被视频所取代。"②依靠移动边缘计算（mobile edge computing,简称 MEC）技术的 uRLLC（ultra-reliable low-latency communications,即低时延高可靠通信）会更多地运用于网络视频直播等需要低时延特征的互联网应用;mMTC（massive machine type communication,海量物联网通信）或将通过万物互联,实现信息素材（数据）的采集与智能生成。"5G 环境下物联网的发展和人工智能算法技术相结合,将使传感器新闻的应用产生质的飞跃。媒体可以通过物联网实时获取、使用来自传感器的信息数据,从海量数据中挖掘新的视角和线索来构建新闻报道。"③

5G 会更加快速地推进网络视频的超高清化,与 VR、AR、3D 全息影像技术等相结合,通过虚拟物品、虚拟人物、增强性情境信息等,"推动媒体从平面化、被动式向全景化、参与式、多感官的沉浸化方向转变,也让用户通过视、听、触觉一体化虚拟环境,获得身临其境的体验"④。强调感官互动

---

① 许恋恋.腾讯副总裁孙忠怀:视频行业的天花板将被 5G 时代重新捅破[EB/OL].每日经济新闻百家号[2019 - 05 - 21]. https://baijiahao.baidu.com/s? id = 1634147593975304572&wfr = spider&for = pc. 2-24.
② 喻国明,曲慧.边界、要素与结构:论 5G 时代新闻传播学科的系统重构[J].新闻与传播研究, 2019(8):65.
③ 葛方ије.5G 时代传媒业的变革及影响[J].中国广播,2020(8):36—39.
④ 崔保国.5G 催生传媒变革,学术界时刻关注勤钻研[N].科技日报,2020 - 11 - 26(6).

与沉浸式体验是媒介技术发展的新趋势①，而 VR 设备将为用户在网络视频和网络游戏消费方面提供新的维度，并创造更为新颖、多元的娱乐盈利方式。世界电信产业权威咨询机构 Ovum 预估，"2028 年中国或将成为全球最大的 VR 和 AR 市场，直接营收将超过 150 亿美元"②。这将为视频网站内容的应用和扩展提供更大的市场平台与空间。对此，王湘君表示："沉浸式的线上、线下体验是 IP 化的网络视频内容乃至'元宇宙'未来很重要的一个方向。其核心要素还是内容，当技术成为标配时，内容一定是市场竞争的核心。"③

此外，在 5G 背景下，大数据技术与 AI 算法将更加广泛地应用于内容的生产、分发和商业变现领域。例如，在生产领域，基于对用户爱好信息的获取和处理研发出更符合分众人群审美偏好的内容，并通过收集播放阶段实际的用户行为数据适时地调整内容，提高用户的满意度。又如，AI 算法已经运用于虚拟制作和智能剪辑等工序中，实现了空间（场景）虚拟和跨地域协同等。在分发领域，通过大数据技术适时地反馈用户行为数据，平台可以及时地修正用户画像，高效地完成内容的分发，将内容的价值发挥到最大。在商业变现领域，通过大数据技术和 AI 算法可以提升广告效率，匹配适合的广告诉求，极大地减少"浪费一半广告费"的现象。此外，AR/VR 等形式的新型广告也会以沉浸式的特征和更强的互动性实现更好的传播效果。

（三）资本赋能

如果说产业思维是做加法，资本手段就是做乘法。视频网站的平台聚集效应和双边网络效应日益凸显。同时，行业会积极发挥资本的支撑作用，助力视频网站多方面的创新布局，如推动民营综合视频网站内容生产的工业化、标准化、智能化。近几年，基于专业化分工和标准化流程的大规模工业化生产方式已经逐步成为视频行业的主流，资本驱动下的民营综合

---

① 陈昌凤，黄家圣.对传媒业生态重构与深度融合的再思考［J］.电视研究，2022（6）：12—15.
② 5G 进击，未来娱乐经济的 5 大趋势｜华映报告［EB/OL］.搜狐网［2018 - 10 - 31］.https：//www.sohu.com/a/272472454_355041.
③ 此部分内容来自 2021 年 12 月 7 日笔者对时任爱奇艺首席营销官王湘君的书面采访.

视频网站在内容(包括网剧、网络综艺、网络大电影、纪录片、动画片等)生产方面的工业化程度会大大加深。具体体现为内容生产方面的续集和IP衍生等,"一鱼多吃"模式开始从理念走向落地。例如,网络综艺《登场了!洛阳》2021年9月15日率先在爱奇艺上线,聚集了王一博、黄轩、宋茜等明星的"超级网剧"《风起洛阳》也在加紧制作中。《风起洛阳》的实景地落户洛阳市洛邑古城风景区内,主题酒店、大型沉浸式"剧本杀"、VR全感电影授权给中渡集团。此外,相关主题的漫画、网络电影、动画片、游戏、舞台剧、纪录片、云演出、衍生品的开发都在进行中。可以说,《风起洛阳》的制作很好地体现出当下网剧工业化生产的高要求、高水准。

民营综合视频网站经过近二十年的发展已经成为影视剧、综艺节目等视频内容的主要播出渠道,资本将继续助力民营综合视频网站成为视频内容生态的核心平台。对于制作公司而言,平台是购买内容的买方;对于用户和广告主而言,平台是出售内容的卖方。在资本的加持下,平台在以上两个方面均具有较大的话语权。民营综合视频网站"更倾向发展自身的制作能力,通过搭建多元化的团队来保障创新"[①]。同时,平台具有完善的变现体系,它积极地构建流量在平台内的转化闭环,对单个内容供应商和广告主的依赖都非常有限。平台还把握着内容的播放数据、用户数据和广告营销效果的监测数据等,这对于未来内容的研发、制作、分发和商业变现都至关重要。此外,平台的双边网络效应会带来资源的聚集,内容供应侧、用户侧、广告主侧相互形成吸引,彼此交互,只要不断提升连接效率,系统就会自然进化,优胜劣汰,而各方对平台的依赖会越来越强。

(四)国际化赋能

"讲好中国故事,传播中国声音",文化产业"走出去"是中国政府积极推进的国家战略。2014年10月,习近平总书记在文艺座谈会上提出,"要向世界宣传推介我国优秀文化艺术,让国外民众在审美过程中感受魅力,加深对中华文化的认识和理解"[②]。2018年8月,习近平总书记在全国宣

---

① 此部分内容来自2021年12月7日笔者对时任爱奇艺首席营销官王湘君的书面采访。
② 习近平在文艺座谈会上的讲话(2014年10月15日)[EB/OL]. 人民网[2015-10-15]. http://cpc.people.com.cn/n/2015/1015/c64094-27699249.html.

传思想工作会议上的讲话指出,"讲好中国故事、传播好中国声音,向世界展现真实、立体、全面的中国,提高国家文化软实力和中华文化影响力"①。此外,习近平总书记在多次中央政治局集体学习讲话中反复提及类似观点。同时,文化产业"走出去",特别是中国民营综合视频网站的国际化也是整个行业历经激烈的市场竞争后的必然选择。腾讯视频副总裁、企鹅影视高级副总裁韩志杰认为,"互联网一直是国际文化交流的重要桥梁,互联网视听产品则是推动不同文化交流互鉴的'加速器'"②。随着中国网络视频在用户数量和使用时长上都已经从增量市场向存量市场过渡,各平台需要寻找并开拓新的市场增长空间。因此,基于互联网平台积极参与国际传播、开拓国际市场,不仅有助于视频网站运营方式的创新,也能使各平台在中国文化"走出去"的过程中发挥视听传播的优势,提升传播效果。

爱奇艺、腾讯视频、优酷等视频网站已通过内容输出、模式输出、平台输出等方式积极布局海外市场。例如,内容输出层面有优秀成片输出和合作资本输出两种。近年来,成片输出过程中出现了一些优秀案例,如优酷的《白夜追凶》、爱奇艺的《河神》《无证之罪》和腾讯视频的《风味原产地·潮汕》等多部网剧和纪录片均通过 Netflix 在 190 个国家和地区播出。此外,腾讯的《鬼吹灯之精绝古城》在 YouTube 上播放超过 4 000 万人次,网络动画片《魔道祖师》发行到日本、韩国、俄罗斯等国家的主流电视台,优酷的《春风十里不如你》《寒武纪》《北京女子图鉴》等 30 部剧集和《这!就是街舞》等十余档原创综艺节目也都完成了对外输出。

为了便于中外传媒企业的深度合作,合作资本输出也得到了较快发展。例如,腾讯视频与 BBC 联合制作纪录片《蓝色星球》第二季、《王朝》,与福斯传媒集团打造华语迷你剧《东方华尔街》,优酷与美国第三大传媒公司维亚康姆集团签署合作协议,共同制作、发行以中国传统文化为内核的国际 IP《小鲁班》等。在模式输出层面,优酷的《这!就是灌篮》模式版权被福斯集团买下,这是国内原创网综模式首度"出海"。另外,还有多部国

---

① 习近平出席全国宣传思想工作会议并发表重要讲话[EB/OL]. 中华人民共和国中央人民政府网站[2018-08-22]. http://www.gov.cn/xinwen/2018-08/22/content_5315723.htm.
② 腾讯视频韩志杰出席戛纳电视节 分享中国网络视听的国际表达[EB/OL]. 腾讯网[2019-10-16]. https://new.qq.com/omn/TEC20191/TEC2019101600571200.html.

产电视剧和网剧被韩国、泰国、日本等国翻拍,如《步步惊心》《匆匆那年》《命中注定我爱你》等。在平台输出层面,爱奇艺和腾讯视频都推出了国际版 App。自 2019 年 6 月起,腾讯视频的海外平台 WeTV 先后在泰国、印度尼西亚、印度、菲律宾和马来西亚等地推出,目前已经覆盖 110 个国家和地区。通过这个平台播放的《陈情令》《致我们暖暖的小时光》《外星女生柴小七》等在泰国、印度尼西亚等地引发收视热潮,《创造营 2020》也实现了在国内外同步上线播出。在同一时期,爱奇艺推出了国际版和官方网站 iQ.com,目前已在 191 个国家和地区上线,海外用户达数千万人,"2021 年第二季度,爱奇艺海外市场的会员规模已经突破百万大关"[1]。腾讯视频和爱奇艺不约而同地将涉足海外市场的第一站放在东南亚,主要是基于这个区域有庞大的华人群体,华语的影视剧作品接受程度高。此外,东南亚国家依然还处在人口增长和互联网产业快速成长的红利期,市场发展的空间较大。

  民营综合视频网站的国际化还要解决海外当地的监管政策、文化语境与数据安全等问题。其中,本地内容的引进和生产是扎根当地文化语境、做深海外市场的关键。2018 年 11 月,腾讯视频 WeTV 收录了泰国一台发行的 20 部泰剧,增加了韩剧和美剧的数量,为拓展东南亚市场打牢了基础。WeTV 还与马来西亚的首要媒体集团(Media Prima)合作,用户可以在 WeTV 马来西亚站上点播首要媒体集团的剧集内容。WeTV 同时收购了马来西亚流媒体平台 iflix,并不断推动翻译字幕校准、相关释义语境转换和本地配音等工作,以消除文化壁垒、降低收看门槛。爱奇艺则选择与马来西亚媒体品牌 Astro 达成本土化运营战略合作,爱奇艺的国际版 App 为用户提供英语、泰语、印尼语、越南语、马来语、韩语等多语言字幕。例如,爱奇艺首部东南亚自制剧《灵魂摆渡·南洋传说》就是以中国 IP 为内容核心,针对东南亚进行本土化制作的,已经于 2021 年 8 月 24 日在爱奇艺国际版上线首播。同时,在拿下 2019 年、2020 年部分韩剧的亚太流媒体独家发行权之后,爱奇艺开始涉足韩剧的投资制作,《心惊胆战的同居》《悲剧的诞生》《邪恶与疯狂》《人间失格》《柔美的细胞小将》等都将在爱奇

---

[1] 此部分内容来自 2021 年 12 月 7 日笔者对时任爱奇艺首席营销官王湘君的书面采访。

艺国际版播出。魏明在深度访谈中说道:"我们需要国际化的团队、国际化的视野、国际化的作业流程和管理工具,要想实现国际化,就要用全球通行的娱乐业方法论来充分挖掘、开发本土文化,讲本地故事。"[1]真正融入本土创作是拓展海外增量市场的重要一步,"应当配备在本土具有丰富经验的管理和法务团队,同时不断提高本土的服务和经营能力"[2]。我国的视频网站进入国际市场后面临的竞争对手都是 Netflix、Disney+ 等流媒体国际巨头,这些平台在内容的储备、生产的工业化程度、品牌知名度和海外市场的拓展及运营经验等方面都更有优势,我国视频网站"走出去"实现海外运营任重而道远。

本章小结

本章分析了中国民营视频网站面临的媒介生态危机,并提出了对应的优化策略。笔者具体从外生态、内生态和生态位三个角度深入探讨了由于资本话语权过重、内容投产比失衡和生态位重叠导致的民营视频网站媒介生态的一系列问题。与之对应,优化策略也应注重重构内、外生态价值的维度,即以大数据技术洞悉、激发以用户需求为核心的内容产制和产业链,不断创造新的价值,利用政策、技术、资本赋能,以生态位的差异化为突破口,拓展国际化市场。

---

[1] 此部分内容来自 2021 年 10 月 31 日笔者对时任优酷营销副总裁魏明的电话采访。
[2] 匡文波.数字平台如何影响中国对外传播:后疫情时代中国网络媒体全球传播的机遇与挑战[J].西北师大学报(社会科学版),2021(5):5—14.

结　语

　　经过近二十年的发展,视频网站经历了探索期、整合期、快速成长期和发展稳定期,逐步发展为广受用户喜爱的媒介形态,并融入了大众的生活。从媒介生态的视角看,民营综合视频网站从无到有、规模从小到大的发展历程,受到技术驱动、资本助力、政策引导与规制等外生态诸多因素的影响,成为近年来互联网和数字娱乐产业发展的"标本"。当然,面对当前民营综合视频网站在发展中遇到的结构性困境,无论是单一的内容研究还是产业发展研究,都无法从根本上解决这个问题。笔者认为,只有沉入视频网站发展的历史脉络中,从媒介生态的视角去寻找答案、分析规律,才能找到应对危机和预测未来发展态势的答案。

　　本书通过梳理中国民营综合视频网站的发展历程,从内生态、外生态和生态位的层面对视频网站在不同发展阶段的情况、特点和存在的问题等进行了比较全面的研究,并对内容、用户、技术、资本等内生态要素的作用及各要素的相互关系进行了深刻把握,得出了一些具有指导性意义的结论。本书得出的相关研究结论不仅有利于业内人士更好地促进民营视频产业的发展,而且对整个互联网和数字娱乐产业也有一定的借鉴价值。

　　此外,笔者在研究过程中对具有代表性的视频网站企业进行了深入的走访调研,采访了大量经历过视频网站发展历程和重要转折时期的亲历者,相关的采访内容为本书提供了强有力的支撑。这也是本书的一大特色。

　　当然,本书也有一定的不足。一方面,本书将研究对象限定为综合视频网站,并未对近年来兴起且迅速形成平台生态效应的短视频等展开分析;另一方面,本书主要聚焦视频网站生态,基本上没有对视频网站业外的其他媒体形态和产业内容加以分析。

在未来关于中国民营综合视频网站的研究中,还有许多领域有待探究,研究者可以聚焦中国民营综合视频网站媒介生态中的具体要素展开深入分析。例如,对中国民营综合视频网站内容的变化、技术与应用的演变进行针对性的分析。此外,鉴于中国民营综合视频网站在传媒生态中的地位和当前存在的诸多问题,在后续研究中,研究者有必要对如何有效、科学地引导、管理这一行业展开研究,特别是如何平衡资本与视频网站发展之间的关系是一项具有紧迫性的课题。

附录

2004—2021 年我国网络视频行业主要的监管政策

颁发部门	文件名称	施行时间
国家广播电影电视总局	境外电视节目引进、播出管理规定	2004 年 10 月
国家广播电影电视总局	互联网等信息网络传播视听节目管理办法	2004 年 10 月
国务院新闻办公室、信息产业部（已撤销）	互联网新闻信息服务管理规定	2005 年 9 月
国家广播电影电视总局	电影剧本（梗概）备案、电影片管理规定	2006 年 6 月
国家广播电影电视总局	广电总局关于加强互联网传播影视剧管理的通知	2007 年 12 月
国家广播电影电视总局信息产业部	互联网视听节目服务管理规定	2008 年 1 月
国家广播电影电视总局	广电总局关于加强互联网视听节目内容管理的通知	2009 年 3 月
国家广播电影电视总局	广电总局关于加强以电视机为接收终端的互联网视听节目服务管理有关问题的通知	2009 年 8 月
国家广播电影电视总局	广播电视广告播出管理办法	2010 年 1 月
国家广播电影电视总局	广电总局关于发布《互联网视听节目服务业务分类目录（试行）》的通知	2010 年 3 月
国家广播电影电视总局	广播影视知识产权战略实施意见	2010 年 11 月
文化部	互联网文化管理暂行规定	2011 年 4 月
国家广播电影电视总局	互联网电视内容服务管理规范	2011 年 6 月
国家广播电影电视总局	互联网电视集成业务管理规范	2011 年 6 月

续　表

颁发部门	文件名称	施行时间
国家广播电影电视总局	关于印发《持有互联网电视牌照机构运营管理要求》的通知	2011年10月
国家广播电影电视总局	《广播电视广告播出管理办法》的补充规定	2012年1月
国家广播电影电视总局、国家互联网信息办公室	关于进一步加强网络剧、微电影等网络视听节目管理的通知	2012年5月
国家新闻出版广电总局	关于明确网络视听节目服务机构总编辑职责要求的通知	2013年12月
国家新闻出版广电总局	国家新闻出版广电总局关于进一步完善网络剧、微电影等网络视听节目管理的补充通知	2014年1月
国家新闻出版广电总局	关于立即关闭互联网电视终端产品中违规视频软件下载通道的函	2014年6月
国家新闻出版广电总局	关于不得超范围安装互联网电视客户端软件的通知	2014年8月
国家新闻出版广电总局	国家新闻出版广电总局关于进一步落实网上境外影视剧管理有关规定的通知	2014年9月
最高人民法院、最高人民检察院、公安部、国家新闻出版广电总局	关于依法严厉打击非法电视网络接受设备违法犯罪活动的通知	2015年9月
国家新闻出版广电总局	关于对互联网电视集成平台服务器地址信息报备的函	2015年11月
国家新闻出版广电总局	专网及定向传播视听节目服务管理规定	2016年6月
国家新闻出版广电总局	关于做好互联网电视整改工作的通知	2016年7月
文化部	关于加强网络表演管理工作的通知	2016年7月
国家新闻出版广电总局	关于加强网络视听节目直播服务管理有关问题的通知	2016年9月
国家新闻出版广电总局	关于进一步加强网络原创视听节目规划建设和管理的通知	2016年11月
国家互联网信息办公室	互联网直播服务管理规定	2016年11月
文化部	网络表演经营活动管理办法	2017年1月

续 表

颁发部门	文件名称	施行时间
国家互联网信息办公室	互联网新闻信息服务管理规定	2017年6月
国家新闻出版广电总局	关于进一步加强网络视听节目创作播出管理的通知	2017年6月
国家新闻出版广电总局	关于进一步健全网络视听节目服务机构总编辑内容负责制有关事宜的通知	2017年9月
国家新闻出版广电总局	关于进一步规范网络视听节目传播秩序的通知	2018年3月
全国扫黄打非工作小组、工业和信息化部、公安部等	关于加强网络直播服务管理工作的通知	2018年8月
国家广播电视总局	国家广播电视总局关于进一步加强广播电视和网络视听文艺节目管理的通知	2018年10月
中国网络视听节目服务协会	网络短视频平台管理规范	2019年1月
中国网络视听节目服务协会	网络短视频内容审核标准细则	2019年1月
国家广播电视总局	关于加强"双11"期间网络视听电子商务直播节目和广告节目管理的通知	2019年10月
中国广告协会	网络直播营销活动行为规范	2020年7月
中国商业联合会媒体购物专业委员会	视频直播购物运营和服务基本规范	2020年7月
国家广播电视总局	关于加强网络秀场直播和电商直播管理的通知	2020年11月
国家互联网信息办公室、全国"扫黄打非"工作小组办公室、工业和信息化部、公安部、文化和旅游部、国家市场监督管理总局、国家广播电视总局	关于加强网络直播规范管理工作的指导意见	2021年2月
国家互联网信息办公室、公安部、商务部、文化和旅游部等	网络直播营销管理办法(试行)	2021年5月
国家广播电视总局	广播电视和网络视听"十四五"发展规划	2021年10月

参考文献

专著

[1] 保罗·莱文森. 新新媒介[M]. 何道宽,译. 2版. 上海:复旦大学出版社,2014.

[2] 保罗·莱文森. 人类历程回放:媒介进化论[M]. 邬建中,译. 重庆:西南师范大学出版社,2017.

[3] 布莱恩·阿瑟. 技术的本质:技术是什么,它是如何进化的[M]. 曹东溟,王健,译. 经典版. 杭州:浙江人民出版社,2018.

[4] 曹书乐. 云端影像:中国网络视频的产制结构与文化嬗变[M]. 上海:华东师范大学出版社,2020.

[5] 陈贵海,李振华. 对等网络:结构、应用与设计[M]. 北京:清华大学出版社,2007.

[6] 大卫·阿什德. 传播生态学:文化的控制范本[M]. 邵志择,译. 北京:华夏出版社,2003.

[7] 哈罗德·伊尼斯. 传播的偏向[M]. 何道宽,译. 北京:中国人民大学出版社,2003.

[8] 黄升民,丁俊杰. 国际化背景下的中国媒介产业化透视[M]. 北京:企业管理出版社,1999.

[9] 江南春. 人心红利:存量博弈下的企业增长方法论[M]. 北京:中信出版集团. 2020.

[10] 金定海,徐进. 原生营销:再造生活场景[M]. 北京:中国传媒大学出版社,2016.

[11] 梁晓涛,汪文斌. 网络视频[M]. 武汉:武汉大学出版社,2013.

[12] 刘伯贤. 入世背景下的党报运营——一种媒介生态学视角[M]. 北京:中国传媒大学出版社,2007.

[13] 刘笑盈. 国际新闻学:本体、方法和功能[M]. 北京:中国广播电视出版社,2010.

[14] 刘易斯·芒福德. 城市发展史——起源、演变和前景[M]. 宋俊岭,倪文彦,译. 北京:中国建筑工业出版社,2005.

[15] 卢文浩. 中国传媒业的系统竞争研究——一个生态学的视角[M]. 北京:中国经济出版社,2009.

[16] 陆地,靳戈. 中国网络视频史[M]. 北京:中国广播影视出版社,2017.

[17] 罗伯特·斯考伯,谢尔·伊斯雷尔.即将到来的场景时代[M].赵乾坤,周宝曜,译.北京:北京联合出版公司,2014.
[18] 马歇尔·麦克卢汉.理解媒介:论人的延伸[M].何道宽,译.增订评注本.南京:译林出版社,2011.
[19] 尼尔·波兹曼.娱乐至死[M].章艳,译.北京:中信出版集团,2015.
[20] 牛勇平.传媒产业资本运营[M].北京:经济管理出版社,2014.
[21] 欧文·戈夫曼.日常生活中的自我呈现[M].冯钢,译.北京:北京大学出版社,2008.
[22] 尚玉昌.普通生态学[M].2版.北京:北京大学出版社,2002.
[23] 邵培仁,等.媒介生态学:媒介作为绿色生态的研究[M].北京:中国传媒大学出版社,2008.
[24] 喻国明,丁汉青,支庭荣,等.传媒经济学教程[M].北京:中国人民大学出版社,2009.
[25] 约翰·迪米克.媒介竞争与共存:生态位理论[M].王春枝,译.北京:清华大学出版社,2013.
[26] B.约瑟夫·派恩,詹姆斯·H.吉尔摩.体验经济[M].夏业良,鲁炜,等译.北京:机械工业出版社,2008.
[27] 约书亚·梅罗维茨.消失的地域:电子媒介对社会行为的影响[M].肖志军,译.北京:清华大学出版社,2002.
[28] 张磊.价值[M].杭州:浙江教育出版社,2020.
[29] 支庭荣.大众传播生态学[M].杭州:浙江大学出版社,2004.
[30] 周鸿铎.广播电视经济学[M].北京:中国广播电视出版社,2000.
[31] 兹比格涅夫·布热津斯基.大失控与大混乱[M].潘嘉玢,刘瑞祥,译.北京:中国社会科学出版社,1995.

期刊论文

[1] 包宇.视频分享网站合作经营的版权问题研究[J].电子知识产权,2009(4).
[2] 蔡盈洲.从电视到短视频:一种演化的视角[J].中国电视,2020(9).
[3] 曹新伟.大数据背景下视频网站的付费模式——以爱奇艺为例[J].青年记者,2017(5).
[4] 曾凡斌.视频分享网站的发展及其对电视媒体的影响[J].电视研究,2009(7).
[5] 曾国华.公众参与、"双重"商业化与数字时代公共价值的生成与转移——以短视频平台为例[J].南京社会科学,2022(3).
[6] 曾静平,赵婉兵.5G时代中国特色新大众传播的实践求证与理论问道[J].现代传播(中国传媒大学学报),2021(10).
[7] 曾来海,龚奎林.网上视频——给电视台网站带来新的活力[J].声屏世界,2002(8).
[8] 常东东.从《后浪》出圈看视频网站的品牌传播策略[J].传媒,2021(13).
[9] 常昕,杜琳.微语态下短视频传播模式分析及趋势思考[J].电视研究,2017(8).

[10] 陈国权.主流媒体经济支持体系的新构成——基于136家媒体的调研报告[J].现代传播(中国传媒大学学报),2022(4).

[11] 陈积银,杨廉.中国网络视频产业的发展现状、趋势与思考[J].现代传播(中国传媒大学学报),2017(11).

[12] 陈敏利.网络视频业竞争环境五力分析[J].当代传播,2013(6).

[13] 陈沫,刘娜,张新阳.2021年中国网络视频精品研究报告[J].传媒,2021(13).

[14] 陈世鸿.视频网站集体遭遇滑铁卢？[J].传媒,2007(8).

[15] 陈欣,朱庆华,赵宇翔.基于YouTube的视频网站用户生成内容的特性分析[J].图书馆杂志,2009(9).

[16] 成鹏.推动技术与内容深度融合 实现媒体技术工作高质量发展[J].中国传媒科技,2021(12).

[17] 崔保国,刘金河.论数字经济的定义与测算——兼论数字经济与数字传媒的关系[J].现代传播(中国传媒大学学报),2020(4).

[18] 崔保国.媒介是条鱼:理解媒介生态学[J].中国传媒报告,2003(2).

[19] 崔喆.流媒体传输方式及比对[J].网管员世界,2006(9).

[20] 单波.关于新闻的商品性问题的思考[J].现代传播(中国传媒大学学报),1995(1).

[21] 邓年生.三网融合语境下视频网站的政府监管制度探讨[J].中国出版,2012(20).

[22] 丁柏铨.传媒生态环境的变化与文化建设面临的挑战[J].西南民族大学学报(人文社科版),2018(1).

[23] 丁月.UGC+PGC:网络自制剧生产模式探究[J].视听界,2014(4).

[24] 董年初,熊艳红.金融危机背景下的商业视频网站[J].传媒,2009(4).

[25] 董年初,熊艳红.金融危机下商业视频网站发展的几点思考[J].中国广播,2009(4).

[26] 杜娟.从文本消费到内容生产:参与式视频网站的受众参与研究——以Bilibili为例[J].传媒,2020(13).

[27] 段乐川,李新亚.主流媒体深度融合的方向和路径:基于内容产品的视角[J].中国编辑,2021(11).

[28] 方洲.基于技术与内容层面探析视频网站对盈利模式单一性的突破[J].新闻研究导刊,2019(6).

[29] 冯然.竞争约束、运行范式与网络平台寡头垄断治理[J].改革,2017(5).

[30] 冯珊珊.平衡木上的刘岩[J].财会月刊,2013(34).

[31] 冯钰茹,邓小昭.弹幕视频网站用户弹幕评论行为的影响因素研究——以Bilibili弹幕视频网站为例[J].图书情报工作,2021(17).

[32] 付薇,焦苗苗.企业并购动因分析——以百度收购PPS案为例[J].河北企业,2018(4).

[33] 付英娜.透视与反思:数字资本主义的生成及三重悖论[J].天府新论,2021(4).

[34] 高辉.视频网站版权付费模式分析[J].中国出版,2012(3).

[35] 高坡,章劲松,徐航."内容+技术"推动主流媒体深度融合——以新华报业传媒集团的探索为例[J].中国传媒科技,2021(12).

[36] 郭小平,杨洁茹.传播在云端:平台媒体化与基础设施化的风险及其治理[J].现代出版,2021(6).

[37] 郭镇之.新型电视:中国网络视频的传播[J].兰州大学学报(社会科学版),2016(6).

[38] 韩倩倩.资本推波助澜之下,网络直播或迎行业洗牌[J].中国战略新兴产业,2016(10).

[39] 杭敏,周长城.竞合与博弈:数字时代的传媒经济与传媒管理——第十二届世界传媒经济大会的议题与启示[J].新闻与写作,2019(5).

[40] 杭敏.传媒生态变革与创新的思考[J].传媒,2019(8).

[41] 何慧梅,甄翰文.视频网站付费盈利困境及发展策略探析——以爱奇艺为例[J].视听,2021(4).

[42] 何婉玲,王超群.商业视频网站付费会员制的用户体验与发展对策研究[J].西部广播电视,2019(22).

[43] 胡玲.视频网站的赢利空间探析[J].电视研究,2007(10).

[44] 胡泳,张月朦.互联网内容走向何方?——从UGC、PGC到业余的专业化[J].新闻记者,2016(8).

[45] 黄楚新,陈智睿.技术与内容深度融合的现实基础、问题难点与实践路径[J].中国传媒科技,2021(12).

[46] 黄加白.多媒体融合时代下的传统电视媒体如何走出窘境[J].当代电视,2016(2).

[47] 黄仁忠,王勇.论我国媒介生态变迁的三个阶段[J].今传媒,2013(1).

[48] 黄升民."媒介产业化"十年考[J].现代传播(中国传媒大学学报),2007(1).

[49] 黄艳.5G融入我国视频网站发展的新探索[J].新闻爱好者,2019(1).

[50] 黄艳.中国视频网站的融合价值构建——基于产业融合的价值链延伸策略[J].编辑之友,2017(6).

[51] 黄逸秋.PPLive成长史[J].传媒,2009(5).

[52] 黄智军.对网络视频信息传播发展的思考[J].新闻战线,2008(4).

[53] 惠鹏权.网络视频奥运之争[J].经济,2008(8).

[54] 贾毅.网络视频直播的公民赋权与冲突[J].现代传播(中国传媒大学学报),2017(10).

[55] 姜继玲.土豆网CEO王微:我的创业 我做主[J].新前程,2009(8).

[56] 蒋国华.多媒体技术向我们走来[J].技术经济与管理,1997(1).

[57] 靳戈.中国网络视频规制的现状、特征与方向[J].当代传播,2017(6).

[58] 靳勇诚,陈云红,李书明,等.宽带网络接入技术综述[J].湖北师范学院学报(自然科学版),2000(3).

[59] 雷建斌,刘加彬,葛乃康.光纤接入网及其网管的设计与实现[J].当代通信,1999(7).

[60] 李彪,高琳轩.平台资本主义视域下互联网平台治理的理论依归与路径选择[J].新闻与写作,2021(12).

[61] 李彪.平台资本主义视域下的社交平台:价值本质、社会劳动和公共治理[J].社会科学,2021(6).

[62] 李刚,李珊.视频网站打通 IP 全产业链[J].互联网经济,2017(7).

[63] 李光.问题、表征与规范:网络视频直播泛化的思考[J].现代传播(中国传媒大学学报),2017(6).

[64] 李慧娟,李彦.从线下到线上:移动互联网的时空分区效应研究[J].国际新闻界,2015(10).

[65] 李佳咪.多元互动视角下的平台治理[J].新闻与写作,2021(12).

[66] 李良荣.论中国新闻媒体的双轨制——再论中国新闻媒体的双重性[J].现代传播(中国传媒大学学报),2003(4).

[67] 李峤雪.碎片化时代视频网站的内容营销[J].新闻与写作,2014(6).

[68] 李然.关于网络视频盈利模式的思考[J].电影文学,2009(3).

[69] 李然忠.中美内容产业最新发展状况的观察及思考[J].福建论坛(人文社会科学版),2018(10).

[70] 李颖琪.身份认同对用户忠诚度的影响——以视频网站 bilibili 为例[J].视听,2020(6).

[71] 李勇坚.互联网平台寡头垄断:根源、影响及对策[J].人民论坛,2021(Z1).

[72] 李勇图.疫情防控中"小"视频的"大"能量[J].思想理论教育导刊,2020(7).

[73] 李媛.广电总局:不再发放集成播控牌照[J].中国广播,2014(9).

[74] 梁春雨.以抖音为例浅议社交短视频平台的内容监管[J].传播力研究,2019(19).

[75] 梁嘉琳,詹琦.国外主流视频网站的内容净化机制[J].中国传媒科技,2016(Z1).

[76] 梁颐.北美 Media Ecology 和我国"媒介生态学""媒介环境学"关系辨析——基于一种传播学研究乱象的反思[J].东南传播,2013(12).

[77] 林津津.视频网站产业链延伸路径[J].青年记者,2015(3).

[78] 林梅.场景适配:移动阅读时代新闻报道形态创新[J].中国出版,2020(8).

[79] 刘鸣筝,梅凯.智能化生存:视频媒体发展的新趋势及其盈利模式初探[J].当代电视,2021(9).

[80] 刘锐.计算机中介传播视野下网络视频直播的技术可供性分析[J].新闻与传播评论,2022(1).

[81] 刘珊,黄升民.5G 时代中国传媒产业的解构与重构[J].现代传播(中国传媒大学学报),2020(5).

[82] 刘胜枝.商业资本推动下直播、短视频中的青年秀文化及其背后的社会心态[J].中国青年研究,2018(12).

[83] 刘燕南,刘双,张雪静.中美付费视频网站之比较:用户、内容与模式[J].中国地质大学学报(社会科学版),2015(6).

[84] 刘洋.群邑智库方骏:后疫情时代的 OTT 发展[J].国际品牌观察,2021(3).

[85] 鲁仪,吴雨馨.亚文化视频网站商业盈利模式分析——以哔哩哔哩弹幕视频网站为例[J].财务与金融,2021(3).

[86] 马竞爽.浅析内容流动性的延伸意义——以爱奇艺视频网站为例[J].中国报业,2018(14).

[87] 马铨,董小染.中国网络视频行业的现状和未来——中国网络视频年度高峰论坛综述[J].现代传播(中国传媒大学学报),2016(6).

[88] 马涛,黄升民.直面百年变局:广告营销的旧限度与新动能[J].传媒,2022(2).

[89] 马轶慧,王洪波,程时端.P2P和CDN技术融合实现流媒体业务[J].信息通信技术,2008(6).

[90] 毛勇,黄本一.建立面向媒介融合的互联网管理体系——我国视频网站的管理及效果研究[J].新闻界,2009(2).

[91] 莫非.视频网站扎堆上市 互联网泡沫催化产业转型[J].企业观察家,2011(2).

[92] 莫丰齐.土豆网CEO王微:冒险创业,率性快乐[J].名人传记(下半月),2012(1).

[93] 莫可道.阵痛下,视频网站的"直立行走"[J].销售与市场(管理版),2009(7).

[94] 莫可道.中国视频网站的涅槃与重生[J].销售与市场,2008(13).

[95] 彭永斌,姜太碧,刘涌泉.中国传媒产业经营基本模式及政策取向[J].西南民族大学学报(哲学社会科学版),2003(4).

[96] 飘摇.内忧外困下,视频网站为何还要苦苦构建"内容品牌"?[J].中国广播,2020(9).

[97] 秦宗财,刘力.欧美视频网站运营模式及赢利分析[J].深圳大学学报(人文社会科学版),2016(1).

[98] 邱戈.比较语境中的媒介身份研究[J].浙江大学学报(人文社会科学版),2008(9).

[99] 饶佳艺,徐大为,乔晗,等.基于营收反馈系统的视频网站营收分析——Netflix与爱奇艺案例研究[J].管理评论,2017(2).

[100] 邵培仁.传播生态规律和媒介生存策略[J].新闻界,2001(5).

[101] 邵培仁.论媒介生态的五大观念[J].新闻大学,2001(1).

[102] 邵培仁.论媒介生态系统的构成、规划与管理[J].浙江师范大学学报(社会科学版),2008(2).

[103] 石颖,李博.中国网络视频二十年:参与式文化驱动下的"起承转合"[J].新闻爱好者,2021(12).

[104] 宋刚,杨显富.实时流媒体传输及其协议[J].成都大学学报(自然科学版),2005(1).

[105] 宋吉述.疫情期间的在线教育热潮及其对教育出版数字化的启发[J].编辑之友,2020(6).

[106] 宋佳慧.爱奇艺:引领2014新独播时代[J].广告导报,2014(4).

[107] 苏玲,朱俊刚.姚欣:看球梦想,点燃PPLive[J].软件工程师,2007(1).

[108] 孙旭.内容生态助力融合媒体运营效能提升[J].视听界,2021(6).
[109] 孙志宏,熊莉,谢园.开启新"视"界 资本市场拉开视频营销大幕[J].成功营销,2011(1).
[110] 唐培林,张晗.网络视频语境下国产电视剧的困境与突围[J].现代传播(中国传媒大学学报),2013(7).
[111] 唐忠会,巢宇.UGC升级为PGC:融合态势下视频网站新变局[J].视听界,2017(1).
[112] 田维钢,顾洁,杨蒙.中国网络视频行业竞争现状与战略分析[J],当代传播,2015(1).
[113] 田义贵,丁阳.论视频网站对我国电影产业文化公平的促进[J].北京电影学院学报,2019(11).
[114] 涂良川.平台资本主义技术逻辑的政治叙事[J].南京社会科学,2022(2).
[115] 万兴,杨晶.从多边市场到产业平台——基于中国视频网站演化升级的研究[J].经济与管理研究,2015(11).
[116] 王丹.我国视频网站的传播特征研究[J].中国出版,2017(1).
[117] 王芳.网络融合下数字电视产业的竞合形态与企业战略[J].西部广播电视,2017(11).
[118] 王光文.论视频网站UGC经营者的版权侵权注意义务[J].国际新闻界,2012(3).
[119] 王海刚,赵艺颖.媒介生态学视域下自媒体传播策略探析[J].现代传播(中国传媒大学学报),2017(11).
[120] 王宏丞,曹丽萍,李东涛.论视频分享网站侵权案件中的焦点问题[J].电子知识产权,2009(4).
[121] 王虎,陈小萍.人工智能赋能广电供给侧结构性改革的路径[J].电视研究,2020(10).
[122] 王虎.逻辑转变与维度构建:智能媒体参与社会治理的机制研究[J].现代传播(中国传媒大学学报),2021(9).
[123] 王建珂.总编辑:报纸的总把关人[J].青年记者,2018(24).
[124] 王建磊.新媒体产业资本流通与价值转移的影响机制研究——以网络视听行业为例[J].新闻大学,2020(12).
[125] 王憬晶.国内视频网站自制娱乐节目的内容生产与价值取向[J].传媒,2017(24).
[126] 王明祥.流媒体技术及其系统的组成[J].西部广播电视,2007(4).
[127] 王娜.我国网络视频产业的版权困局与破解[J].当代电影,2017(10).
[128] 王闪闪,张燕.电视视频网站发展的瓶颈与对策——基于对芒果TV和Hulu营收的分析[J].电视研究,2019(4).
[129] 王世强.平台化、平台反垄断与我国数字经济[J].经济学家,2022(3).
[130] 王甜.奥运报道——新媒体的机遇与挑战[J].互联网天地,2008(2).
[131] 王薇.中国传媒产业40年发展历程及动因[J].未来传播,2019(1).

[132] 王文杰,余跃.视频分享网站对目前影视市场之影响[J].当代电影,2008(2).

[133] 王相飞,李爱群.北京奥运会对视频传播产生的影响[J].广州体育学院学报,2009(1).

[134] 王小芳,丁涛.视频网站行业自制内容差异化发展策略研究[J].电视研究,2015(11).

[135] 问题,王小龙.从"+互联网"到"互联网+":电视媒体融合路径探讨[J].现代传播(中国传媒大学学报),2017(9).

[136] 王晓红,任垚媞.我国短视频生产的新特征与新问题[J].新闻战线,2016(17).

[137] 王晓红,谢妍.中国网络视频产业:历史、现状及挑战[J].现代传播(中国传媒大学学报),2016(6).

[138] 王晓红.网络视频带来了什么[J].当代电视,2015(5).

[139] 王玉玮.内容差异化:我国视频网站自制剧的突围之路[J].现代传播(中国传媒大学学报),2014(8).

[140] 王振中,琚宏伟.中央广播电视总台技术与内容融合发展思考[J].中国传媒科技,2021(12).

[141] 卫萌.视频网站助力中国纪录片产业发展[J].视听,2014(12).

[142] 魏小雨.互联网平台信息管理主体责任的生态化治理模式[J].电子政务,2021(10).

[143] 吴畅畅.视频网站与国家权力的"内卷化"[J].开放时代,2021(6).

[144] 吴雨晴.视频网站网剧的生存之道——"自制"生态圈的内容创意传播[J].电视指南,2018(14).

[145] 吴正刚.知识产权、技术标准与平台生态系统竞争力研究[J].科技进步与对策,2022(7).

[146] 肖恩.PPLive:为P2P流媒体"帝国"奠基[J].上海信息化,2007(7).

[147] 萧然.没有用户忠诚度是视频网站的致命伤[J].IT时代周刊,2014(2).

[148] 谢晨静,朱春阳.新媒体对中国电视剧产业制度创新影响研究——以视频网站为例[J].新闻大学,2017(4).

[149] 谢斯予.视频网站自制综艺节目内容运营的优势特点对传统电视综艺节目的冲击和借鉴意义[J].新媒体研究,2018(10).

[150] 谢新洲,黄雨婷.大数据在网络视频中的应用更需理性——访爱奇艺数据研究院院长葛承志[J].新闻与写作,2018(9).

[151] 邢彦辉,黄洪珍."互联网+"视域下网络视频产业发展的六大模式[J].编辑之友,2017(8).

[152] 许永.优化媒体资源从认识媒介内生态开始[J].新闻知识,2002(11).

[153] 严三九.融合生态、价值共创与深度赋能——未来媒体发展的核心逻辑[J].新闻与传播研究,2019(6).

[154] 阳海洪,赵平喜.媒介生态学:中国新闻史研究的新路径[J].新闻界,2009(2).

[155] 阳海洪.论媒介生态史观的基本范畴[J].湖南工业大学学报(社会科学版),2013(1).

[156] 杨戈,廖建新,朱晓民,等.流媒体分发系统关键技术综述[J].电子学报,2009(1).

[157] 杨振东.5G 移动通信技术的特点及应用探讨[J].通讯世界,2017(9).

[158] 视频直播网站集锦　抛弃你的电视吧[J].新电脑,2003(5).

[159] 余柯.弹幕视频网站的盈利模式——以哔哩哔哩弹幕网为例[J].青年记者,2016(14).

[160] 俞湘华.在线视频平台与短视频平台的比较研究——基于技术环境、用户发展和商业变现分析[J].传媒,2021(3).

[161] 俞湘华.中国视频网站的"三次售卖"探析[J].传媒,2020(20).

[162] 喻国明,刘彧晗,杨波.理解网络直播:媒介人性化逻辑的延伸[J].编辑之友,2021(7).

[163] 喻国明,曲慧.边界、要素与结构:论 5G 时代新闻传播学科的系统重构[J].新闻与传播研究,2019(8).

[164] 喻国明.有的放矢:论未来媒体的核心价值逻辑——以内容服务为"本",以关系构建为"矢",以社会的媒介化为"的"[J].新闻界,2021(4).

[165] 张爱正.计算机网络信息安全[J].网友世界,2013(1).

[166] 张德胜,王德辉.数字时代奥林匹克运动传播模式的迭代与创新[J].北京体育大学学报,2021(8).

[167] 张飞相,陈敬良,宗利永,等.社会化内容生产平台的盈利模式研究——以自出版平台和 UGC 视频网站为例[J].出版广角,2016(5).

[168] 张昊.基于文本挖掘技术的用户画像设计分析[J].电子制作,2021(24).

[169] 张鸿飞,李宁."互联网+"时代传媒产业生态结构的变迁[J].编辑之友,2017(5).

[170] 张慧子.基于三度空间的视频网站品牌化建设思考[J].现代传播(中国传媒大学学报),2016(8).

[171] 张小强,杜佳汇.产消融合时代视频网站的 UGC 激励机制研究[J].新闻界,2017(3).

[172] 张新阳,陆地.从"入阵"到"破局":弹幕视频网站 15 年发展的"死与生"[J].编辑学刊,2021(2).

[173] 张逸,贾金玺.中国视频网站十年进化史[J].编辑之友,2015(4).

[174] 张咏华.一种独辟蹊径的大众传播效果理论——媒介系统依赖论评述[J].新闻大学,1997(1).

[175] 张志安,谭晓倩.互联网平台公共性的构成维度及现实挑战[J].新闻与写作,2020(5).

[176] 赵桂慎,吴文良,卢凤君.论经济生态系统及其演化[J].中国农业大学学报(社会科学版),2004(1).

[177] 赵京文.以"综合治理"引领行业行稳致远——中国网络视听规制的历程与经验分享[J].传媒,2018(24).

[178] 赵贤,武霖.网络自制剧的发展及监管策略浅析[J].新媒体研究,2015(10).

[179] 赵雅兰.视频网站自制模式的现状与发展[J].青年记者,2016(23).
[180] 郑坚,邢宇航.视频网站如何以互利共赢构建成熟广告生态——以芒果TV广告盈利现象为研究对象[J].传媒观察,2019(9).
[181] 钟国庆,林宸西.媒介生态学视阈下的电视文化类节目现状分析[J].中国广播电视学刊,2015(11).
[182] 周葆.混合所有制:中国传媒产业的一种选择[J].现代传播(中国传媒大学学报),2005(1).
[183] 周敏.金融风暴下视频网站盈利模式变革[J].中国广播电视学刊,2009(4).
[184] 周雪卉,宗利永.视频网站差异化排播盈利模式研究[J].南方电视学刊,2016(2).
[185] 朱春阳.新媒体经济:效率竞争、创新榜样与国际化示范——从产业经济制度变迁的视角看新、旧媒体之争[J].新闻记者,2007(11).
[186] 朱静雯,姚俊羽.后疫情时代数字文化产业新业态探析[J].出版广角,2021(3).
[187] 朱喜洋.探析国内视频网站转型用户付费模式[J].新闻研究导刊,2017(8).
[188] 朱旭光,关萍萍.媒介融合背景下网络视频产业政策分析[J].中国广播电视学刊,2013(3).
[189] 朱旭光,贾静.论网络视频直播业的供给侧改革[J].当代电影,2017(10).
[190] 祝伟.如何有效地使用网络视频补"限"[J].广告人,2012(2).
[191] 庄若江.网络自制剧的崛起、发展与跨媒介传播[J].现代传播(中国传媒大学学报),2013(6).
[192] 邹军,柳力文.平台型媒体内容生态的失衡、无序及治理[J].传媒观察,2022(1).
[193] 陈昌凤,黄家圣.对传媒业生态重构与深度融合的再思考[J].电视研究,2022(6).
[194] 匡文波.数字平台如何影响中国对外传播:后疫情时代中国网络媒体全球传播的机遇与挑战[J].西北师大学报(社会科学版),2021(5).
[195] 李勇,晁辛宁."五大发展理念"与当代中国传媒文化建设谭略[J].今传媒,2017(11).

学位论文

[1] 柴婧婷.我国视频网站自制节目的后现代主义特征研究[D].武汉:华中师范大学,2016.
[2] 陈彬彬.中国视频网站与电视业的竞合态势与发展研究[D].重庆:西南政法大学,2013.
[3] 陈丽君.新媒体语境下电视媒体生存策略研究[D].南京:南京艺术学院,2015.
[4] 陈思.中国网络视频产业链研究[D].北京:北京大学,2017.
[5] 陈小叶.媒介生态学视角下移动短视频生态位研究[D].成都:西南交通大学,2018.
[6] 陈雄.媒介生态学视角下我国电视财经频道研究[D].长沙:中南大学,2012.

[7] 冯宇霄.短视频内容监管研究[D].北京:北京印刷学院,2021.
[8] 葛维照.我国民营综合视频网站内容模式与发展研究[D].长沙:湖南大学,2011.
[9] 顾蓉蓉.基于双边市场理论的网络视频行业的经济学分析[D].上海:复旦大学,2012.
[10] 韩志杰.基于P2P的流媒体若干关键技术研究[D].苏州:苏州大学,2009.
[11] 洪萍.网剧中创意中插的应用策略研究[D].广州:暨南大学,2018.
[12] 胡琳曼.乐视网全产业链运作模式研究[D].长沙:湖南师范大学,2015.
[13] 黄澄.二次元文化的审美解读[D].徐州:中国矿业大学,2018.
[14] 黄刚.能量采集无线通信系统的功率分配算法研究[D].南京:南京邮电大学,2019.
[15] 贾金玺.网络视频内容管制研究[D].北京:中国社会科学院,2010.
[16] 姜丽媛.国内视频网站的发展研究[D].重庆:西南政法大学,2014.
[17] 李放.中国传媒产业发展研究[D].北京:北京交通大学,2009.
[18] 李瑞雯.视频网站运营模式分析[D].哈尔滨:黑龙江大学,2016.
[19] 李少亮.风险投资对中国经济增长的影响研究[D].济南:山东财经大学,2013.
[20] 李雯.传播视域下网络自制剧《匆匆那年》研究[D].沈阳:辽宁大学,2016.
[21] 刘超.我国网络视频产业链研究[D].长沙:中南大学,2013.
[22] 刘航.微视频用户视觉认知偏好实证研究[D].广州:华南理工大学,2017.
[23] 刘溪涵.网络综艺节目的特征及形态研究[D].重庆:重庆师范大学,2017.
[24] 刘雪莹.我国视频网站产业链构建模式和创新实践[D].武汉:华中科技大学,2015.
[25] 刘艳丽.P2P流媒体的应用与发展[D].北京:北京邮电大学,2007.
[26] 卢俊.大学生微博短视频使用状况研究[D].呼和浩特:内蒙古大学,2017.
[27] 莫柳红.优酷网与土豆网合并的价值创造分析[D].南宁:广西大学,2016.
[28] 潘玮琦.基于产业链理论的芒果TV发展策略研究[D].长沙:湖南师范大学,2016.
[29] 裴圣军.萨缪尔森经济伦理思想研究[D].北京:中共中央党校,2014.
[30] 苏楠.青年亚文化视阈下的纯网综艺节目研究[D].广州:暨南大学,2017.
[31] 王诚诚.文化传媒产业资本运营浅析——从第一视频案例实证分析说起[D].上海:上海交通大学,2012.
[32] 王静溪.广电总局规制下的中国网络视频发展现状[D].天津:天津师范大学,2015.
[33] 王琳娟.视频分享网站侵犯版权问题研究[D].重庆:西南政法大学,2012.
[34] 王睿.网络视频平台运营模式分析[D].北京:北京印刷学院,2017.
[35] 王珊.马克思劳动解放理论及其当代价值[D].郑州:郑州大学,2012.
[36] 夏杰.5G下行调度机制的研究与实现[D].重庆:重庆邮电大学,2019.
[37] 闫石.优酷并购土豆协同效应研究[D].北京:北京交通大学,2016.
[38] 严依涵.视频聚合平台著作权侵权法律问题研究[D].北京:北京邮电大学,2018.
[39] 张梦璐.移动终端的短视频社区研究——以"美拍"为例[D].武汉:华中科技大

学,2016.
[40] 张娜娜.视频网站的品牌建构研究[D].哈尔滨:黑龙江大学,2015.
[41] 张颖颖.我国视频网站自制节目发展研究[D].乌鲁木齐:新疆大学,2014.
[42] 周长宏.广电系视频网站的品牌构建——以改版后的芒果 TV 为例[D].杭州:浙江传媒学院,2016.

报刊文章

[1] 毕媛媛.孙忠怀与腾讯视频的 7 年[N].每日经济新闻,2020-07-09.
[2] 车辉.2017,有关网络视频的三个问号[N].工人日报,2017-01-12.
[3] 崔保国.5G 催生传媒变革,学术界时刻关注勤钻研[N].科技日报,2020-11-26.
[4] 丁舟洋.腾讯公司副总裁孙忠怀:切条搬运内容 破坏市场政策秩序[N].每日经济新闻,2021-06-04.
[5] 丁舟洋.优酷总裁樊路远:全社会应该像打击酒驾一样痛打侵权[N].每日经济新闻,2021-06-04.
[6] 杜蔚,李佳宁.爱奇艺创始人龚宇:网剧分化是趋势 饭圈恶习要根除[N].每日经济新闻,2021-06-04.
[7] 冯庆艳.乐视股价暴跌与乐视辟谣背后 资本大考来袭?[N].经济观察报,2016-11-07.
[8] 胡锦涛.在人民日报社视察工作时的讲话[N].人民日报,2008-06-21.
[9] 贾中山.网络视频反盗版联盟成立 视频网站面临亿元索赔[N].北京晚报,2009-09-16.
[10] 江怡曼.乐视网:收费之路能走多远?[N].第一财经日报,2010-08-21.
[11] 金朝力.奇艺 iPAD 独立用户数单月超 26 万[N].北京商报,2010-11-10.
[12] 李铎,王茜.保驾业绩 苏宁云商剥离 PPTV[N].北京商报,2016-01-05.
[13] 李姝.视频平台超前点播惹争议,中消协喊话各平台:自查整改,少点套路![N].潇湘晨报,2021-09-09.
[14] 李苑.打击网络侵权盗版专项治理成效显著[N].光明日报,2014-01-02.
[15] 梁潇.资本"高烧"下的短视频:盈利难 乱象多[N].中国产经新闻,2017-09-28.
[16] 林其玲.4G 元年 三大运营商格局"微变"[N].新京报,2014-04-29.
[17] 毛晶慧.奇艺:抢占"用户时长"[N].中国经济时报,2010-12-02.
[18] 苗春.网络自制元年:自制综艺激荡互联网[N].人民日报(海外版),2014-06-18.
[19] 潘敬文.宽带"垄断"让视频企业亏本?[N].信息时报,2014-08-01.
[20] 彭梧.广电总局整顿网络视频:内容违规无证经营成焦点[N].新京报,2007-03-13.
[21] 任晓宁.搜狐挥别"屌丝男士"大鹏,同时发布 Q3 财报减亏近 66%[N].经济观察报,2018-11-06.

[22] 孙磊.爱奇艺单季会员净增1200万[N].重庆商报,2020-05-20.
[23] 孙琳琳.七家视频网站建电影收费点播平台[N].新京报,2011-03-18.
[24] 文卫华.网络综艺正在实现精品化、主流化[N].光明日报,2019-06-05.
[25] 吴家明.互联网概念风靡全球资本市场[N].证券时报,2014-02-28.
[26] 习近平.关于《中共中央关于全面深化改革若干重大问题的决定》的说明[N].人民日报,2013-11-16.
[27] 习近平.在网络安全和信息化工作座谈会上的讲话[N].人民日报,2016-04-26.
[28] 徐美琳.广电总局发布12条措施,推动广播电视行业平稳发展[N].新京报,2020-03-13.
[29] 许恋恋.腾讯副总裁孙忠怀:视频行业的天花板将被5G时代重新捅破[N].每日经济新闻,2019-05-21.
[30] 杨莲洁.腾讯视频回应付费超前点播《庆余年》:不够体贴,会优化[N].新京报,2019-12-17.
[31] 于慈珂.坚持守正创新,努力推进网络版权严格保护与产业发展[N].中国新闻出版广电报,2019-04-29.
[32] 虞南.PPS的三人行[N].21世纪经济报道,2008-01-23.
[33] 喻国明.主流媒体与互联网平台的关系[N].中国社会科学报,2021-05-06.
[34] 赵衡.视频广告屏蔽软件侵权该如何规制[N].检察日报,2018-01-27.
[35] 赵明.网站视频出击奥运 剑指央视?[N].中国经济时报,2004-06-10.
[36] 朱周良.98.3亿美元!美林四季度亏损超越花旗[N].上海证券报,2008-01-18.

后 记

就在本书的写作接近尾声时，2021年12月1日，经多人证实，爱奇艺突然裁员逾千人（占比20%以上），当日股价应声下跌9.46%。王灿说：“每年都会有些人被淘汰，但是像今年这么大规模的裁员是第一次。这就是所谓的开源节流吧，精简机构，降低成本，砍掉低效能的业务，寻找新的收入机会。”

2021年11月17日，爱奇艺发布当年第三季度财报，总营收为75.89亿元，较第一季度（80亿元）、第二季度（76.08亿元）呈现下滑趋势。其中，带来5成以上收入的会员数为1.036亿人，较此前的两个季度（1.053亿人、1.06亿人）也有所下滑。更不妙的是，爱奇艺2021年三个季度的亏损额分别为10亿元、13.79亿元、17.345亿元，呈扩大趋势。财报发布后，爱奇艺的股价大跌17.23%。对此，查道存说："长年亏损和会员数量、会员服务收入的滞胀是资本市场调低爱奇艺估值的主要原因。"龚宇在稍后的分析师电话会议中指出，会员数下滑的主要原因有两个：一是新冠肺炎疫情导致平台内容供应方面的严重短缺——电影的上线量只有2019年同期数量的一半，传统电视剧只有往年数量的三分之一，延迟上线的网剧在质量上也打了折扣；二是短视频对用户时长的争夺。

IP内容是会员服务收入乃至盘活视频网站营收的核心。目前来看，借助5G、AI算法等新技术提升内容的智能化制作水准和分发效率，扩大内容的覆盖范围，推进内容的全球化，以及深度挖掘、开发IP的多维价值，加快健全影视工业化体系，是民营综合视频网站未来的发展方向。前路艰难，我们要保持希望。

1998年11月，我开始了在安徽电视台的工作，亲历了中国电视（特别是省级卫视）的辉煌和日后的式微。2011年3月，我辞职下海，与他人合作创立了以网络视频广告代理为核心业务的互联网广告公司，所以我对网络视频特别是民营视频网站在中国的发展历程及其与传统电视媒体的互动都有长期的观察和思考。2019年初，我确定了博士毕业论文的主题，对2004—2021年我国民营综合视频网站的发展情况展开研究。国内民营综合视频网站在2018年、2019年发展到顶峰，同时面临产业生态内的新媒介种群（网络直播、中视频、短视频）的强力挑战，并被无情超越，特别是短视频平台一骑绝尘。曾经作为新媒体杰出代表的长视频网站也已被技术烙上了"传统"二字。本书选择从传媒生态学的视角切入，对中国传媒产业化的研究更加具有现实意义，剔除国有视频网站后的纯粹商业化的中国网络视频市场为此提供了绝佳的实验空间和丰富的素材。

回顾往昔，四年半的读博生涯是我人生中的一段艰苦修行，我要感谢一路上给予我帮助的人。感谢我的导师严三九教授，是您招我入门，让我这个"大龄青年"还有"回炉"学习的机会，感谢您平日里的谆谆教诲和对我学术、生活上的关心。感谢我的老板、合作伙伴查道存先生，您仁厚、无私的支持是我可以坚持读完这个博士学位的最重要的力量。然后，我要感谢家人，是你们忍受了我的焦虑和坏脾气。

我还要感谢华东师范大学的武志勇教授、陈虹教授、刘秀梅教授、陈红梅教授、甘莅豪教授、路鹏程教授，是你们的严格要求才让这篇博士论文从"行业发展报告"演变为真正的"论"文，并最终得以出版；感谢我的同门师兄巩晓亮、王虎、刘峰等，是你们的真知灼见和耐心救我于水火；感谢许超妍老师不厌其烦地带着我学习、使用学校复杂的在线系统。

我要感谢我所有的采访对象，你们奉献的从业经历与经验还原并丰富了中国民营综合视频网站的发展历史，你们同时也是这段历史的缔造者；感谢我在安徽电视台和剧星传媒的同事，特别是陪着我一起从传统媒体走到新媒体领域的常青女士、高扬先生，你们卓越的产业实践给我提供了最鲜活、深刻的研究原料。

最后,我要特别感谢安丽丽同学不厌其烦地多次为我提供无偿的英文翻译;感谢华东师范大学 2018 级博士班的所有同学,我怀念与各位一起在教室里上课、热烈讨论的时光,在我无数次想要放弃的时候,是你们鼓励我坚持了下来。

赠人玫瑰,手有余香。愿好心人一生平安、顺遂。

图书在版编目(CIP)数据

媒介生态视角下的中国民营综合视频网站发展研究:2004—2021/俞湘华著. —上海:复旦大学出版社,2023.5
ISBN 978-7-309-16793-1

Ⅰ.①媒⋯ Ⅱ.①俞⋯ Ⅲ.①传播媒介-研究-中国-2004-2021 Ⅳ.①G219.2

中国国家版本馆 CIP 数据核字(2023)第 052691 号

媒介生态视角下的中国民营综合视频网站发展研究(2004—2021)
MEIJIE SHENGTAI SHIJIAO XIA DE ZHONGGUO MINYING ZONGHE SHIPIN WANGZHAN FAZHAN YANJIU(2004—2021)
俞湘华　著
责任编辑/刘　畅

复旦大学出版社有限公司出版发行
上海市国权路 579 号　邮编:200433
网址: fupnet@ fudanpress.com　　http://www.fudanpress.com
门市零售: 86-21-65102580　　团体订购: 86-21-65104505
出版部电话: 86-21-65642845
上海四维数字图文有限公司

开本 787×960　1/16　印张 17.75　字数 264 千
2023 年 5 月第 1 版
2023 年 5 月第 1 版第 1 次印刷

ISBN 978-7-309-16793-1/G·2487
定价: 65.00 元

如有印装质量问题,请向复旦大学出版社有限公司出版部调换。
版权所有　侵权必究